# Uma ilha assombrada por demônios

A controvérsia entre John Webster e Joseph Glanvill e a demonologia na Inglaterra da Restauração (1660-1680)

# Uma ilha assombrada por demônios

A controvérsia entre John Webster e Joseph Glanvill e a
demonologia na Inglaterra da Restauração (1660-1680)

BRUNO GALEANO DE OLIVEIRA GONÇALVES

Copyright © 2014 Bruno Galeano de Oliveira Gonçalves

*Grafia atualizada segundo o Acordo Ortográfico da Língua Portuguesa de 1990, que entrou em vigor no Brasil em 2009.*

*Edição*: Joana Monteleone/Haroldo Ceravolo Sereza
*Editor assistente*: João Paulo Putini
*Projeto gráfico e diagramação*: Gabriel Patez Silva/Ana Lígia Martins
*Capa*: Ana Lígia Martins
*Revisão*: João Paulo Putini
*Assistente de produção*: Camila Hama
*Assistente acadêmica*: Danuza Vallim

*Imagem da capa*: GLANVILL. *Saducismus triumphatus*. 1682. Henry E. Huntington Library and Art Gallery.

*Este livro foi publicado com o apoio da Fapesp.*

---

CIP-BRASIL. CATALOGAÇÃO NA PUBLICAÇÃO
SINDICATO NACIONAL DOS EDITORES DE LIVROS, RJ

G624i

Gonçalves, Bruno Galeano de Oliveira
UMA ILHA ASSOMBRADA POR DEMÔNIOS: A CONTROVÉRSIA ENTRE JOHN WEBSTER E JOSEPH GLANVILL E A DEMONOLOGIA NA INGLATERRA DA RESTAURAÇÃO (1660-1680)
Bruno Galeano de Oliveira Gonçalves. - 1. ed.
São Paulo: Alameda, 2014
270 p.; 23 cm

Inclui bibliografia
ISBN 978-85-7939-289-4

1. Webster, John, 1580? - 1625?. 2. Glanvill, Joseph, 1636-1680. 3. Demonologia - Inglaterra. 4. História - Feitiçaria. I. Título.

14-15099  CDD: 133.4
  CDU: 133.4

---

**ALAMEDA CASA EDITORIAL**
Rua Treze de Maio, 353 – Bela Vista
CEP: 01327-000 – São Paulo, SP
Tel.: (11) 3012-2400
www.alamedaeditorial.com.br

*Para todos aqueles que tornaram possível chegar até aqui*

"Sede sóbrios e vigilantes! Eis que o vosso adversário, o diabo, vos rodeia como leão a rugir, procurando a quem devorar."
I Pe 5:8.

# Sumário

| | |
|---|---|
| **Prefácio** | **11** |
| **Introdução** | **17** |
| **A demonologia na Idade Moderna** | **25** |
| *A demonologia enquanto palavra* | **27** |
| *A demonologia enquanto conceito* | **32** |
| *A demonologia enquanto controvérsia* | **40** |
| *A demonologia e a caça às bruxas* | **53** |
| **A demonologia na Restauração** | **61** |
| *A controvérsia entre Glanvill e Webster* | **63** |
| *Qualificando a Restauração* | **66** |
| *Webster e Glanvill* | **74** |
| *A bruxaria e a ordem* | **87** |
| **Demonologia, ciência e religião: as premissas** | **105** |
| *A demonologia e o preternatural* | **107** |
| *Revolução Científica e a Reforma na Inglaterra* | **112** |
| *Os compromissos intelectuais de Webster e Glanvill* | **128** |

**Demonologia, ciência e religião: a controvérsia**   145

*A natureza da bruxaria*   147

*Bruxaria, espírito e matéria*   173

*Bruxaria, milagres e providência divina*   196

**Considerações finais:**   219
**sobre o ocaso da demonologia**

*O testemunho do preternatural*   221

*O declínio da perseguição às bruxas e o ceticismo jurídico*   234

*O sucesso e a impossibilidade da demonologia de Glanvill*   240

**Referências**   247

**Agradecimentos**   267

# Prefácio

## AS RAZÕES DA DEMONOLOGIA
*Laura de Mello e Souza*

Logo no início de um texto brilhante, provocativo e paradoxal, *The European Witch-craze of the Sixteenth and Seventeenth Centuries* (1967), o historiador britânico Hugh Trevor Roper esclarecia que o tema do seu estudo era a caça às bruxas, e não a crença nelas. Estas, justificava, eram tão velhas quanto a humanidade, podendo variar conforme as culturas. A perseguição, por sua vez, baseada em investigações ou em textos teóricos produzidos por alguns dos grandes sábios da época, constitui enigma quase indecifrável, pois intensificou-se num dos momentos mais extraordinários da história ocidental, sendo contemporânea do Renascimento, das Reformas Religiosas e da Revolução Científica. Para Roper, que não era um especialista na história da bruxaria, o fenômeno mostrava-se instigante porque ajudava a pensar questões da maior relevância, entre elas a ilusão de que a história da Europa, a partir do Renascimento, é a história do progresso, e a evidência de que mesmo sociedades muito sofisticadas comportam, sob sua superfície, "paixões obscuras e credulidades inflamáveis, umas vezes libertas acidentalmente, outras deliberadamente mobilizadas". Com inteligência, Roper detectava assim a complexidade de um contexto histórico que fascina a ponto de ofuscar e, em última instância, comprometer a compreensão: "Nesses anos de aparente iluminação, as trevas estavam a ganhar terreno sobre a luz em pelo menos um quarto do céu".[1] Homens sofisticados e eruditos dedicaram parte considerável de seu tempo a explicar o que as bruxas e o demônio podiam ou não podiam fazer,

---

1 TREVOR-ROPER, H. R. *Religião, reforma e transformação social*. Tradução portuguesa. Lisboa: Editorial Presença/Martins Fontes, 1981, p. 73 para as duas citações. Originalmente parte dessa coletânea, publicada em inglês em 1967, o ensaio teve edições em separado: *The European Witch-craze of the Sixteenth and Seventeenth Centuries*. Londres: Penguin Books, 1988.

e Roper acreditava, na contramão do que diziam muitos especialistas – entre os quais Roland Mousnier e Lucien Febvre, para quem a caça às bruxas derivava da voga platônica dos demônios no Renascimento – que a força do Aristotelismo tivera papel decisivo na obsessão demonológica. Porque esses homens, conhecidos como demonólogos, criaram um sistema de pensamento que passou a ser chamado de demonologia.[2]

Os demonólogos não eram portanto homens incultos e "supersticiosos" – para usar uma palavra discutível, mas que explica alguma coisa. Boa parte deles era composta por juristas, e um dos casos mais intrigantes é o de Jean Bodin, importante pensador francês da época das guerras religiosas, autor de tratados que lançam luz sobre a economia e a política, conhecido como o grande teórico da soberania, conceito imprescindível à compreensão do estado monárquico na sua transição para o absolutismo.[3]

Outro historiador brilhante e afeito ao paradoxo, Alain Bourreau, escreveu, no nítido intuito de provocar, ser possível considerar que a demonologia marcou o fim da luminosa Idade Média e a chegada "desses sombrios séculos da humanidade que uma pesada ironia da história denominou Renascença, e que se caracterizam pela regressão terrível do pensamento, pela emergência do irracional…".[4] A demonologia, portanto, anunciava o começo da terrível modernidade.

*Uma Ilha assombrada por demônios*, originalmente dissertação de Mestrado de Bruno Galeano de Oliveira Gonçalves, examina a polêmica de dois demonólogos britânicos que escreveram no contexto conturbado da revolução de 1640-1688: John Webster (1610-1682), autor de *The displaying of supposed witchcraft*, e Joseph Glanvill (1636-1680), autor de *Saducismus triumphatus*. Explora com habilidade os limites da crença e da dúvida no pensamento de cada um dos dois autores, mostrando, como ensinou Stuart Clark – um dos maiores estudiosos contemporâneos da demonologia – que a reflexão sobre as condições de possibilidade da ação demoníaca foi parte importante e constitutiva do pensamento filosófico moderno,

---

2  Idem. "Foreword to the Pelican Edition". In: *The European Witch-craze of the Sixteenth and Seventeenth Centuries*, op. cit., p. 7-9.

3  Para um trabalho recente sobre Bodin, ver ROSA, Daniel Aidar da. *A demonomania harmônica: Jean Bodin, a bruxaria e a república*. Dissertação (mestrado em História Social) – FFLCH-USP, São Paulo, 2014. Para a demonologia francesa, ver o interessante estudo de Sophie Houdard, *Les Sciences du Diable: quatre discours sur la sorcellerie – XVe-XVIIe siècle*. Paris: Les Editions du Cerf, 1992.

4  "Préface" a Sophie Houdard, *Les Sciences du Diable*, op. cit., p. 10.

complexo e eivado de contradições.⁵ É um trabalho de história intelectual solidamente ancorado no contexto histórico: como observou mais de um estudioso da bruxaria, se a perseguição contra bruxas apresentou-se um tanto pálida na Inglaterra, o ápice foi por certo alcançado entre 1640 e 1680, marcos cronológicos do processo revolucionário que executou um rei – Carlos I Stuart –, aboliu a monarquia, viveu uma experiência republicana sob Cromwell para, afinal, colocar outro rei – Guilherme III de Orange – no trono.⁶

Além das qualidades da pesquisa e da análise, que o leitor constatará por si, o trabalho de Bruno Galeano é, até onde sei, um dos primeiros feitos na universidade brasileira sobre o assunto: atesta a maturidade alcançada por nossos cursos de pós-graduação e, muito provavelmente, abrirá caminhos, inspirando estudos futuros.

---

5 Tendo escrito vários ensaios importantes, o trabalho mais significativo de Stuart Clark, e o único traduzido no Brasil, é *Pensando com demônios: a ideia de bruxaria no princípio da Europa Moderna*. Tradução brasileira. São Paulo: Edusp, 2006 [1997].

6 GASKILL, Malcom. *Witchfinders: a seventeenth-century English tragedy*. Londres: John Murray, 2006.

# Introdução

Introdução

Tratar de bruxas, demônios e aparições, de pactos, feitiços, possessões e de tantas outras coisas dessa natureza é uma oportunidade de encarar a distância entre o passado e o presente. Se por séculos tentou-se explicar essas coisas e se usou delas para agir social e politicamente, fazer isso hoje em dia, por maior que seja o apelo do sobrenatural, é algo impensável para a maioria dos filósofos, cientistas, jornalistas, políticos etc. Tornou-se pouco relevante e conveniente abordar a bruxaria e os seus desdobramentos.

Compreender essa mudança intelectual foi a grande motivação para este estudo. Não se trata aqui de afirmar que as bruxas, demônios e fantasmas desapareceram em um processo implacável de esclarecimento ou muito menos de sugerir que as bruxas eram capazes de feitos extraordinários. Mas de ir além do simples estranhamento causado pelas ideias do passado e encará-las em sua complexidade, buscando tanto o sentido que assumiram quanto o motivo para a inadequação dessas ideias à opinião presente.

Tenho o passado como um país estrangeiro, cuja exploração exige não apenas curiosidade, mas ainda seriedade diante de concepções e práticas diferentes das atuais. Respeitar os costumes dessa terra estrangeira, levá-los a sério, não é, no entanto, aderir a eles, é apenas estar aberto a questionar por que se pensa e se age de outra maneira. Se os letrados do passado se dedicaram à discussão sobre a bruxaria e afins, é provavelmente porque isto fazia algum sentido dentro de um momento intelectual e histórico e não porque esses homens eram menos sagazes ou aptos do que os intelectuais de hoje. Avaliar a correspondência da bruxaria, demônios, aparições etc. com o real não é algo que me pareça fundamental ao historiador das ideias: a ele basta partir da realidade histórica dessas coisas. Tal esforço em lidar com a alteridade pode ser valioso para esclarecer tanto a constituição de um dado objeto quanto das concepções do próprio estudioso, de sua sociedade e tempo histórico. Afinal, tratar o passado como um país estrangeiro não é o mesmo que encará-lo como um outro mundo com o qual não se tem qualquer relação – e é sobre esta noção de história e de trabalho do historiador que assento minha esperança de que este trabalho seja proveitoso para o estudioso especializado e também para o leitor em geral.

Tendo isso em vista, procurei, em suma, apresentar e examinar o discurso demonológico em sua complexidade, atento para o entrelaçamento de diferentes ideias, que constituíam as opiniões sobre a bruxaria e afins, e também identificar como a demonologia buscou adequar-se ao declínio da caça às bruxas e a um novo momento. Ainda que a grande motivação desta pesquisa tenha sido compreender essa mudança intelectual, a maior parte do meu tempo e esforço foi dedicada ao estudo da complexidade do discurso demonológico. Tomar a crença de uma época como problema a ser investigado exige familiaridade com ela. Isto não é um trabalho simples, muito menos rápido, ao qual me dedico há anos, mas necessário, cujos resultados, espero eu, incentivarão outros estudos e contribuirão para melhor responder ao problema em questão.

Quando a demonologia é tratada como uma literatura de manuais, costuma dar-se ênfase apenas ao caráter normativo de suas obras. De fato, era comum aos títulos dessa literatura estabelecer uma opinião de maneira peremptória e nela assentar regras sobre como lidar com a ação sobrenatural. Não obstante, subsistiam ao tom enfático das obras de demonologia apropriações, contradições e polêmicas, que estimulavam a ampliação dessa literatura. No que diz respeito, por exemplo, à imagem da bruxa, com a qual trabalhei em estudo anterior, digo que não era uma ideia fixa, repetida indefinidamente nas obras de demonologia. A imagem da bruxa era constituída à maneira de um mosaico. A maioria das peças representava características que de tão antigas e disseminadas se tornaram praticamente impessoais; no entanto, essas peças eram combinadas a outras, a especificidades intelectuais e históricas. Os tratados de demonologia, ao mesmo tempo em que se apropriavam de códigos correntes entre os letrados da cristandade, abordavam também situações particulares e concretas envolvendo a bruxaria. Montar esse mosaico diabólico era estabelecer um arranjo entre uma porção de peças consagradas e outras mais particulares, ou seja, formular uma concepção entre a abrangência da tradição e as exigências específicas do autor, da caça às bruxas, do contexto intelectual e histórico. O estudo a respeito das opiniões sobre bruxas, diabos, fantasmas, feitiços, possessões etc. revelou construções intelectuais complexas que se adequaram a diferentes contextos e isto reforçou a curiosidade sobre como se deu o desgaste e o declínio dessa literatura.

A controvérsia entre John Webster (1610-1682) e Joseph Glanvill (1636-1680) oferece a oportunidade de averiguar o entrelaçamento de ideias expressas no discurso demonológico com um contexto intelectual e histórico de profundas mudanças e também de identificar sinais de desgaste e inadequação desse discurso. Na Inglaterra da segunda metade do século XVII, consolidava-se a filosofia experimental, buscava-se algum modo de lidar com a diversidade religiosa e, além disso, os julgamentos de bruxas entravam em declínio, mas havia ainda grande interesse pela natureza da bruxaria e de eventos assombrosos.

Glanvill era um jovem clérigo anglicano, entusiasta da ciência moderna e que publicou diversos sermões e tratados. Nos anos de 1660, fez ele algumas considerações sobre a bruxaria, defendendo sua realidade, a materialidade do pacto diabólico e de seus efeitos nocivos. Tal defesa da realidade da bruxaria atraiu a crítica. Webster era um médico interessado pelo hermetismo e pela filosofia experimental e que pregara no passado entre os protestantes radicais. *The displaying of supposed witchcraft* foi publicado em 1677 e defendia que a bruxaria era uma impostura e o pacto diabólico apenas uma associação espiritual e moral, cujos desdobramentos não poderiam extrapolar a ordem natural e os desígnios divinos. Glanvill se empenhou em responder à crítica juntando algumas histórias às suas considerações sobre o assunto. Publicado em 1681, logo após a morte do autor, o *Saducismus triumphatus* foi uma tentativa de vincular a bruxaria ao estado da ciência e da religião e de combater o ateísmo que, dizia Glanvill, espalhava-se pelo reino. A controvérsia entre Webster e Glanvill foi bastante conhecida e ambas as posições estiveram intimamente associadas a um momento de redefinição da ciência e da religião na Inglaterra.

A polêmica foi examinada em seus argumentos e na relação deles com as demais obras dos autores assim como com o contexto intelectual e histórico. A partir de uma conceituação de demonologia, foram estabelecidos tópicos discursivos que permitiram subdividir os títulos dessa literatura e agrupar os seus argumentos em controvérsia. Três são esses tópicos, dos quais as obras de demonologia dificilmente poderiam esquivar-se: o que é a bruxaria, como agiriam as bruxas e os demônios e o que se poderia fazer a respeito. O tratamento dado a tais tópicos possibilita identificar aspectos fundamentais da argumentação, tendo em vista a relação polêmica estabelecida entre o autor e a literatura demonológica. Contudo, se se busca o vínculo de tais opiniões letradas com o contexto intelectual e histórico, então é preciso ir além das obras em questão, da identificação e confronto dos argumentos por si só: é necessário ultrapassar os limites da demonologia e da caça às bruxas. Ao invés de identificar os argumentos e encontrar neles eventuais inconsistências, que revelariam o porquê do desgaste da demonologia, optei por esclarecer as opiniões de Webster e Glanvill à luz das demais obras dos dois autores e da situação da ciência e da religião na Inglaterra da Restauração Stuart. Os argumentos da controvérsia demonológica foram o ponto de partida de uma busca pelas relações entre ideias, pessoas e acontecimentos, na esperança de assim indicar com alguma precisão o lugar dos autores e de suas formulações.

Ambas as obras em questão, *The displaying of supposed witchcraft* (1677) e *Saducismus triumphatus* (1688, terceira edição), estão disponíveis gratuitamente pela internet em versão fac-similar e em texto corrido pela Cornell University Library dos Estados Unidos. Elas integram a Witchcraft Collection, acervo reunido no final do século XIX por Andrew Dickson White e George Lincoln Burr, contendo milhares de documentos sobre a bruxaria na Idade Média e Moderna, dentre os quais pouco mais de cem itens foram digitalizados. Acerca do tratamento dessas fontes eletrônicas é preciso informar duas coisas. A primeira é que a numeração da digitalização e dos exemplares digitalizados é distinta e que, por isso, as referências bibliográficas deste trabalho apresentam duas notações de paginação, uma referente ao exemplar e outra, colocada entre colchetes, que diz respeito à digitalização. A segunda é que as citações no corpo do texto foram traduzidas por mim para facilitar o acesso ao presente trabalho, tendo como prioridade preservar o sentido desses trechos e apenas na medida do possível a literalidade deles para que sejam compreendidos mais facilmente pelo leitor contemporâneo. Sendo assim, para reduzir perdas de tradução e descontextualização, disponibilizo nas notas de rodapé a maioria desses trechos citados no idioma original e dentro de seu contexto no documento.

O conteúdo deste trabalho é fundamentalmente o mesmo da dissertação de mestrado homônima defendida por mim em agosto de 2012 junto à Faculdade de Filosofia, Letras e Ciências Humans da Universidade de São Paulo. Todavia, fiz correções e alterações substanciais para tornar o texto e a argumentação mais claros, simples e, espero eu, compreensíveis. A exposição no geral consiste em sustentar um conceito de demonologia e fazer uso dele para compreender a controvérsia entre Glanvill e Webster e o comportamento do discurso demonológico no final do século XVII. Tendo isso em vista, o texto foi dividido em quatro capítulos, que são acompanhados por algumas considerações finais. O primeiro capítulo estabelece o conceito de demonologia que orienta o restante do trabalho, o qual desejo que seja de alguma valia aos demais pesquisadores. O segundo apresenta o contexto histórico e relaciona-o com a vida e o discurso demonológico de Webster e Glanvill. O terceiro situa a demonologia histórica e intelectualmente na relação entre ciência e religião e expõe as principais questões e compromissos intelectuais com que lidavam Glanvill e Webster. O quarto capítulo explora com razoável minúcia as opiniões contidas em *The displaying of supposed witchcraft* e *Saducismus triumphatus* no que diz respeito aos dois primeiros tópicos da demonologia. Ao fim, depois de examinar a relação entre a controvérsia demonológica e o momento histórico e intelectual, apresento algumas considerações finais a respeito do desgaste da demonologia, tendo em vista o terceiro tópico da demonologia. Tais considerações de forma alguma encerram o assunto, apenas concluem o presente estudo e abrem perspectivas para pesquisas futuras.

# A demonologia na Idade Moderna

## A DEMONOLOGIA ENQUANTO PALAVRA

Não é uma tarefa fácil definir o significado de demonologia, muito menos operá-la como um conceito ou estudá-la como um objeto. Acredita-se que seja preciso fazê-lo não apenas por ser incomum, mas principalmente porque, por meio da análise do uso e do significado de uma palavra e de um conceito, é possível aprimorar a compreensão das obras de demonologia e de seus argumentos.

Um exame do uso e significado da palavra 'demonologia' revela um termo que pode ser empregado em diversos registros, como, por exemplo, no linguajar da religião, da historiografia, da política, da psiquiatria, da antropologia, tendo por significado, fundamentalmente, a crença na existência de demônios, o estudo acerca dos mesmos e a enunciação dos inimigos de alguém – este último uso é restrito à política. Frequentemente a palavra é empregada nas duas primeiras acepções, adequando-se à junção das partículas 'demon' e 'logia', as quais, além de reforçar as duas primeiras acepções da palavra, especialmente a segunda delas, conferem alguma ancestralidade a ela.

A consagração de um significado abrangente e útil dá alguma segurança aos estudiosos: garante a existência, a concretude, da demonologia manifesta em tratados, panfletos, sermões, pinturas e em outras maneiras de expressar a preocupação do homem com o lugar do mal no mundo. A partir desse consenso, tratar de demonologia com frequência é falar a respeito das concepções de mal contidas em praticamente qualquer cosmovisão, qualquer ambiente intelectual. O termo 'demonologia' tornou-se categoria das mais amplas. Porém, isto, que pode ser adequado a outros estudiosos das humanidades, compromete a compreensão histórica da demonologia, ao afastar o historiador da polissemia e particularidades dos discursos, que permitiriam esclarecer a constituição da noção de demonologia e aprimorar os parâmetros de uma abordagem histórica.

Apesar de sua composição e acepção sugerirem antiguidade e universalidade, a palavra 'demonologia' tem uma história relativamente recente e origem precisa. A consulta a alguns dicionários traz dados interessantes.

Começando pela língua portuguesa, o *Houaiss* define 'demonologia' como "estudo pormenorizado e sistemático a respeito dos demônios", segundo a justaposição *demon*(i/o) e *logia*. A palavra teria sido registrada pela primeira vez em língua portuguesa, segundo o *Houaiss*, no *Grande Diccionario Portuguez*, do frei Domingos Vieira, de 1873, e associada ao verbete 'demonografia', definido como "tratado a respeito da natureza e do poder dos demônios", de acordo com o *Novo diccionario critico e etymologico da língua portugueza*, de Francisco Solano Constâncio, de 1836. Ambos os verbetes, 'demonologia' e 'demonografia', não são citados em dicionários anteriores da língua, a saber, no *Vocabulário Portuguez & Latino*, de Raphael Bluteau, de 1712-1728, no *Diccionario da lingua portugueza*, de Antônio de Moraes Silva, de 1813, e no *Diccionario da lingua brasileira*, de Luiz Maria da Silva Pinto, de 1832.

Os termos 'demonologia' e 'demonografia' também estão ausentes no *Diccionario de la lengua castellana*, de 1822, já em sua sexta edição.

Com relação à língua francesa, nenhum dos dois termos consta na primeira edição do *Dictionnaire de L'Académie Française*, de 1694. O verbete 'démonographe' ['demonógrafo'] surge apenas na quarta edição do dicionário, em 1762, definido como "autor que escreveu sobre os demônios". Na mesma edição, aparece 'démonomanie' ['demonomania'], definido como "tratado sobre demônios, a Demonomania de Bodin". Já na sexta edição, de 1835, 'démonomanie' ganha acepção médica: "tipo de loucura em que se sente possuído pelo demônio; é dito também de um tratado sobre demônios, a Demonomia de Bodin". O *Dictionnaire de la langue française*, de Émile Littré, de 1872-1877, apresenta definição semelhante: "1) termo da medicina, tipo de insanidade na qual o paciente é perturbado pela ideia de estar possuído pelo demônio; 2) título de livros sobre demônios e possessão". Já na oitava edição do *Dictionnaire de l'Académie Française*, de 1932-1935, surgem diversos termos; 'démonographe' ['demonógrafo'] é definido como "aquele que escreve sobre os demônios", 'démonographie' ['demonografia'], como "estudo da natureza e da influência dos demônios, se diz às vezes demonomania", e 'démonomanie' ['demonomania'], "tipo de loucura em que o sujeito acredita estar possuído pelo demônio; significa também uma crença exagerada na presença de demônios; é dito, por extensão, de um tratado sobre os demônios; ver 'demonografia'".

A menção dicionarizada mais antiga de 'demonologia' que encontrei está em *A dictionary of English language*, de Samuel Johnson, de 1755, consultado em sua sexta edição, de 1785, o qual define 'demonology' como "discurso sobre a natureza dos demônios. Desta maneira o rei Jaime intitulou o seu livro a respeito das bruxas". Não encontrei qualquer termo que se referisse a 'demonologia' ou 'demonografia' entre os verbetes do *English-Greek Dictionary: A vocabulary of the Attic Language*, de Woodhouse, 1932, do *A Greek-English Lexicon*, de Liddell e Scot, em sua oitava edição, de 1897, do *Oxford Latin Dictionary*, de 1968, e nem do *Mediae Latinatis Lexicon Minus*, de Niermeyer, de 1976.

A utilização da palavra 'demonologia' e a constituição de um conjunto de termos ligados a ela são posteriores ao apogeu da caça às bruxas na Europa, ocorrido entre os séculos XVI e XVII. O vocábulo 'demonologia' apenas foi reconhecido e incorporado ao léxico na segunda metade do século XVIII, se consideradas as definições do *A dictionary of English language*, de 1755, e do *Dictionnaire de l'Académie Française*, de 1762, relativas, neste último caso, aos termos 'démonomanie' e 'démonographe'. É possível alegar em sentido contrário que foi justamente nessa época que surgiram as grandes compilações do léxico das línguas vernáculas, como expressões da constituição dos estados nacionais europeus. Contudo, tal objeção estaria correta se o termo 'demonologia' tivesse sido empregado anteriormente com frequência e nas acepções atuais e, então, apenas depois, dicionarizado.

A demonologia foi grafada entre os séculos XVI e XVII, mas o termo foi pouco usado nos tratados sobre magia e bruxaria e empregado com sentidos diferentes.[1]

As palavras 'demononologia' e 'demonomania' surgiram na condição de substantivos próprios. Os termos que posteriormente seriam identificados pelos dicionários como correspondentes à crença e ao estudo dos demônios eram correntemente tratados como referências aos trabalhos de Bodin e do rei Jaime.

O *De la démonomanie des sorciers*, de autoria do jurista francês Jean Bodin, publicado em 1580, tornou-se, em pouco tempo, um dos mais importantes tratados sobre a bruxaria. Curiosamente, a palavra 'démonomanie', escrita no título da

---

[1] A maior parte das obras seguintes foi consultada por meio da Witchcraft Collection, da Cornell University Library, disponível em: <http://dlxs2.library.cornell.edu/w/witch/index.html>. O serviço é gratuito e permite a consulta dos exemplares em versão fac-similar e textual corrida. A referência em nota de rodapé foi feita de maneira simplificada. Os títulos das obras e a imprenta foram reduzidos ao essencial e o endereço eletrônico suprimido. A referência completa está disponível ao final. Além disso, é preciso lembrar que, devido à indicação numérica de elementos pré-textuais na digitalização, a numeração eletrônica é diferente daquela do documento em questão. Sendo assim, apresento a numeração indicada no documento seguida pela numeração entre colchetes, referente à digitalização. Quando o documento não detém numeração, indico apenas a numeração de sua versão digital.

obra, foi pouco usada no próprio *De la démonomanie des sorciers*, empregada para referir-se ao tratado,[2] embora cunhada para designar o ímpeto das bruxas em servir aos diabos. Tal uso foi mantido pela posterioridade. 'Démonomanie' foi utilizado por Pierre de Lancre[3] e Martin del Rio[4] com intuito de trazer à mente a obra de Bodin. O mesmo fez Reginald Scot, que lançou mão de 'demonomania' e 'dæmonomania' para citar o tratado de Bodin,[5] assim como Jaime VI e I, rei da Escócia e, posteriormente, da Inglaterra,[6] e Francis Hutchinson,[7] os quais recorreram, respectivamente, à 'dæmonomanie' e 'dæmonomania'.

Do mesmo modo, o *Daemonologie*, a pequena dissertação do rei Jaime VI e I a respeito da magia e da bruxaria, fez uso do termo 'daemonologie' para referir a si mesma.[8] 'Dæmonologia' foi empregado por John Webster,[9] Joseph Glanvill[10] e Hutchinson[11] para citar o texto do rei Jaime. 'Demonology' surge em Balthazar Bekker[12] e Webster[13] referindo-se ao tratado do monarca escocês e ao *A guide to grand jury men*, de Richard Bernard de Batcombe, cuja segunda edição é de 1629.

Contudo, embora comum, esse não era o único sentido para 'demonologia'.

---

2   BODIN, Jean. *De la démonomanie des sorciers*. Paris: chez Iacqves dv-Pvys, 1587 [p. 1, 4, 6]. Disponível para consulta eletrônica; favor consultar a bibliografia.

3   DE LANCRE, Pierre. *Tableau de l'inconstance des mauvais anges et démons*. Paris: chez Nicolas Buon, 1613, p. 488, 555, 559 [p. 522, 589, 593]. Disponível para consulta eletrônica; favor consultar a bibliografia.

4   DEL RIO, Martin. *Les controverses et recherches magiques*. Paris: chez Iean Petit-Pas, 1611, p. 24, 103, 106, 210, 416, 859, 1000 [p. 55, 134, 137, 241, 446, 887, 1021]. Disponível para consulta eletrônica; favor consultar a bibliografia.

5   SCOT, Reginald. *The discoverie of witchcraft*. Londres: William Brome, 1584, p. 32, 46 – nota, 474 – nota, 561 – índice [p. 59, 73, 501, 588]. Disponível para consulta eletrônica; favor consultar a bibliografia.

6   JAIME I. *Daemonologie*. Edinburgh [Edimburgo]: Printed by Robert Waldegraue, 1597, p. [07], 27, 56 [p. 7, 35, 64]. Disponível para consulta eletrônica; favor consultar a bibliografia.

7   HUTCHINSON, Francis. *An historical essay concerning witchcraft*. Londres: Printed for R. Knaplock, 1720, [p. 10]. Disponível para consulta eletrônica; favor consultar a bibliografia.

8   JAIME I. *Op. cit.*, [p. 1].

9   WEBSTER, John. *The displaying of supposed witchcraft*. Londres: Printed by J.M., 1677, p. 9 [p. 23]. Disponível para consulta eletrônica; favor consultar a bibliografia.

10  GLANVILL, Joseph. *Saducismus triumphatus*. Londres: Printed for S. Lownds, 1688, p. 473 [p. 465]. Disponível para consulta eletrônica; favor consultar a bibliografia.

11  HUTCHINSON, Francis. *Op. cit.*, p. 224 [p. 253].

12  BEKKER, Balthazar. *The world bewitch'd*. Londres: Printed for R. Baldwin, 1695, p. 224 [p. 300].

13  WEBSTER, John. *Op. cit.*, p. 36 [p. 50].

A palavra 'demonologia' podia também ser utilizada para referir-se às artes diabólicas e superstições atribuídas aos gentios. Nathanael Homes[14] empregou 'dæmonologie' no título e na epígrafe de sua obra, definiu o termo pela oposição a 'theologie', tomando a demonologia, portanto, como o conjunto dos males e das artes diabólicas, cujo remédio seria a teologia. Na mesma época, Thomas Hobbes utilizou o termo 'demonology' no capítulo XLV de Leviatã. Diz ele que os homens do passado interpretaram o funcionamento dos sentidos e da imaginação de maneira equivocada e, por isso, atribuíram existência autônoma às coisas da mente, concebendo seres incorpóreos, como os demônios.[15] Por desconhecer a extensão dos poderes e as intenções de tais seres, o medo apoderou-se dos homens e, em resposta, uma demonologia foi elaborada, capaz de controlar o temor e de garantir a obediência e observância das leis.[16] A religião cristã teria preservado superstições dos gentios: a crença na natureza incorpórea dos diabos, na possessão, o culto aos ídolos, as procissões, o uso de água-benta etc.

'Demonógrafo' também foi usado no século XVII. Em *The history of magick*, tradução inglesa de *Apologie pour tous les grands hommes, qui ont esté accusez de magie*, de Gabriel Naudé, publicada em 1625, os termos 'dæmonographer' e 'demonographer' são mencionadas mais de 30 vezes,[17] não sendo isto obra do tradutor, dado que no original aparece o termo 'demonographe'. O bibliotecário do cardeal Mazzarino escrevia em resposta à opinião de que grandes homens do passado fizeram acordos com demônios. Naudé acusa os historiadores e os demonógrafos de serem os principais arquitetos de um labirinto de opiniões errôneas,[18] dentre os quais acusava Johann Weyer, Del Rio e De Lancre. Em *The displaying of supposed witchcraft*, o termo 'demonographer'

---

14 HOMES, Nathanael. *Dæmonologie and Theologie*. Londres: Printed by Thomas Roycroft, 1650, [p. 1, 2, 3]. Disponível para consulta eletrônica; favor consultar a bibliografia.
15 HOBBES, Thomas. *Leviatã*. São Paulo: Martins Fontes, 2008, p. 531-533.
16 *Ibidem*, p. 533.
17 NAUDE, Gabriel. *The history of magick*. Londres: Printed for John Streater, 1657, p. [9], [10], 83, 93, 94, 102, 115, 118, 120, 122, 126, 161, 166, 168, 169, 173, 175, 177, 190, 197, 203, 229, 230, 233, 238, 242, 259, 265, 273, 299, 303, 304, 305 [p. 9, 10, 98, 108, 109, 117, 130, 133, 135, 137, 141, 176, 181, 183, 184, 188, 190, 192, 205, 212, 218, 244, 245, 248, 253, 257, 274, 280, 288, 314, 318, 319, 320]. Disponível para consulta eletrônica; favor consultar a bibliografia.
18 *Ibidem*, [p. 9].

aparece acompanhado por 'witchmonger', ambos acusados da perseguição às bruxas e de ignorância.[19]

Foram atribuídos fundamentalmente três sentidos à demonologia entre os séculos XVI e XVII. O primeiro é mais evidente, relacionou 'demonologia' aos tratados de Bodin e do rei Jaime, os quais se tornaram importantes não apenas pela relevância do seu conteúdo, mas ainda, principalmente no caso de Jaime, por causa da importância dos autores. O segundo deles, mais abrangente, associou o conteúdo de obras como as de Bodin e Jaime à origem do mal e sua condição. Hobbes flexiona esse sentido em um outro ao vincular a demonologia à ignorância ancestral acerca dos sentidos e da imaginação. O terceiro sentido para a palavra 'demonologia' surge quando se buscou diferenciar dos opositores, afastando-se deles e colocando-os juntos para atacá-los, tendo sido empregado, segundo os documentos averiguados, por céticos com relação à realidade da bruxaria – ainda que Naudé acusasse Weyer ao lado de Del Rio e De Lancre.

Embora a palavra 'demonologia' adquirisse grafia e diferentes significados entre os séculos XVI e XVII, seria apenas nos séculos XVIII e XIX que ela ganharia o sentido amplo e corrente empregado atualmente.

## A DEMONOLOGIA ENQUANTO CONCEITO

A partir da segunda metade do século XVIII, com o fim da caça às bruxas e a instauração de ideais civilizacionais seculares e racionais, 'demonologia' passou a designar coisas consideradas absurdas, medievais, bárbaras. Consolidou-se, então, uma acepção mais abrangente, associando à demonologia crenças e práticas comprometidas com a realidade da bruxaria e a existência de demônios.

O *Dictionnaire Infernal*, na segunda metade do século XIX, definia a demonologia como um discurso sobre os demônios e mencionava a obra do rei Jaime, o que não era novidade, e também as considerações de Walter Scott.[20]

Parte de uma coleção destinada à formação do grande público, *Letters on demonology and witchcraft* foi publicada em 1830 e tornou-se uma obra de sucesso comercial.[21] No desenrolar de dez cartas, Scott encarregou-se de oferecer ao leitor um panorama sobre a demonologia e a bruxaria, além de apresentar diversas narrativas marcantes

---

19  WEBSTER, John. *Op. cit.*, p. 17, 42, 50, 65, 72, 162 [p. 31, 56, 64, 79, 86, 176].

20  DE PLANCY, J. Collin. *Dictionnaire Infernal*. Paris: Paul Mellier, 1844. Disponível para consulta eletrônica; favor consultar a bibliografia.

21  SCOTT, Walter. *Letters on demonology and witchcraft*. 2ª ed. Londres: George Routledge and Sons, 1885. Disponível para consulta eletrônica; favor consultar a bibliografia.

e suas considerações a respeito delas. A demonologia teria por fundamento, segundo ele, a crença na imortalidade da alma ou, melhor dizendo, a intuição universal da existência do espírito, de algo que, diferentemente do corpo, permanece depois da morte. Tal intuição teria sido distribuída por Deus, porém ela, quando desacompanhada da revelação divina e de ciência sobre o funcionamento dos sentidos e da mente, poderia engendrar superstições e povoar o mundo de ideias absurdas e de uma multidão de seres interessados nos negócios humanos.[22] Assim surgiram as superstições antigas, bárbaras e populares, que foram incorporadas ao cristianismo durante a Idade Média e assumiram gradualmente o formato sistemático de uma demonologia.[23] Apesar do cristianismo ter enfraquecido as superstições pagãs, especialmente na época da Reforma, a crença em bruxas permaneceu vigorosa, tornou-se a pedra fundamental da demonologia, a qual, embora tenha sido contestada por Weyer, Naudé e Scot, foi defendida pelos demonólogos, que tinham como maior aliado uma época pouco esclarecida.[24] A demonologia é apresentada, portanto, como uma literatura especializada e devotada à realidade da bruxaria e de outras superstições, produto do desejo de explicar o mundo e da impossibilidade de fazê-lo adequadamente, ou seja, de maneira científica. Atualmente, diz Scott, "o mecânico mais comum tem conhecimento suficiente para rir das fantasias que em outros tempos foram admitidas pelos mais instruídos no conhecimento mais profundo da época",[25] de modo que ele possa considerar-se, ainda que por uma única vez, um demonólogo, estudioso de superstições obsoletas.[26]

Entendida como uma literatura dedicada à crença em bruxas, quando não reduzida a ela, a demonologia foi encarada pela historiografia até meados do século XX como desdobramento da teologia, uma permanência do pensamento medieval e parte de uma época menos racional, que seria superada à medida que avançassem a ciência e a civilização.

Essa historiografia oitocentista pode ser dividida em duas vertentes: uma racionalista, outra romântica. Ambas tinham aspectos em comum, mas explicaram a crença em bruxas e a demonologia de maneiras diferentes.[27]

---

22   Ibidem, p. 9-47.
23   Ibidem, p. 77.
24   Ibidem, p. 144-161.
25   Ibidem, p. 320.
26   Ibidem, p. 149.
27   Segundo William Monter, a historiografia em torno da bruxaria poderia ser discernida de maneira abrangente a partir de três vertentes, racionalista, romântica e antropológica, estabelecidas tendo em vista tanto a concepção dos estudiosos mais importantes sobre a bruxaria quanto a

A vertente racionalista supunha que a bruxaria não fosse mais do que uma elaboração intelectual, uma espécie de assombração criada pelos letrados, em especial pelos clérigos, cujo temor instaurou os julgamentos de bruxas em toda a Europa. A bruxaria teria sido uma falsidade, criada pela ignorância, pelos temores e crueldades da Idade Média. Bertrand Russell, por exemplo, entendia a demonologia como uma doutrina autorizada pela Igreja, que explicava as doenças como resultado da ação de bruxas e demônios, opondo-se, como seria comum à religião, ao desenvolvimento da medicina.[28] O recuo da demonologia indicaria o avanço da ciência e da modernidade diante da ignorância medieval.[29] Para a historiografia da época, a demonologia era um resquício da Idade Média, o qual, por alguma razão, chegou à Idade Moderna. George Lincoln Burr dizia que

> quando no século XIII a teologia escolástica, com o seu amor pela completude lógica, deu uma nova proeminência ao Diabo e aos seus seguidores como contraparte e paródia de Deus e de Sua igreja, e quando, no século XIV, o Santo Ofício, bem-sucedido na descoberta de hereges, lançou suas mãos desocupadas sobre aqueles pecadores de aldeia que acreditava inteiramente comprometidos com Satã, o terror cresceu.[30]

---

abordagem desenvolvida por cada um. As vertentes racionalista e romântica foram bastante proeminentes no século XIX até a primeira metade do XX, tendo o instrumental antropológico estado, por um lado, a serviço da vertente romântica, fundamentando a hipótese da existência de um culto ancestral, pagão e popular, que fora concebido como bruxaria pela Igreja, e, por outro, voltado para a compreensão das crenças e das práticas de povos tidos como primitivos. Para mais, conferir: MONTER, E. William. "The historiography of witchcraft: progress and prospects". In: LEVACK, Brian (ed.). *Witch-Hunting in Early Modern Europe: general studies*. Londres: Garland, 1992, p. 49-65 (Articles on witchcraft, magic and demonology: a twelve volume anthology of scholary articles, v. 3).

28 RUSSELL, Bertrand. "Demonology and Medicine". *Religion and Science*. Nova York: Oxford University Press, 1997, p. 82-109.

29 LECKY, William Edward Hartpole. *History of the rise and influence of the spirit of rationalism in Europe*. Nova York: D. Appleton, 1870. Disponível para consulta eletrônica; favor consultar a bibliografia.

30 BURR, George Lincoln. *The Witch Persecutions apud* MIDELFORT, H. C. Erick. "Recent Witch Hunting research or Where do we go from here?". In: LEVACK, Brian (ed.). *Op. cit.*, v. 3, p. 4.

Diante de uma época repleta de guerras, revoltas e doenças, o medo torna-se a chave para explicar não apenas a manutenção de crenças irracionais, mas ainda a condenação de milhares de pessoas por um crime impossível. O medo e a opressão da época, nessa perspectiva historiográfica, reforçavam a ignorância e legitimavam a crueldade, fazendo da caça às bruxas expressão digna de uma Idade das Trevas.

No entanto, a vertente romântica negava que a bruxaria fosse apenas um construto intelectual. Existiria algo de concreto por detrás do discurso dos demonólogos e do testemunho das autoridades e dos condenados. Associado à ignorância e à busca feroz da Igreja por poder, o medo continuava sendo a chave para compreender a escrita demonológica. O interesse pelo popular trouxe à tona a permanência de crenças e costumes mais antigos do que o cristianismo. Isto tornou plausível formular que a caça às bruxas teria consistido na perseguição de um culto pré-cristão.

Jules Michelet entendeu a bruxaria à luz da miséria e da opressão medievais, especialmente da mulher, a qual fez bruxa e tornou sacerdotisa de uma revolta popular. Tratados de demonologia e julgamentos de bruxas tentaram silenciar a revolta dos oprimidos,[31] mas a opressão malogrou. Ainda que a bruxa fosse esmagada pelas condições sociais, o seu espírito de revolta persistiu e se incorporou nos filósofos e cientistas que engendraram a modernidade.[32] Para Michelet, os tratados de demonologia, exemplificados pelo *Malleus maleficarum*, constituiriam o ápice da literatura penitencial e inquisitorial da Idade Média[33] e exprimiriam o temor da Igreja diante da rebeldia popular contra a ordem estabelecida, favorável a clérigos e nobres.

Essa suspeita de que a demonologia faria referência a algo de concreto persistiu. Na primeira metade do século XX, Montague Summers desafiou os racionalistas a provar que a bruxaria fosse uma ilusão, sustentando, à moda dos autores de demonologia, a realidade da bruxaria e vinculando-a à demonologia.[34] Na mesma época, Margaret Murray tornou-se a figura mais conhecida da vertente romântica, e talvez de toda a historiografia referente à bruxaria e afins, defendendo que a caça

---

31 "Nesses tempos miseráveis, o grande milagre era encontrar-se a fraternidade para a ceia noturna, coisa que não acontecia durante o dia. Embora correndo perigo, a feiticeira mandava os mais abastados contribuírem, recolhia suas oferendas. Sendo crime e conspiração, sendo uma forma de revolta, a caridade satânica tinha grande poder. Roubava-se a comida durante o dia para a refeição comum de noite". (MICHELET, Jules. *A feiticeira*. Rio de Janeiro: Nova Fronteira, 1992, p. 94).

32 *Ibidem*, p. 178-183.

33 *Ibidem*, p. 114-123.

34 SUMMERS, Montague. *The history of witchcraft and demonology*. Londres: Kegan Paul, Trench, Trubner, 1926.

às bruxas se tratou da perseguição das autoridades a um culto pagão e pré-cristão.³⁵ A ideia foi acolhida amplamente pelo público e por alguns estudiosos, como Julio Caro Baroja, Jeffrey Burton Russell e Elliot Rose, o qual sintetizou de maneira clara a adesão a essa perspectiva:

> estou preparado para desconsiderar aproximadamente noventa por cento [das confissões de bruxaria], mas não o todo; isto é um assunto que devemos confiar de forma última ao gosto e à intuição, a degustação da linguagem empregada. É difícil ler Jaime I e acreditar que não havia nada ali.³⁶

Apesar disso, a teoria encontra duras críticas.³⁷

Durante o século XX, a desconfiança e a descrença no avanço da razão e da liberdade na história cresceu à medida que se sucederam crises políticas, econômicas e guerras mundiais. Colocou-se em dúvida o progresso do gênero humano. O estatuto a-histórico e autoevidente da razão foi desafiado. Os horrores que afligiram milhões, que os levaram ao exílio, à prisão ou à morte, não eram estranhos à modernidade, mas resultantes dela, e nada garantiria que o simples discorrer da história consistiria no avanço da razão e da liberdade. Tal estado de espírito promoveu a pesquisa de temas marginalizados até então, que tinham sido abordados de maneira genérica e entendidos à luz do avanço histórico da razão, de modo que um assunto como a bruxaria tornou-se significativo e instigante para as novas maneiras de pensar e de escrever a história.

Nesse momento, nos anos de 1960, Hugh Trevor-Roper declarava que a razão estaria sujeita a condições, sociais, intelectuais e históricas.³⁸ O historiador inglês tratava a caça às bruxas como um fenômeno moderno, e não um resquício do

---

35 MURRAY, Margaret. *O culto das bruxas na Europa ocidental*. São Paulo: Santana, 2003.
36 ROSE, Elliot. A razor for a goat *apud* MIDELFORT, Erik. "Recent Witch Hunting research or Where do we go from here?". In: LEVACK, Brian (ed.). *Op. cit.*, v. 3, p. 3.
37 COHN, Norman. "La inexistente sociedad de las brujas". In: *Los demônios familiares de Europa*. Madri: Alianza Editorial, 1975, p. 137-167.
38 "We are prepared to admit, as our ancestors were not, that mental structures differ with social structures, that the 'superstition' of one age may be the 'rationalism' of another, and that the explanation of intellectual chance may have to be sought outside purely intellectual history" (TREVOR-ROPER, Hugh. *The European witch-craze of the sixteenth and seventeenth centuries*. Hamondsworth: Penguin, 1990, p. 22).

medievo, como tinha sido comum. No entanto, Trevor-Roper, mesmo disposto a reconhecer a determinação histórica da razão, concebia as ideias sobre a bruxaria como elaborações coerentes e sutis que expressavam uma loucura, *witch-craze*:

> minha matéria não são as crenças em bruxas, que são universais, mas a loucura com relação à bruxaria que é limitada no espaço e no tempo; por loucura relacionada à bruxaria quero dizer a ebulição dessas crenças, a incorporação delas, pelos letrados, num sistema intelectual bizarro, mas coerente, que, em determinados momentos, deu à credulidade camponesa, de outra forma, desorganizada, uma força persecutória dirigida e oficialmente abençoada.[39]

A partir do século XIV, em decorrência de convulsões sociais e religiosas, suspeitou-se que uma conspiração diabólica ameaçava arruinar a cristandade, tornando-se a bruxa uma ideia estereotipada através da qual eram aliviadas as tensões sociais e históricas. Nessas condições, a demonologia engendrava uma mitologia diabólica, na qual sistematizava a realidade e o caráter ameaçador da bruxaria, caracterizada pelo pacto diabólico, o intercurso com os demônios, o sabá etc., e dedicava-se a instruir as autoridades sobre como extirpar esse mal.[40] Trevor-Roper acrescentava que, embora a demonologia fosse um saber estreito e fundamentalmente teológico, não seria adequado chamar aqueles que escreveram sobre a bruxaria de 'demonólogos'. A demonologia atraía a atenção dos letrados de modo geral, inclusive alguns bastante eminentes, como Bodin, pois permitia tratar de problemas considerados relevantes na Idade Moderna.[41]

O reconhecimento da historicidade das ideias sobre a bruxaria e o esforço de abordar a bruxaria numa perspectiva social trouxeram à tona especificidades e complexidades do processo de caça às bruxas. Os estudos realizados nas últimas décadas identificaram diversas dimensões da caça às bruxas do ponto de vista histórico, espacial e social, modificando profundamente a compreensão desse fenômeno histórico. Surgiram tantas especificidades que se tornou difícil tratar da caça às bruxas na sua totalidade. Segundo Peter Burke,

---

39  *Ibidem*, p. 9.
40  *Ibidem*, p. 40-42.
41  *Ibidem*, p. 104-106.

depois de cerca de vinte anos de intensa pesquisa sobre os julgamentos das bruxas em seus contextos locais, é talvez tempo de retornar à uma abordagem mais global. Afinal, a caça às bruxas europeia nos primórdios da Época Moderna não respeitou fronteiras regionais.[42]

Os estudiosos têm trabalhado para integrar informações e entendimentos particulares da bruxaria em uma compreensão total do fenômeno que preserve a unidade da caça às bruxas e também suas particularidades.

Tendo em vista essa situação, a abordagem da demonologia torna-se interessante não apenas por suas particularidades, mas principalmente por permitir articular as especificidades da caça às bruxas em um dado universo intelectual. Desde os anos de 1960, tem-se aproximado a demonologia de seu contexto, identificando a coerência dos discursos sobre a bruxaria e afins com situações históricas, sociais e intelectuais e também a divergência contida neles. Exemplo dessa apropriação da demonologia são os trabalhos de Robert Mandrou, Brian Levack e, especialmente, de Stuart Clark.

A literatura demonológica permitiu a Mandrou abordar a mentalidade dos magistrados franceses do século XVII.[43] Através de tratados de demonologia, autos processuais, confissões e testemunhos, ele reconstruiu a opinião dos juízes da época e contestou a explicação iluminista de que a caça às bruxas teria sido encerrada em decorrência do avanço da razão. A controvérsia e os embaraços criados para os magistrados por escândalos envolvendo a bruxaria e a possessão diabólica teriam sido decisivos para tornar as autoridades parisienses refratárias a esses casos. O recurso ao discurso demonológico possibilitou a Mandrou contradizer a opinião ilustrada e estabelecer uma relação de coerência entre as crenças e práticas dos magistrados com o momento histórico e também oferecer uma explicação para a mudança de posicionamento das autoridades.

Levack dedicou-se a tratar a caça às bruxas como um todo.[44] Como parte disso, expôs os títulos, ideias e trajetórias de alguns tratados de demonologia para reconstituir o fundamento intelectual de cerca de três séculos de perseguição. Assim

---

42 BURKE, Peter. "The comparative approach to European witchcraft". In: ANKARLOO, Bengt; HENNINGSEN, Gustav (ed.). *Early Modern European witchcraft*: centers and peripheries. Oxford: Clarendon Press, 1993, p. 438.

43 MANDROU, Robert. *Magistrados e feiticeiros na França do XVII*: uma análise de psicologia histórica. São Paulo: Perspectiva, 1976.

44 LEVACK, Brian. *Caça às bruxas na Época Moderna*. Rio de Janeiro: Campus, 1988.

como Mandrou, Levack aproximou a demonologia de seu contexto histórico, recusando-se a aceitá-la como irracional e supérflua, relacionando-a com problemas do conhecimento e da sociedade da Idade Moderna. Dentro dessa perspectiva, Clark, por exemplo, demonstrou como a demonologia do rei Jaime estava associada à sua concepção de monarquia.[45]

Com relação a Clark, embora tenha seguido tais exigências da apreciação histórica da demonologia, denunciou o pressuposto da maioria das abordagens. Segundo ele, a historiografia tem um compromisso subjacente com o realismo.[46] Esse compromisso faz com que as opiniões sobre bruxas e afins sejam avaliadas de acordo com a correspondência de seus enunciados com o real, verificando-os empiricamente e, então, descartando e explicando-os através de condições econômicas, sociais e políticas que justificariam os desvios da razão.[47] Supondo que a racionalidade de uma crença é estabelecida através da relação dela com as demais, e não pela correspondência com o real, Clark encontrou a racionalidade dos discursos sobre a bruxaria e afins por meio da vinculação deles com temas fundamentais do pensamento na Idade Moderna.[48] Assim como Trevor-Roper, consi-

---

45 CLARK, Stuart. "King James's Daemonology: witchcraft and kingship". In: LEVACK, Brian (ed.). *The literature of witchcraft*. Londres: Garland, 1992, p. 188-213 (Articles on witchcraft, magic and demonology: a twelve volume anthology of scholary articles, v. 4).

46 O realismo é uma postura filosófica que defende essencialmente a existência e a independência do mundo em relação ao pensamento humano. A partir dessa tese ontológica, ele foi desdobrado em algumas espécies de realismo, como o realismo matemático e o realismo científico. Entre os anos 1960 e 1970, o realismo ressurgiu como alternativa ao positivismo e ao empirismo, mas encontrou oposição de tendências empiristas e sociológicas. Clark se aproveitou da cisão entre realismo e antirrealismos, entendeu a historiografia nesses termos e propôs, a partir da filosofia da linguagem, uma abordagem antirrealista das crenças letradas em bruxas e afins, descompromissada com a verificação dos enunciados e dedicada à análise do discurso. Não pretendo discutir tal questão, tomo uma posição instrumental e conciliadora. Parto do realismo contido na documentação que examino, buscando determinar a relação do discurso demonológico com noções de natureza e de mundo vigentes na época, mas procuro preservar os enunciados desse discurso de avaliação à luz de concepções contemporâneas acerca do funcionamento da natureza. Para mais informações, confira o seguinte artigo, o qual sintetiza o realismo científico e a oposição a ele: BOYD, Richard. "Scientifc realism". In: ZALTA, Edward N. (ed.). *The Stanford Encyclopedia of Philosophy*. Disponível para consulta eletrônica; favor consultar a bibliografia.

47 CLARK, Stuart. *Pensando com demônios*: a ideia de bruxaria no Princípio da Idade Moderna. São Paulo: Edusp, 2006, p. 28-29.

48 "Parti do pressuposto, portanto, de que um corpo de ideias que sobreviveu por quase trezentos anos deve ter feito algum tipo de sentido e que este provavelmente estaria em sua coerência com as ideias sobre outras coisas. [...] Com efeito, a demonologia era um assunto heterogêneo,

derou inadequado designar autores de demonologia como 'demonólogos',[49] porém discordou daquele no que diz respeito ao entendimento da demonologia. Segundo Clark, a demonologia não era um desdobramento da especulação teológica que ganhou proeminência momentaneamente devido a determinadas condições históricas (até porque isso seria contraditório em vista de seu pressuposto e objetivo analítico), mas um espaço de discussão abrangente, que não estaria circunscrito à teologia ou a um pequeno grupo especializado. Por meio dela era possível tratar não apenas de religião, mas ainda de ciência, de direito, de política etc. O estudo da demonologia é, portanto, desvinculado do crivo de uma razão a-histórica, que exigiria a proposição de teorias de natureza psicológica e social para explicá-la, sendo ela inserida de maneira problemática no meio intelectual a que pertence, resgatando assim a natureza polêmica e histórica dos títulos dessa literatura.

Sendo assim, apesar dos dissensos, a demonologia tem sido tratada enquanto conceito e objeto de uma maneira cada vez mais histórica e relativista. Tem-se buscado desvendar as relações entre autores, obras e ideias a respeito da bruxaria e afins com situações históricas e intelectuais determinadas, fazendo dela objeto de compreensão, esforçando-se, assim, para superar o opróbrio anacrônico e ir além do estranhamento diante das concepções do passado. Tal tarefa não está acabada. É preciso lidar com dois problemas, e talvez outros tantos: tratar historicamente conceitos e abordagens da demonologia e explicar o desgaste e o declínio dela.

## A DEMONOLOGIA ENQUANTO CONTROVÉRSIA

Desse esforço etimológico e historiográfico, o qual, evidentemente, não esgota a possibilidade de outras análises e interpretações, surge uma história dos usos e sentidos atribuídos à demonologia. Deixando um pouco de lado as especificidades, é possível dizer que: nos séculos XVI e XVII, 'demonologia' foi identificada com os tratados de Jaime VI e I e de Bodin e também com aqueles que defendiam a realidade da bruxaria, de acordo com os críticos dessa tese; e entre os séculos XVIII, XIX e XX, a demonologia foi entendida como uma literatura dedicada à especulação sobre os demônios e bruxas. O que se vê é a progressiva ampliação do significado de 'demonologia', que, de termo utilizado para identificar determinadas obras e as opiniões que continham, passa a circunscrever toda uma literatura. Os

---

envolvendo discussões sobre o funcionamento da natureza, os processos históricos, a manutenção da pureza religiosa, e a natureza da autoridade e da ordem políticas" (*ibidem*, p. 14-15).

49  *Ibidem*, p. 15.

opositores da realidade da bruxaria empregavam a palavra para se afastar de seus inimigos, enquanto os estudiosos posteriores utilizaram-na para se distanciarem de seu objeto tanto por cuidado analítico quanto para se preservarem dele.

Não procuro aqui negar a existência da demonologia entre os séculos XVI e XVII ou condenar os estudiosos posteriores, mas demonstrar que falar sobre a demonologia não é tecer considerações sobre uma coisa autoevidente, seja enquanto palavra, conceito ou objeto. Tanto é preciso defini-la como objeto quanto instrumentalizá-la como conceito para que se possa compreender melhor a demonologia de maneira histórica, ou seja, enquanto produto da situação intelectual, social e histórica da Idade Modena na Europa.

Sendo assim, esclareço, desde agora, ainda que de maneira suscinta neste momento, que entendo por demonologia uma literatura que, a partir da discussão sobre a realidade da bruxaria, foi desdobrada em controvérsias e associada a problemas de natureza especulativa e prática, contendo, essencialmente, duas dimensões, uma erudita e outra social.

A atitude de Hobbes, Naudé e Webster de se afastar de seus opositores chamando-os de demonógrafos e contestando a demonologia, ou seja, no caso, a tese da realidade da bruxaria, era incomum e não os dispensava de percorrer um conjunto de assuntos, argumentos e exemplos consolidados na polêmica entre a realidade e o caráter ilusório da bruxaria. A crítica à realidade da bruxaria, embora tentasse se afastar de tal tese, não era capaz de se desvencilhar da controvérsia, pois na demonologia eram discutidas diversas matérias para além da perseguição às bruxas. Marcada fundamentalmnete pela tensão entre a realidade e a ilusão em casos de bruxaria, a demonologia era uma controvérsia inacabada que, a partir do problema da bruxaria, articulava diferentes questões teóricas e práticas relevantes aos homens da Idade Moderna.

Que isso não seja entendido como se a demonologia tivesse surgido do nada, seus argumentos fabricados apenas pela necessidade do momento, pois, muito pelo contrário, o discurso demonológico era composto em vista de uma tradição. Através de citações de autores antigos e medievais, ele ganhava não apenas consistência, mas ainda credibilidade, especialmente em uma época na qual se desejava com frequência um meio-termo entre o antigo e o moderno, a continuidade e a ruptura. Era comum que as obras de demonologia empregassem excertos de autores gregos, romanos, doutores medievais, fisiologistas árabes e também trechos das escrituras sagradas para sustentar determinada concepção a respeito da bruxaria ou qualquer outra matéria. Associava-se a novidade ao que estava consolidado. O surgimento da demonologia enquanto palavra parece expressar essa relação entre o velho e o novo. Apesar de ter sido, como suponho, um vocábulo moderno, cunhado para expressar algo da experiência recente, sua constituição almejou a ancestralidade ao identificar a demonologia com a especulação sobre deuses, demônios, bruxas e afins dos hebreus, gregos, romanos e dos letrados medievais. 'Demonologia' era uma palavra nova feita para parecer velha, a qual associava a discussão moderna sobre a bruxaria ao legado antigo e medieval e expressava a circunscrição da polêmica da bruxaria em torno de alguns tópicos oriundos do século XV.

## A discussão demonológica

O *Malleus maleficarum* foi publicado em 1486 pelos dominicanos Heinrich Kramer e James Sprenger, os quais, dois anos antes, foram nomeados inquisidores com a missão de extirpar a bruxaria de algumas dioceses da Alemanha. Na bula *Summis desiderantes effectibus*, em que garantia aos dois monges os poderes inquisitoriais, o pontífice Inocêncio VIII dizia:

> de fato, chegou-nos recentemente aos ouvidos [...] que em certas regiões da Alemanha [...] muitas pessoas, de ambos os sexos, a negligenciar a própria salvação e a desgarrarem-se da Fé Católica, entregaram-se a demônios, a Íncubos e Súcubos, e pelos seus encantamentos, pelos seus malefícios e pelas suas conjurações [...] *têm assassinado crianças ainda no útero da mãe,* [...] *têm destruído homens, mulheres, bestas de carga, rebanhos, animais de outras espécies, parreiras, pomares, prados, trigo e muitos outros cereais;* [...] porém, acima de tudo, renunciam de forma blasfema à Fé [...], pelo que ultrajam a Majestade Divina e são causa de escândalo e perigo para muitos. [...] Por conseguinte, [...] em virtude de Nossa autoridade Apostólica, decretamos e estabelecemos que os mencionados Inquisidores [Kramer e Sprenger] *têm o poder de proceder, para a justa correção, aprisionamento e punição de quaisquer pessoas, sem qualquer impedimento, de todas as formas cabíveis.*[50]

---

50 KRAMER, Heinrich; SPRENGER, James. *O martelo das feiticeiras*. São Paulo: Rosa dos Tempos, p. 43-45.

A bula papal foi impressa junto com o tratado provavelmente para reforçar a doutrina sustentada por Kramer e Sprender de que a bruxaria era uma realidade e deveria ser perseguida como heresia por ser expressão de um culto diabólico.[51]

Mas, para estabelecer essa concepção, a palavra do pontífice não bastava, era necessário conciliar tal doutrina com uma outra mais antiga e aceita pela Igreja durante a maior parte da Idade Média.

O *Canon episcopi*, contido no *Decretum*, de Graciano, dizia que

> os bispos e seus funcionários devem trabalhar com todo vigor para extirpar de suas paróquias a perniciosa arte da feitiçaria e do malefício, inventada pelo Diabo, e se encontrarem homem ou mulher dedicados a essa perversão devem expulsá-lo em desgraça de suas paróquias. [...] Não se deve deixar de mencionar que algumas mulheres detestáveis, pervertidas pelo Diabo, seduzidas pelas ilusões e aparições de demônios, acreditam e professam elas mesmas que pelas horas da noite cavalgam em certas bestas junto de Diana, a deusa dos pagãos, e uma inumerável multidão de mulheres, que no silêncio da madrugada transpõem grandes distâncias, que obedecem aos comandos dela como se fosse sua senhora, que são invocadas a seu serviço em dadas noites. Mas eu gostaria que fossem somente elas que perecessem e que não levassem tantos consigo para a destruição que resulta da infidelidade.[52]

---

51  Isto não era propriamente uma novidade. O *Malleus maleficarum* expressava uma noção de bruxaria que ganhava força em paralelo aos problemas da Igreja. O papa Eugênio IV dizia numa carta aos inquisidores em 1437, durante o conflito entre ele e parte do clero reunida em concílio: "the news has reached us, not without great bitterness of spirit, that the prince of darkness makes many who have been bought by the blood of Christ partakers in his own fall and damnation, bewitching them by his cunning arts in such a way that these detestable persuasions and illusions make them members of his sect. They sacrifice to demons, adore them, seek out and accept responses from them, do homage to them, and make with them a written agreement or another kind of pact throught which, by a single word, touch or sign, they may perform whatever evil deeds or sorcery they wish and be transported to or away from wherever they wish", (In: KORS, Alan C; PETERS, Edward (ed.). *Witchcraft in Europe 1100-1700*: A documentary history. Philadelphia: University of Pennsylvania Press, 1972, p. 101).

52  "Bishops and their officials must labor with all their strength to uproot thoroughly from their parishes the pernicious art of sorcery and malefice invented by the Devil, and if they find a man or woman follower of this wickedness to eject them foully disgraced from their parishes. For the

Essas duas opiniões surgiram em momentos diferentes e lidavam com problemas distintos. Enquanto o *Canon episcopi* integrava a empreitada da Igreja para suprimir o paganismo subjancente à conversão dos romanos e dos bárbaros, a *Summis desiderantes effectibus* era uma entre tantas bulas contra as heresias que teriam colocado em risco a integridade institucional e doutrinária da Igreja entre os séculos XIV e XV. Apesar disso, ambas deveriam ser conciliadas, dado que eram doutrinas incorporadas pela autoridade da Igreja.

Sendo assim, Kramer e Sprenger estabeleceram que

> a opinião mais certa e mais católica é a de que existem feiticeiros e bruxas que, com a ajuda do diabo, graças a um pacto com ele firmado, se tornam capazes, se Deus assim permitir, de causar males e flagelos autênticos e concretos, o que não torna improvável serem também capazes de produzir ilusões, visionárias e fantásticas, por algum meio extraordinário e peculiar.[53]

E, a respeito dos poderes dos diabos, concluíram que

> os demônios, pelo seu engenho, produzem efeitos maléficos através da bruxaria, apesar de ser verdade não conseguirem criar qualquer forma sem o auxílio de algum outro agente, seja essa forma circunstancial ou substancial, e não sustentamos que consigam infligir danos físicos sem o auxílio de certos agentes. Mas, com a devida ajuda, conseguem provocar doenças e toda a sorte de sofrimento e de padecimento humanos, reais e verdadeiros.[54]

---

Apostle says, 'Those are held captive by the Devil who, leaving their creator, seek the aid of the Devil. And so Holy Church must be cleansed of this pest. It is also not to be omitted that some wicked women, perverted by the Devil, seduced by illusions and phantasms of demons, believe and profess themselves, in the hours of night, to ride upon certain beasts with Diana, the goddess of pagans, and an innumerable multitude of women, and in the silence of the dead night to traverse great spaces of earth, and to obey her commands as of their mistress, and to be summoned to her service on certain nights. But I wish it were they alone who perished in their faithlessness and did not draw many with them into the destruction of infidelity" (*ibidem*, p. 29).

53  KRAMER, Heinrich; SPRENGER, James. *Op. cit.*, p. 56.
54  *Ibidem*, p. 63.

Estavam assim respondidas três perguntas características das polêmicas demonológicas: qual a natureza da bruxaria, o que poderia ser feito por meio dela e o que deveria ser feito a respeito dela. Kramer e Sprenger asseguravam que a bruxaria, apesar de eventualmente ser uma ilusão, deveria ser encarada como realidade, sendo ela uma associação entre algumas pessoas e os demônios e que, por isso, precisaria ser combatida com todo o ardor da religião. Uma resposta simples e efetiva, capaz de reduzir uma doutrina à outra, ou seja, a ilusão à realidade, mas que não suprimia a dificuldade de diferenciá-las. Esse problema seria uma fonte inesgotável de controvérsias durante a caça às bruxas.

O tratado foi um sucesso de venda e de crítica. O *Malleus maleficarum* foi reimpresso 14 vezes até 1520, adquirindo notoriedade pela maneira convicta, sistemática e acessível com que expunha a doutrina da realidade da bruxaria.[55] A teoria de que os demônios atuariam real e insidiosamente através das bruxas encontrou oposição de alguns letrados, mas frequentemente apenas a prudência, como, por exemplo, nos casos de Francisco de Vitória e Bernard Basin, os quais detinham uma posição eclética que, embora considerasse a bruxaria uma fantasia, não descartava que, em determinados casos, a metamorfose, o voo etc. pudessem ser reais.[56] Além de apresentar uma posição convincente, capaz de incorporar o cânone anterior e de tornar a bruxa uma espécie de antítese da cristandade, legitimando a ação das autoridades, assim como certas instituições, a obra de Kramer e Sprenger expunha os subterfúgios usados pelas bruxas e pelos demônios e o modo mais adequado de lidar com a bruxaria. Segundo os autores, a bruxaria não teria qualquer poder contra aqueles que administrariam a justiça e os sacramentos, assim como contra homens abençoados. Contudo, ela ainda seria capaz de interromper a conjunção carnal, transformar pessoas em bestas e causar-lhes enfermidades,[57] sendo, portanto, dever das autoridades civis e eclesiásticas combater esse crime e levar as bruxas aos tribunais, examinando os testemunhos, interrogando os acusados e prescrevendo as penas aos culpados de

---

55 "O *Malleus* fez muito mais, todavia, do que simplesmente sintetizar uma variedade de crenças sobre bruxas e reuni-las num tratado mais vasto e bem estruturado. Ele também forneceu suporte teológico para os ideais que defendia, conselhos legais sobre como processar uma bruxa e, o que talvez tenha sido o mais importante, uma ousada afirmação de que aqueles que negavam a realidade da bruxaria eram hereges" (LEVACK, Brian. *Op. cit.*, p. 51).

56 BAROJA, Julio Caro. "Witchcraft and Catholic Theology". In: ANKARLOO, Bengt; HENNINGSEN, Gustav (ed.). *Op. cit.*, p. 31-33.

57 KRAMER, Heinrich; SPRENGER, James. *Op. cit.*, p. 197-208, 242-254, 254-257, 274-283.

acordo com o crime.⁵⁸ A realidade da bruxaria se tornou a posição hegemônica entre os letrados não apenas porque conseguira incorporar e reduzir a doutrina antiga à nova, mas ainda porque se desdobrara de maneira prática, assegurando que a acusação de bruxaria fosse pertinente às autoridades.

Depois de um período de desinteresse dos letrados pela bruxaria, na primeira metade do século XVI, devido, muito provavelmente, às controvérsias das Reformas Religiosas,⁵⁹ foi retomada a discussão acerca da atuação dos demônios e a caça às bruxas intensificada. A associação entre a especulação sobre os demônios e a perseguição às bruxas tornou proeminentes juízes e médicos envolvidos com a caça às bruxas, os quais tinham experiência com a bruxaria e poderiam apresentar inúmeras evidências dela aos leitores. A partir de meados do século XVI, um número crescente de fisiologistas e magistrados dedicou-se à demonologia, dado que o problema da bruxaria tornara-se de interesse comum.

Os juristas franceses Jean Bodin, Nicolas Rémy, Henri Boguet e Pierre de Lancre contribuíram sensivelmente para a defesa e o aprimoramento da doutrina da realidade da bruxaria.⁶⁰

Em *De la démonomanie des sorciers*, publicado em 1580, Bodin afirmava que a bruxaria consistia no exercício de um acordo diabólico e secreto e que, por isso, deveria ser tratada pelas autoridades como um *crimen exceptum*, um delito cuja natureza abjeta justificaria combatê-lo com maior força, e menos provas.⁶¹ Apesar de não ter convencido o Parlamento de Paris, o *De la démonomanie des sorciers* foi muito lido e vendido, tornando-se uma obra de referência na discussão demonológica, pois, primeiramente, era uma exposição codificada e sistemática da bruxaria feita por um renomado jurista e, em segundo lugar, continha uma resposta a Johann Weyer, um médico que se tornou famoso por sustentar o caráter fantasioso da bruxaria e denunciar a perseguição de pessoas inocentes e miseráveis. A demonomania de Bodin, ou seja, o ímpeto que faria com que as bruxas acorressem aos demônios e se

---

58  *Ibidem*, p. 400-409, 409-413, 448-517.
59  LEVACK, Brian. *Op. cit.*, p. 52.
60  BAROJA, Julio Caro. *Op. cit.*, p. 34-36.
61  ANKARLOO, Bengt *et al* Witchcraft and magic in Europe: The Period of the Witch Trials. Londres: The Athlone Press, 2002, p. 41 (Witchcraft and Magic in Europe, v. 4).

sujeitassem aos desejos deles,⁶² tornou-se, segundo Baroja,⁶³ demonolatria em um tratado posterior.

O *Daemonolatreiae* de Rémy foi publicado em 1595. Assegurado pela experiência do autor na perseguição às bruxas na região da Lorena, onde, de acordo com o próprio autor, ele teria condenado 800 pessoas, o tratado expunha de maneira detalhada a perfídia das bruxas, a apostasia, o beijo obsceno, o sabá etc., e os métodos através dos quais as bruxas e os demônios investiriam contra os cristãos. O *Daemonolatreiae* "de várias maneiras substituiu o *Malleus* como principal fonte de informação sobre a obra de Satã na Terra".⁶⁴ O *Discours des sorciers*, escrito por Boguet, um juiz da Borgonha, publicado em 1602, também obteve sucesso ao apresentar aos leitores a experiência pessoal do magistrado.⁶⁵ De Lancre, tal qual Rémy e Boguet, elaborou um tratado de demonologia, o *Tableau de l'inconstance des mauvais anges et démons*, publicado em 1612, depois de sua experiência como juiz enviado ao Pays de Labourd para averiguar as notícias sobre crimes horrendos que estariam acontecendo nesse lugar ermo e que poderiam espalhar-se pela França.⁶⁶ De Lancre confirmou os rumores: encontrou uma porção de bruxas em conluio com demônios, os quais, segundo ele, buscavam asilo na Europa por causa do sucesso da conversão dos gentios no ultramar.⁶⁷

---

62 "Et parce qu'il y en auoit qui trouuoient le cas estrange, and quasi incroyable, ie me suis aduise de faire ce traicté que i'ay intitulé, DEMONOMANIE DES SORCIERS, pour la rage qu'ils ont de courit apres lesdiables pour seruir d'aduertissement à tous ceux qui le verront, afin de faire cognoistre au doigt, & à l'oeil, qu'il n'y a crimes qui soyet à beaucoup pres si execrables que cestuy-cy, ou qui meritent peines plus griefues" (BODIN, Jean. *Op. cit.*, [p. 6]).

63 BAROJA, Julio Caro. *Op. cit.*, p. 34.

64 LEVACK, Brian. *Op. cit.*, p. 52.

65 *Ibidem*, p. 52-53.

66 MAXWELL-STUART, P. G. "Pierre De Lancre: who will guard the guards?". In: *Witch Hunters*. Londres: Tempus, 2005, p. 32-57.

67 "Les Pasteurs, les Prestres & Curés sont desia establis par le Diable presque en toutes les parroisses plus celebres. Tellement que Sathan commence à posseder non seulement les Prestres: mais bien encore certaines Eglises pollues & profanees. Car nous auons verifié qu'il tient le Sabbat en la chappelle du Sainct-Esprit sur la montagne de la Rhune, & en l'Eglise de Dourdax. Et ainsi au lieu de confesser & remedier (comme ils disent) les personnes par les suffrages de l'Eglise, ils les perdent: & s'ils disent la Messe de iour és vrayes Eglises, ils la disent de nuict à leur façon és Sabbats. Et tous les actes secrets qu'ils font de iour dans l'Eglise, comme confessions, prieres basses & me talles & autres choses semblables, ils les font tousiours à l'honneur & aduantage du Diable. Qui me fait croire que la deuotion & bonne instruction de plusieurs bons religieux ayant chassé les Demons & mauuais Anges du pays des Indes, du Iappon & autres lieux, ils se

Pode-se dizer que

> esses textos ofereciam os argumentos padrões acerca de todos os aspectos da bruxaria – a apostasia, os poderes dos demônios e espíritos, o malefício, o transporte ao sabá e suas cerimônias, banquetes e danças, relações sexuais entre as bruxas e os demônios, a possibilidade da metamorfose e daí em diante – citando a toda hora casos individuais supostamente oriundos de arquivos judiciais.[68]

Contudo, não foi apenas a realidade da bruxaria que se aprimorou à medida que os julgamentos se intensificaram. A crítica dessa doutrina também foi fortalecida e melhorada e suscitou dúvidas a respeito da maneira de conduzir a caça às bruxas. A síntese promovida por Kramer e Sprenger, por Bodin e pelos juristas franceses, Rémy, Bouguet, De Lancre, era instável porque, apesar de enfática, não poderia rejeitar que, em alguns casos, a bruxaria não passasse de uma impostura ou ilusão. A submissão do caráter ilusório à realidade da bruxaria era um arranjo doutrinário que tanto levava à ampliação do temor com relação às bruxas quanto tornava mais resistente a dúvida a respeito da atuação diabólica. A associação entre o caráter ilusório e real da ação diabólica foi atacada pelos críticos da caça às bruxas e da realidade da bruxaria e o vínculo entre ambas as coisas tornava as autoridades mais prudentes e receosas diante de acusações dessa natureza.

Johann Weyer, médico pessoal do duque de Clèves, foi o mais conhecido crítico da realidade da bruxaria, considerado tão persuasivo e ameaçador que atraiu a atenção e a reprovação enfática de Bodin. Weyer foi admirado pela posteridade, por Scott, por exemplo, e considerado uma espécie de herói da racionalidade, o qual, em contato com pretensas bruxas, concluiu que a bruxaria era uma

---

sont iettez à foule en la Chrestienté: & ayant trouué icy & les personnes & le lieu bien disposé, ils y ont faict leur principale demeure, & peu à peu se rendent maistres absolus du pays, ayant gaigné les femmes, les enfans & la plus part des Prestres & des Pasteurs; & trouué moyen de releguer les peres & les maris en terre neuue & ailleurs, où la religio est du tout incognuë pour plus facilement establir son regne. Et de faict plusieurs Anglois, Escossois & autres voyageurs venant querir des vins en cette ville de Bordeaulx, nous ont asseuré auoir veu en leur voyage de grandes troupes de Demons en forme d'hommes espouuentables passer en France" (DE LANCRE, Pierre. Op. cit., p. 37 [p. 70]).

68 ANKARLOO, Bengt; CLARK, Stuart; MONTER, William. Op. cit., p. 127.

falsidade.⁶⁹ No entanto, segundo o próprio Weyer, a bruxaria seria uma farsa não porque fosse impossível aos homens compactuar com os demônios, mas por isso exigir o domínio de artes desconhecidas daquelas mulheres miseráveis acusadas de bruxaria.⁷⁰ Em *De praestigiis daemonum et incantationibus ac veneficiis*, publicado em 1563, Weyer se dedicou a apresentar a origem do Diabo e dos magos, distinguiu--os das bruxas e das envenenadoras, expôs considerações fisiológicas a respeito dos malefícios e das possessões e, ao fim, concluiu prescrevendo a punição para os magos e envenenadoras e a fé e a virtude como remédio para as bruxas. A crítica de Weyer pode ter sido incapaz de confutar a realidade da bruxaria, como observou Sidney Anglo,⁷¹ todavia foi suficiente para pôr em dúvida as confissões e os testemunhos sobre a bruxaria.

Uma crítica mais contundente foi a de Reginald Scot. Em *Discoverie of Witchcraft*, um tratado publicado em 1584, Scot não se limitava apenas a afirmar que a condição melancólica dos acusados e o uso da tortura por parte das autoridades asseguraria qualquer tipo de confissão. Dizia também que as criaturas espirituais e os demônios não poderiam intervir nos negócios humanos, o que levava à rejeição de

---

69  WITHINGTON, E. T. "Dr. John Weyer and the witch mania". In: LEVACK, Brian (ed.). *Op. cit.*, v. 4, p. 33-68.

70  "Elles [as pretensas bruxas] ne ont aucuns liures, nuls exorcismes, characteres, ou semblables monstres, comme ont les magiciens infames: & n'ont nuls autres precepteurs ou enseigneurs que leur propre esprit gasté par le Diable, ou leur imagination corrópue. Pour ces causes chacun pourra voir aisement qu'elles sont beaucoup differentes d'auec les magiciens infames: car les magiciens sont souuentes fois hommes doctes & prudens, mais curieux, lesquels souuétefois sont de lógs voyages pour apprendre l'art demoniacle, à celle fin qu'à tout le moins ils se vantent de quelques impostures & troperies és choses qui sont par dessus l'ordre de nature. Et celles cy sont femmes ordinairement vieilles, chancellantes de l'esprit, & retirees en leurs maisons, dedans la phantasie desquelles, comme estant toute endormie & conuenable organe ou siege accommodé à ses factios, ce Diable q' est esprit se coule facilemet: & principalement si elles sont malades de melancholie, ou bien si elles sont atristees & en vn desespoir extreme. Il ne les trompe pas tant par ses impostures, come il leur imprime en la phantasie qu'elles sont causes de toutes les infortunes des hommes, des calamités & des morts: ce qu'il fait par telle vehemence, qu'elles ont opinion comme i'ay dit, d'auoir comis toutes ces meschancetés, tant grandes elles soyent, desquelles toutesfois elles ont esté fort eslognees, & en sont du tout inculpables" (WEYER, Johann. *Cinq Livres de l'Impostvre et Tromperie des Diables*. Paris: chez Iaques du Puys, 1567, [p. 8-9]).

71  "Wier's position is an impossible one. If the Devil and his host of demons can wreak physical effects; can work corporeally; and can traffic with men – as Wier constantly admits – then there remains scant logical objection to the belief that men might equally traffic with demons" (ANGLO, Sidney. "Melancholia and Witchcraft: the debate between Wier, Bodin, and Scot". In: LEVACK, Brian (ed.). *Op. cit.*, v. 4, p. 213).

explicações sobrenaturais para fenômenos naturais[72] e à proposição de uma religião mais espiritualizada para a qual os demônios bíblicos deveriam ser encarados como metáforas.[73] Tal radicalismo assegurou que o tratado de Scot fosse lido e discutido pelos autores de demonologia até o final do século XVII, figurando, por exemplo, na polêmica entre John Webster e Joseph Glanvill, porém dificultou a aceitação de sua opinião pela maioria dos letrados. Uma posição semelhante à de Weyer, a qual não negasse a atuação dos demônios, como fez Scot, mas que insistisse na prudência das autoridades, teria mais chances de ser aceita, como a de Friedrich Spee, um jesuíta alemão que, em *Cautio criminalis*, publicado em 1631, denunciou a condenação de inocentes nos casos de bruxaria por causa do uso indiscriminado da tortura.

A crítica da realidade da bruxaria poderia contestar os testemunhos e as confissões das bruxas, indicar a doença e a fraude, rejeitar a concepção vigente de bruxa e até mesmo negar que os demônios agissem concretamente. Mas, ao sustentar, entre outras coisas, a eficácia da magia natural e espiritual e também que os demônios produziriam ilusões e fariam com que se acreditasse na bruxaria, ela não conseguia preservar-se do apelo a agentes misteriosos, conscientes e sobrenaturais para explicar determinados fenômenos. A força da tese da realidade da bruxaria residia no fato de que ela estava assentada no pressuposto comum a ambas as doutrinas de que os demônios poderiam atuar sobre as coisas naturais e humanas, exigindo apenas um pequeno salto de fé para que se acreditasse que eles poderiam realizar pactos com as bruxas, transformá-las em animais e carregá-las pelo ar.

A caça às bruxas foi utilizada tanto por um lado da contenda quanto pelo outro, fornecendo tantos exemplos quanto tentativas de convencer o público da realidade ou da falsidade da bruxaria. A convicção de que em alguns casos a ação diabólica fosse real e em outros falsa criava a necessidade de examinar as evidências fornecidas por autoridades do saber e por episódios de manipulação mágica e de aparição do sobrenatural para comprovar ou negar a bruxaria, o que associava a demonologia a um amplo espectro de ideias e de situações.

## Os tópicos da discussão

A demonologia, embora tenha tratado de diferentes assuntos e feito uso de argumentos de natureza diversa, estava fundamentalmente associada à discussão

---

72 *Ibidem*, p. 148.
73 ESTES, Leland L. "Reginald Scot and his *Discoverie of Witchcraft*: Religion and Science in the Opposition to the European Witch Craze". In: LEVACK, Brian (ed.). *Op. cit.*, v. 4, p. 174-186.

sobre a bruxaria, devido, entre outras coisas, ao vínculo estabelecido entre a atuação de criaturas sobrenaturais e a admissão de um pacto diabólico que permitiria aos bruxos causar males aos cristãos. A crítica à realidade da bruxaria e à perseguição às bruxas buscou quebrar esse acordo e evitar não apenas que se acreditasse nas coisas absurdas atribuídas às bruxas, mas ainda que se abordasse qualquer arte supostamente mágica como trabalho diabólico, resguardando os diversos tipos de magia do pacto expresso ou tácito com os demônios. Contudo, ainda que a crítica pudesse dissociar a existência de criaturas espirituais do caráter diabólico atribuído às artes mágicas, não poderia ignorar certas questões que se colocavam para os letrados da Idade Moderna em função da perseguição instituída às bruxas.

Havia uma certa maneira de tratar a atuação diabólica e a bruxaria. Esse problema era dividido em três partes: uma estabelecia a natureza da bruxaria e os poderes dos demônios, a outra apresentava o que poderia ser feito através da bruxaria e a última prescrevia o que deveria ser feito por parte das autoridades eclesiásticas e civis. O *Canon episcopi* afirmava que os demônios agiriam através de ilusões, então sustentava que as confissões das bruxas eram falsas e, enfim, estabelecia que as pessoas conhecidas por tais feitos deveriam ser tratadas como gente ludibriada pelos demônios. O *Malleus maleficarum* propunha que os demônios atuariam tanto de modo ilusório quanto real, associava diversos feitos ao pacto diabólico e encorajava as autoridades a perseguir a bruxaria. O *De praestigiis daemonum...*, de Weyer, dizia que os demônios eram capazes de fazer muitas coisas, exceto criar ou alterar a essência dos corpos, distinguia as bruxas dos magos e das feiticeiras e incentivava as autoridades a terem piedade das primeiras. Embora essas três problemáticas não fossem sempre abordadas em todo e qualquer escrito de demonologia, elas estiveram presentes na discussão demonológica em geral.

Tal itinerário intelectual expressava a condição preternatural dos fenômenos abordados pela demonologia.[74] O preternatural apresentar-se-ia como uma categoria na qual foram reunidos fenômenos incomuns segundo o curso ordinário da natureza, mas que não eram considerados milagrosos ou sobrenaturais. Tais fenômenos estariam na fronteira entre os eventos meramente naturais e os sobrenaturais, sendo possíveis segundo a razão e a revelação, mas extrapolariam o funcionamento conhecido da natureza, por isso, pouco compreensíveis

---

74  CLARK, Stuart. "The scientific status of demonology". In: LEVACK, Brian (ed.). *Op. cit.*, v. 4, p. 313-336.

e dificilmente demonstráveis. Sendo assim, o saber a respeito da bruxaria e da ação diabólica surge da integração entre a especulação filosófica e teológica, cujos argumentos permitiriam situar a origem, os meios e os intuitos das práticas mágicas, e o recurso à legislação. A associação entre a teologia, a filosofia natural e o direito dava aos autores de demonologia as referências características para o campo de discussão do qual participavam e trazia também para esse campo contribuições de natureza diversa. O *Malleus maleficarum* exemplifica esse procedimento discursivo: nele são utilizadas assertivas do texto bíblico, dos pais da Igreja, dos filósofos antigos e medievais e as normas do procedimento inquisitorial para estabelecer tanto a natureza e os meios da bruxaria quanto as maneiras de inquirir e punir o culpado por esse crime.

A curiosidade, a preocupação e a experiência com o preternatural assumem a forma de um discurso demonológico quando incorporadas a questões mais abrangentes envolvendo certos saberes e práticas. Esse movimento criativo de partir das particularidades de um determinado contexto, vincular-se a discussões que o extrapolam e, posteriormente, ser lido em um outro contexto e assim repetitivamente fazia com que a demonologia se desdobrasse em duas dimensões, uma abrangente, a erudita, e outra particular, a social, e mantivesse o seu vigor, associando essa literatura aos contextos de enunciação e recepção das obras que a constituem.

A interação entre as duas dimensões do discurso permitia à demonologia tratar tanto de exigências intelectuais abrangentes quanto de imperativos sociais específicos. A dimensão erudita da demonologia destinava-se aos letrados em geral e tratava de questões abrangentes, discutidas em vista dos fenômenos preternaturais, como a interpretação de determinadas passagens do texto bíblico, a constituição dos corpos e a natureza do movimento, a fisiologia humana ou a utilidade da tortura como método de investigação. A dimensão social consistia na apreensão feita por um autor de seu contexto intelectual e histórico e sobre o qual se dispunha a agir por meio do discurso, seja através, por exemplo, da coleta e discussão de casos assombrosos das cercanias, da admoestação às autoridades locais ou também da vinculação a questões especialmente relevantes ao seu contexto imediato. Tais dimensões não estavam presentes de maneira equânime nas obras de demonologia: os sermões e os panfletos costumavam ter maior preocupação social, lidando com acontecimentos de uma localidade, enquanto os tratados eram frequentemente voltados para os eruditos de diversos lugares. Mas ambas conferiam perenidade e vivacidade à demonologia ao torná-la abrangente e atual.

A partir do problema da bruxaria eram articulados o exame do preternatural e os episódios da caça às bruxas e também expressos diferentes compromissos políticos, filosóficos, religiosos, históricos, jurídicos. Dentre os diversos problemas discutidos na literatura demonológica, escolhi para os próximos capítulos três questões que considero profícuas para abordar a controvérsia entre Webster e Glanvill: a relação da bruxaria com a ordem estabelecida, a associação entre o corpo e o espírito e a necessidade de diferenciar prodígios e milagres. Tais problemáticas estavam associadas aos tópicos da demonologia e responder a elas implicava abraçar o compromisso com certa concepção de bruxaria, de ação diabólica e de atuação institucional.

## A DEMONOLOGIA E A CAÇA ÀS BRUXAS

As obras e as controvérsias de demonologia não lançaram mão apenas de argumentos da literatura, mas apresentaram também exemplos da realidade ou da falsidade da bruxaria. A demonologia se apropriou de episódios da perseguição às bruxas. Apesar disso, não se deve confundir as duas coisas. A caça às bruxas se estendeu do século XV ao XVIII por diferentes lugares da Europa e chegou até mesmo a alguns domínios ultramarinos. Tratou-se de um processo de perseguição institucional à bruxaria, entendida como um pacto diabólico que engendraria coisas nefastas. Entretanto, as bruxas não foram nem concebidas, nem perseguidas da mesma maneira ou levadas aos tribunais pelos mesmos motivos. Existia uma pluralidade imbuída nesse processo que contradiz qualquer associação simplista entre a literatura a respeito da bruxaria e afins e a perseguição às pretensas bruxas pelos tribunais civis e eclesiásticos.

A historiografia frequentemente entendeu que a perseguição às bruxas foi expressão concreta da demonologia. Contudo, à medida que o conhecimento da caça às bruxas foi ampliado, ficou evidente o descompasso entre demonologia e perseguição às bruxas. Desde meados do século XX, os estudos a respeito da caça às bruxas têm revelado complexidades do ponto de vista cronológico, espacial e social.[75] A caça às bruxas não se deu em um crescendo, mas teve, na verdade, períodos de maior e de menor intensidade, como no século XVI, quando, depois de um desinteresse momentâneo, as acusações de bruxaria tiveram grande destaque. Além disso, a caça às bruxas variou de acordo com as localidades que percorreu.

---

75  LEVACK, Brian. A dinâmica da caça a bruxas; Cronologia e geografia da caça a bruxas. *Op. cit.*, p. 160-184, 185-226.

Enquanto entre os franceses as ondas de pânico eram mais comuns, o mesmo não se dava em meio aos ingleses. No mesmo momento em que a caça às bruxas entrava em declínio na Europa ocidental, ela obtinha grande destaque na Europa oriental. As próprias ondas de pânico, características desse processo, seriam apenas uma das expressões da caça às bruxas. Existiu também uma perseguição ordinária às bruxas, localizada e pouco volátil, como a que se deu na Inglaterra. Tendo em vista essa complexidade, dificilmente é possível sustentar uma relação de necessidade entre a literatura demonológica e os julgamentos de bruxas.

Isso não significa que tenha se tornado impossível associar uma coisa à outra. Demonstra apenas que qualquer relação que se queira estabelecer entre a demonologia e a caça às bruxas deve ser uma aproximação cuidadosa. Diz Clark:

> ainda estou convencido de que a demonologia deve ter algo a oferecer aos que buscam explicar os julgamentos de bruxas. Mas a relação não pode ser considerada direta e não é do tipo que se possa explorar por qualquer meio direto. [...] Se é tolice tratar a demonologia como chave para a história dos julgamentos, é também uma distorção considerá-la simplesmente em seu reflexo.[76]

Deve-se estar atento para a complexidade e autonomia de ambas as coisas e associá-las somente quando a relação entre elas contribuir para a compreensão de determinado aspecto da literatura demonológica ou dos casos de bruxaria. Neste trabalho, a demonologia e a perseguição às bruxas estão associadas à medida que certas características da caça às bruxas estão incluídas nas obras de demonologia, de modo que a aproximação entre elas ocorre apenas em alguns pontos, o que evita a redução de uma à outra.

Ainda que os julgamentos de bruxas não tenham sido determinantes para a constituição das argumentações demonológicas, eles eram bastante importantes e dificilmente poderiam ser ignorados.

A perseguição às bruxas estava constantemente presente como motivação para a escrita. A experiência com a bruxaria incentivava os homens a escrever sobre o assunto e conferia autoridade para o que fosse dito. Foi o caso de Kramer e Sprenger, Weyer, Jaime VI e I, Rémy, Boguet, De Lancre, Del Rio, Spee e de tantos outros. Nas palavras de Maxwell-Stuart:

---

76 CLARK, Stuart. *Op. cit.*, p. 13-14.

o início usual para aqueles que escreveram, freqüentemente muito erudita e extensivamente, sobre a magia em geral e a bruxaria em particular foi a experiência pessoal, algumas vezes obtida de primeira mão, outras vezes de segunda.[77]

Kramer e Sprenger estiveram a mando da Santa Sé nos estados alemães investigando os rumores de horrendas atividades de bruxas. Weyer examinara muitas das supostas bruxas e concluiu pelo estado doentio delas. Jaime VI e I se engajou na investigação e no julgamento das bruxas de Berwick, pois elas, junto de seu inimigo, o duque de Bothwell, teriam investido contra a sua vida. De Lancre fora mandado por Henrique IV ao Pays de Labourd e saiu de lá com o *Tableau de l'Inconstance des mauvais anges et demons*. Rémy, juiz experiente na Lorena, tornou-se autor do *Demonolatreiae*. Tendo participado de uma investigação sobre a bruxaria, Del Rio publicou um volumoso tratado de magia, o *Disquisitionum magicarum*. Spee, confessor de bruxas condenadas, admoestou a prudência aos perseguidores no *Cautio Criminalis*.

Além de incentivar os letrados a escrever, os episódios envolvendo bruxas, possessões, aparições etc. proporcionaram um grande repertório de casos, que eram utilizados para demonstrar determinada doutrina ou para colocar uma outra em dúvida.

No final do século XVII, na controvérsia entre Webster e Glanvill, os casos de bruxaria adquiriram grande proeminência. Ambos os autores lançaram mão de histórias de bruxaria recolhidas por eles e por terceiros para comprovar respectivamente a falsidade da bruxaria e a realidade da mesma.

Webster apresentou, entre outros casos, o episódio de um garoto que disse ter visto uma reunião de bruxas na Floresta de Pendle e que, de posse desse conhecimento, percorreu as paróquias apontando as pessoas que teriam estado nessa reunião, conseguindo assim algum dinheiro. Webster alega ter conversado com o garoto e percebido a manipulação, a qual acabou sendo descoberta pelas autoridades londrinas. Essa é uma entre outras histórias de impostura envolvendo a bruxaria, a qual, segundo o autor, contaria não apenas com o seu depoimento, mas também com o de algumas pessoas de qualidade.[78]

Glanvill reuniu diversos casos para demonstrar a realidade da bruxaria, entre eles a sua experiência pessoal com a assombração de uma casa e a transcrição dos testemunhos sobre bruxaria feitos diante do juiz Robert Hunt. Dentre esses últimos casos,

---

77  MAXWELL-STUART, P. G. *Op. cit.*, p. 9.
78  WEBSTER, John. *Op. cit.*, p. 276-278 [p. 290-292].

figuram o de Jane Brooks e o de Elizabeth Style. Brooks foi acusada de ter feito um garoto adoecer através de uma maçã e acabou sendo comprovada a sua culpa, pois o estado do garoto piorava na presença da acusada. Style foi acusada de atormentar uma menina de 13 anos, a qual teve fortes convulsões e a pele perfurada misteriosamente. A ré foi considerada culpada tendo em vista depoimentos que asseguravam seu envolvimento com a bruxaria, o diagnóstico de um fisiologista, que confirmava a condição incomum das convulsões da menina, e a sua própria confissão.[79]

O recurso a episódios como esses para demonstrar concepções antagônicas trouxe consigo a necessidade de fixar critérios para validar uma história, um testemunho, uma confissão, assim como avaliar os métodos utilizados para identificar o crime de bruxaria.

Motivadora, exemplar e controversa, a experiência com o preternatural era um desafio para os que se aventuravam a escrever sobre a atuação dos demônios. Ela exigia que fossem fixados os limites da ação diabólica e apresentados critérios e métodos para discernir a realidade da fantasia nos episódios de bruxaria, fossem eles experiências diretas ou indiretas. As obras de demonologia tentaram orientar a caça às bruxas, expondo aos letrados e, consequentemente, às autoridades, coisas úteis para o dia a dia dos tribunais, como classificações das práticas mágicas, critérios para a avaliação de testemunhos, métodos de investigação e sugestões de remédios e de punições para a bruxaria. Mas, além disso, examinaram essas mesmas coisas em vista da prática persecutória, escolhendo e analisando alguns casos, o que poderia, eventualmente, tornar essas obras ainda mais problemáticas.

Acredito que seja adequado afirmar que a relação entre a demonologia e a perseguição às bruxas foi de reciprocidade, e não de necessidade, na qual os títulos dessa literatura influenciaram os julgamentos de bruxas e foram, por sua vez, afetados por eles.

## A demonologia e a perseguição às bruxas na Inglaterra

Quando Jaime VI, então rei da Escócia, subiu ao trono da Inglaterra, em 1603, depois da morte de Elizabeth I, tornando-se Jaime I, poder-se-ia apostar que ocorreria então um intenso embate entre a credulidade e o ceticismo e a perseguição às bruxas seria largamente ampliada.

---

79  GLANVILL, Joseph. *Op. cit.*, p. 339-358 [p. 331-350].

Jaime VI e I tinha publicado um pequeno tratado de demonologia, o *Daemonologie*, no final do século XVI, em que sustentava a ideia da bruxaria como exercício de um pacto firmado com os demônios. A bruxaria seria um *crimen exceptum*. O *crimen exceptum* era uma categoria do direito que abrangia crimes tão extraordinários, secretos e ofensivos que de tão nefastos seriam ultrajantes para toda a comunidade e deveriam ser expurgados.[80] Diferentemente de outros crimes, como o furto e até mesmo o homicídio, não se poderia conviver com o *crimen exceptum*, e para extirpá-lo era lícito tratá-lo juridicamente de maneira extraordinária, noutras palavras, aceitando provas de menor qualidade, usando da tortura e de modos discutíveis de produzir provas contra as pretensas bruxas, como examiná-las com agulhas em busca de uma marca deixada no corpo delas pelos diabos. Cerca de dez anos antes, nos anos de 1580, pouco depois de um episódio célebre da caça às bruxas ocorrido em Essex, Reginald Scot publicou o *Discoverie of Witchcraft*. Scot rejeitava essa concepção estrangeira, não aceitava a materialidade do pacto diabólico e da ação dos demônios, condenando a caça às bruxas por perseguir pessoas enfermas e mal-intencionadas a partir de superstições católicas.

Todavia, o conflito entre essas concepções não tomou grandes proporções e a perseguição às bruxas na Inglaterra manteve seu padrão mais brando, descentralizado e localista, quando comparado aos territórios franceses e alemães.[81] As opiniões de Jaime VI e I e Scot tornaram-se extremos na problemática da bruxaria entre os ingleses.

Entre os séculos XVI e XVII, penetrou na Inglaterra a concepção da bruxaria como um pacto diabólico, um crime secreto e contra a religião, mas esse entendimento acabou associado à noção predominante da bruxaria como a prática de atos mágicos maléficos. Foi incomum na Inglaterra a menção ao pacto diabólico e aos encontros das bruxas com os demônios, porém essas coisas não deixavam de ser consideradas possíveis, ainda que se desconfiasse que os relatos das testemunhas e as confissões das bruxas fossem resultado da impostura ou da doença. Segundo Trevor-Roper e Levack, existiria um padrão na disseminação do estereótipo da bruxaria, ou seja, da ideia da bruxa enquanto parte de uma conspiração concreta para o tormento da cristandade. O

---

80 LARNER, Christina. "Crimen exceptum? The crime of witchcraft in Europe". In: LEVACK, Brian (ed.). *Op. cit.*, vol. 03, p. 79-105.
81 LEVACK, Brian. *Op. cit.*, p. 197-202.

estereótipo aparecera nos arredores dos Alpes, entre o norte da Itália e o sul da Alemanha, e, a partir desse lugar estratégico por sua centralidade geográfica, foi levado para as demais regiões da Europa, fomentando a perseguição aos acusados de bruxaria. Contudo, essa ideia encontrou resistência diante de um entendimento medieval, condizente com o *Canon Episcopi*, o qual tratava a bruxaria como malefício e rejeitava as coisas mais extraordinárias imputadas a ela como frutos da fantasia diabólica.

A ideia de bruxaria e a administração da justiça na Inglaterra continuaram semelhantes ao que eram na Idade Média. Ocorreu entre os ingleses uma caça às bruxas, mas a bruxaria manteve-se fundamentalmente como malefício e os tribunais preservaram-se fiéis ao procedimento acusatório. A ascensão do rei Jaime trouxe mudanças, mas misturadas a permanências.[82]

A bruxaria entre os ingleses era entendida essencialmente como emprego da magia para o prejuízo de uma pessoa ou comunidade. Desde a Idade Média, ela foi utilizada pelos nobres para resolver suas disputas, tendo sido, por exemplo, lady Alice Kyteler acusada de bruxaria no século XIV, assim como a duquesa de Gloucester, Eleanor Cobham, no século XV, e Jane Shire, cônjuge de Ricardo III, e averiguou-se também o uso da bruxaria contra a rainha Elizabeth I.[83] As bruxas também eram consideradas um problema pela população quando usavam de sua arte para causar doenças e a morte ou trazer desastres naturais, como secas, tempestades e geadas. A bruxaria era parte de uma miríade de práticas mágicas, não sendo temida por causa disso, mas porque poderia ser instrumento de traição e infortúnio.

A noção clerical de que a bruxaria era uma atividade herética e diabólica não encontrou grande respaldo entre as autoridades e a população em geral.[84] As

---

82 Keith Thomas identificou no pacto diabólico a grande diferença entre a crença europeia e letrada em bruxas daquelas de outros povos e épocas. Até o século XV, a essência da bruxaria teria sido o malefício. A bruxa entendida nesses termos cometeria um crime contra a comunidade e era acusada e julgada segundo os danos que causava. Mas a concepção de pacto diabólico fazia da bruxa mais do que uma ameaça à comunidade, tornava-a uma abominação à Igreja. A bruxaria era convertida em heresia. A Inglaterra se manteve afastada dessa conceituação, pois nela o poder papal era reduzido, o direito romano não tinha lugar e a Inquisição não atuou. O enraizamento dessa concepção entre os ingleses se dá entre o final do século XVI e meados do século XVII, mas não suprime a noção da bruxa maléfica, ao contrário, junta-se a ela. Para mais informações a esse respeito, conferir: THOMAS, Keith. *Religião e o declínio da magia*. São Paulo: Companhia das Letras, 1991, p. 355-380.

83 ANKARLOO, Bengt; CLARK, Stuart; MONTER, William. *Op. cit.*, p. 78.

84 HOLMES, Clive. "Popular culture? Witches, magistrates, and divines in Early Modern England". In: LEVACK, Brian (ed.). *Witchcraft in England*. Londres: Garland, 1992, p. 21-47 (Articles on

leis inglesas contra a bruxaria, ainda que tenham tornado mais dura a punição desse crime e expandido o seu escopo, demonstram a predominância da noção da bruxaria como malefício. Apesar da penetração do estereótipo da bruxa, seus elementos constitutivos, como o pacto diabólico, os sabás etc. encontraram pouco espaço e acabaram misturados ao entendimento tradicional da bruxaria, de modo que, embora a legislação prescrevesse a pena de morte para a conjuração de espíritos e para o pacto diabólico, "era relativamente pouco comum que tais acusações fossem feitas, ou que levassem a uma pena capital, a menos que fossem acompanhadas por provas positivas de *maleficium*".[85] As bruxas na Inglaterra não eram postas na fogueira, mas enforcadas como qualquer assassino. Seu crime era atentar contra o bem-estar, a propriedade e a autoridade.

A justiça funcionava segundo o sistema acusatório, o qual, ao mesmo tempo em que coibia iniciativas amplas de perseguição, mantinha os julgamentos corriqueiros de bruxaria. O procedimento acusatório foi utilizado pela maioria das cortes europeias na Idade Média. Originário do direito germânico, ele consistia na confrontação das partes litigantes diante do tribunal, o qual não detinha a iniciativa para investigar o caso. O acusador tinha a responsabilidade de obter provas suficientes para condenar os acusados, que consistiam frequentemente em testemunhos, no entanto a corte poderia determinar a realização de algum teste para julgar a culpa ou a inocência do réu, como imergir o acusado no rio, colocar a mão do mesmo em água fervente ou realizar um duelo entre acusador e acusado. Tais ordálios submetiam o litígio ao julgamento divino, cuja providência não deixaria padecer o inocente e escapar o culpado. O acusado imerso no rio seria acolhido pelas águas como no batismo, a mão posta na água fervente não seria queimada e a vitória do acusado sobre o acusador demonstraria a injustiça da acusação. Se fosse estabelecida a culpa do acusado, ele seria punido, mas, se ficasse clara sua inocência, o acusador seria considerado culpado e castigado.[86] Sendo assim, dado que os tribunais não tinham a iniciativa para procurar por bruxas e para acusar alguém do crime de bruxaria, era necessário que o acusador reunisse provas e estivesse disposto a eventualmente arcar com as consequências da absolvição do acusado. Isso evitou a profusão de pânicos antibruxas, porém não impediu a apresentação de acusações dessa natureza diante dos magistrados.

---

witchcraft, magic and demonology: a twelve volume anthology of scholary articles, v. 6).
85  THOMAS, Keith. *Op. cit.*, p. 364.
86  BAILEY, Michael D. *Historical Dictionary of Witchcraft*. Lanham; Maryland; Oxford: The Scarecrow Press, 2003, p. 1-2.

Além do sistema acusatório, o esforço dos monarcas para consolidar seu poder controlando a administração da justiça e submetendo os tribunais locais às cortes londrinas contribuiu para preservar esse padrão de perseguição às bruxas. Desde Henrique VIII, os reis da Inglaterra se dedicaram a ampliar o seu poder e reformar a administração da justiça, inserindo os tribunais locais em um sistema de justiça escrito, abrangente, centralizado e hierarquizado. Essa "revolução judicial" estabelecia a primazia dos interesses reais através da burocratização e da profissionalização do exercício da justiça.[87] O maior controle das cortes locais e o recrudescimento da legislação a respeito da bruxaria não promoveram ondas de pânico e de perseguição às bruxas, pois, enquanto o sistema acusatório restringia os episódios de bruxaria às localidades, a tutela burocrática prevenia que tais casos extrapolassem certos limites habituais, intervindo em episódios de grande notoriedade. A presença mais próxima da administração central no exercício da justiça evitava com frequência que as acusações de bruxaria se alastrassem como incêndio na floresta. As autoridades das cortes mais altas e importantes estavam afastadas das contendas de um determinado local e eram mais rígidas com as formalidades processuais, sendo, por isso, comum que episódios de bruxaria fossem julgados como casos de impostura quando chegavam a esses tribunais. Mais do que perseguir bruxas, um rei como Jaime, que desejava ser um modelo de monarca, deveria manter a ordem e aplicar a lei corretamente.[88]

Diferentemente do que se poderia esperar, a ascensão ao trono inglês fez com que Jaime ficasse mais desconfiado em relação aos casos de bruxaria. Na Inglaterra a bruxaria não era tão ameaçadora quanto na Escócia. Era apenas mais um crime, ainda que nefasto, e não exigia tamanha urgência e ardor no combate. Além disso, e principalmente, a predominância de uma noção maléfica da bruxa e a vigência do sistema acusatório dificultavam a obtenção de provas do pacto diabólico e afins. A preocupação das autoridades com as evidências cresceu à medida que ocorreram casos célebres de perseguição às bruxas, os quais foram raros, como os de Lancashire, em 1612 e 1633, e os de Essex, Suffolk e Norfolk, entre 1645 e 1647, estes suscitados por Matthew Hopkins durante a Guerra Civil, quando o poder central estava debilitado e as autoridades locais apreensivas. O temor de condenar inocentes não dificultava a aceitação da realidade da bruxaria, mas o seu desdobramento prático seria um aspecto dos mais importantes para o desgaste do discurso demonológico.

---

87  ANKARLOO, Bengt; CLARK, Stuart; MONTER, William. Op. cit., p. 63-64.
88  CLARK, Stuart. "King James's *Daemonologie*: Witchcraft and Kingship". In: LEVACK, Brian (ed.). Op. cit., vol. 04, p. 188-213.

# Demonologia na Restauração

## A CONTROVÉRSIA ENTRE GLANVILL E WEBSTER

A controvérsia entre Joseph Glanvill e John Webster ocorreu entre os anos de 1660 e 1680. Consistiu na publicação de alguns escritos por Glanvill e de uma resposta de Webster. Para Glanvill, a bruxaria subsistia como um pacto diabólico concreto firmado entre as bruxas e os demônios. Webster rejeitava a concretude do pacto e entendia a bruxaria como impostura.

A partir dessa discordância fundamental, característica da demonologia na Idade Moderna, Glanvill e Webster construíram argumentações que ora se afastaram, ora se aproximaram, em decorrência, entre outras coisas, de uma abordagem predominantemente *ad hoc* da matéria. Diante da urgência em responder às questões da demonologia e aos inimigos retóricos, foi comum a apresentação de respostas pontuais, que perpetuavam controvérsias e geravam incongruências. No entanto, a polêmica, embora centrada na natureza do pacto diabólico, não esteve restrita a isso, sendo preciso estar atento às respostas dadas a essa e a outras questões e também as implicações políticas, filosóficas e religiosas que elas traziam. Procurarei seguir essa orientação, situando, neste capítulo, a controvérsia e os polemistas em um contexto histórico para depois apresentar e relacionar as opiniões deles ao estado da ciência e da religião.

*A philosophical endeavour towards the defense of the being of witches and apparitions* foi publicado em 1666, escrito, segundo o frontispício, por um membro da Royal Society, cujas iniciais eram J. G.[1] No ano seguinte, veio a público *Some philosophical considerations touching the being of witches and witchcraft*. O autor dos escritos era Joseph Glanvill, um jovem clérigo anglicano, aceito como *fellow* da Royal Society

---

1   Os comentários acerca da edição das obras resultam da comparação de exemplares fac-similares acessíveis em *Early English Books Online*, uma base de dados de acesso restrito, disponível em: <http://eebo.chadwyck.com/home>.

e pároco da abadia de Bath, no condado de Somerset. Mostrava talento e se tornaria apologista de destaque da ciência moderna e da Igreja da Inglaterra. Glanvill era próximo das ideias dos chamados Platônicos de Cambridge, em especial de Henry More, com o qual colaboraria.[2]

Suas considerações a respeito da bruxaria e da existência e atuação de criaturas espirituais teriam sido feitas depois de ter recebido uma carta de Robert Hunt, um juiz do mesmo condado. Hunt julgou alguns casos de bruxaria, em 1664, e escreveu para Glanvill comentando sobre o ceticismo da pequena nobreza local, da *gentry*,[3] anexando transcrições dos relatos das testemunhas e dos acusados de bruxaria.[4] Os dois escritos exprimem a concordância do autor com o magistrado e a preocupação dele em contestar o ceticismo popular e alertar para os perigos da bruxaria. As considerações de Glanvill foram bem recebidas e, em 1668, foi publicado A *blow at modern sadducism*, na qual relatava a assombração de uma casa no condado vizinho de Wilts e acrescentava algumas reflexões sobre o ateísmo. Glanvill dedicou-se nos anos seguintes à defesa da ciência e da religião e reuniu um conjunto maior de relatos para provar a realidade da bruxaria. O *Saducismus triumphatus* foi publicado em 1681, logo após a morte de Glanvill, na forma de um extenso compêndio dos escritos de Glanvill e de Henry More a respeito da bruxaria, dos demônios, dos espíritos e também do ateísmo.[5] O livro foi reeditado

---

2    PRIOR, Moody E. "Joseph Glanvill, Witchcraft, and Seventeenth-Century Science". In: LEVACK, Brian (ed.). *Witchcraft in England*. Londres: Garland, 1992, p. 299-325 (Articles on witchcraft, magic and demonology: a twelve volume anthology of scholary articles, v. 6).

3    *Gentry* é um termo utilizado para designar a pequena nobreza inglesa, a qual, grosso modo, corresponde a uma camada da sociedade que se apresentava como uma elite local, situada entre os barões, por um lado, e os camponeses, de outro, dotada de ampla base econômica, mas bastante ligada à terra, compradora de títulos de nobreza e detentora da administração pública, servindo assim de intermédio entre a sociedade e o governo.

4    JOBE, Thomas Harmon. "The Devil in Restoration Science: The Glanvill-Webster Witchcraft Debate". *Isis*, Chicago, v. 72, n. 03, set. 1981, p. 346-347. Disponível para consulta eletrônica; favor consultar a bibliografia.

5    A edição de 1688 do *Saducismus triumphatus* contém uma miscelânea de textos reunidos em torno da argumentação de Glanvill. O livro está dividido fundamentalmente em duas partes: enquanto a primeira parte busca estabelecer a bruxaria enquanto possibilidade, a outra propõe-se a demonstrar a realidade da mesma. A primeira parte possui: a apresentação do editor, S. Lownds, sobre a presente edição; a apresentação da edição anterior, escrita por Henry More; uma carta de Henry More a Joseph Glanvill, na qual a obra de Glanvill é defendida, em especial dos ataques de Webster; as reflexões de Glanvill acerca da bruxaria na forma de questões, com o nome de *Some considerations about witchcraft in a letter to Robert Hunt*, já publicadas em 1667, que

em 1682, 1688, 1689 e 1700. A morte de More, em 1687, deixou a publicação da obra aos editores, Collins e Lownds.

The displaying of supposed witchcraft foi publicado em 1677, escrito por John Webster, "practitioner in physick", segundo os dizeres do frontispício. A obra teve uma única edição. Tratava-se não apenas de uma resposta a Glanvill: Webster dava continuidade às críticas à realidade da bruxaria fortalecidas pela reedição de The discoverie of witchcraft, de Reginald Scot, em 1665, pela publicação de The question of witchcraft debated, de John Wagstaffe, de 1669, e The doctrine of devils, de Thomas Ady, de 1675. The displaying of supposed witchcraft defendia o caráter ilusório da bruxaria e escolhia como inimigos Joseph Glanvill e Meric Casaubon, filho de Isaac Casaubon, o qual, tal qual o pai, era um humanista de prestígio. Webster reagia ao sucesso de Glanvill e, em especial, à publicação, em 1672, de A treatise proving spirits, witches and supernatural operations de Casaubon. Segundo Harmon Jobe, The displaying of supposed witchcraft teria sido escrito em 1673 e publicado quatro anos depois, em 1677.[6] Casaubon já estava morto nessa época, ficando para Glanvill e More o confronto com Webster. O médico denunciava o absurdo das opiniões de Casaubon e Glanvill, buscando convencer seus leitores da impossibilidade da bruxaria e do caráter natural da magia, cujos praticantes, como

---

constituem o cerne do tratado; além disso, esta parte contém em anexo a tradução de duas cartas de More, expostas anteriormente no Enchiridion Metaphysicum, de 1671, de autoria do mesmo, intituladas The easie, true, and genuine notion and consistent explication of the nature of a spirit e An answer to a letter of a learned psychopyrist concerning the notion of a spirit. A segunda parte do Saducismus triumphatus contém: um prefácio, escrito por Glanvill; uma carta de Mompesson a Glanvill, de 1672, e uma carta de Mompesson a James Collins, de 1674, o qual, cabe ressaltar, foi editor de outras obras de Glanvill e também da primeira edição do Saducismus triumphatus. O editor encarregado da presente edição, S. Lownds, incluiu essas cartas como evidências da veracidade do caso do demônio de Tedworth. Além disso, a segunda parte do tratado contém também uma introdução à demonstração da realidade da bruxaria, escrita por Glanvill, em que resume sua posição, faz concessões aos adversários e apresenta exigências; a demonstração da realidade da bruxaria, dividida em duas partes, uma dedicada às escrituras sagradas, a outra aos relatos contemporâneos da bruxaria reunidos por Glanvill; são incluídos em anexo alguns outros relatos colhidos por More; assim como uma carta enviada a ele por Glanvill, chamada A whip for the droll, publicada na época do caso de Tedworth, a respeito da descrença em torno da narrativa e, principalmente, sobre o ateísmo; e, por fim, um relato de alguns casos recentes de bruxaria ocorridos na Suécia, traduzidos por Anthony Horneck. Dada essa diversidade, foram tomados como prioritários os escritos de autoria de Glanvill, seguidos daqueles de More, especialmente as cartas a respeito do espírito e da controvérsia com Webster, que vinculam as reflexões de Glanvill a discussões mais abrangentes.

6  JOBE, Thomas Harmon. Op. cit., p. 347.

John Dee, foram acusados de manterem relações com os demônios. Webster também esperava que seu tratado fosse útil aos magistrados e fomentasse a prudência deles diante de casos de bruxaria.

O *Saducismus triumphatus* foi a resposta de Glanvill e More a Webster. O sucesso editorial da obra indica ampla aceitação da opinião de ambos. Webster não se dispôs a responder. A controvérsia terminou com a morte das partes, Glanvill, em 1680, Webster, em 1682, More, em 1687. Tal polêmica mobilizou argumentos velhos e novos e suscitou o interesse dos intelectuais e do público em geral. Não caberia buscar pela originalidade dos elementos da controvérsia. Ela foi permeada e caracterizada pela interação entre o velho e o novo. O que faz mais sentido, acredito, é perguntar a respeito do significado que a discussão acerca da bruxaria teria naquele momento histórico.

## QUALIFICANDO A RESTAURAÇÃO

Em 1660, depois de duas décadas, foi dissolvido oficialmente o Parlamento Longo.[7] Foram restauradas a monarquia, a nobreza e a Igreja da Inglaterra. A morte de Oliver Cromwell, em 1658, trouxe de volta a ameaça à ordem, abalada anteriormente pela guerra entre o rei e o Parlamento e pela execução de Carlos I, em 1649. Richard Cromwell tornou-se lorde protetor, assim como o pai, mas, diferentemente dele, não pôde manter o controle sobre o exército e acabou no exílio. A partir da iniciativa de Monck, general na Escócia, que se opôs aos também generais Lambert e Fleetwood, foi articulado um plano entre ele, os membros do Parlamento e os apoiadores da monarquia para preservar a ordem através do retorno do rei e da dissolução do exército. A experiência revolucionária das décadas de 1640 e 1650 foi considerada subversão da ordem natural das coisas. Julgou-se necessário restaurar o governo para salvaguardar direitos e propriedades do poder do exército e do povo.

O rei por direito foi procurado no exílio. Em 4 de abril de 1660, em Breda, nos Países Baixos, Carlos II fez a seguinte declaração:

---

7  Recomendo para mais informações acerca do período entre 1640 e 1714 a leitura de: COWARD, Barry. *The Stuart Age*: England, 1603-1714. Nova York: Longman, 1994; HILL, Christopher. *The century of revolution 1603-1714*. Londres: Routledge, 1980; MORGAN, Kenneth O. *The Oxford illustrated history of Britain*. Oxford: Oxford University Press, 1997; o introdutório e consistente FELLOWS, Nicholas. *Charles II and James II*. Londres: Hodder & Stoughton, 1995; além de OGG, David. *England in the reign of Charles II*. Oxford: Oxford University Press, 1963.

se a perturbação geral e a confusão que se espalhou sobre todo o reino não despertou em todos os homens o desejo e o anseio de que essas feridas que por muitos anos ficaram sangrando sejam curadas, então tudo o que dissermos não terá propósito. Mas, depois de um longo silêncio, consideramos ser nosso dever declarar o quanto desejamos contribuir para isso e que não podemos abandonar a esperança de obtermos, a seu tempo, a posse daquele direito que Deus e a natureza nos concederam e por isso pedimos diariamente à Divina Providência que, por compaixão para conosco e para com nossos súditos, depois de tanta miséria e sofrimentos, restabeleça e nos dê a posse tranqüila e pacífica de nossos direitos, com o mínimo de sangue e prejuízo de nosso povo quanto for possível; não queremos nada mais do que usufruir do que é nosso e que todos os nossos súditos possam usufruir do que é deles pela lei, através de uma administração plena e íntegra da justiça por toda a terra e da extensão de nossa misericórdia sobre onde é necessário e merecido.[8]

A Declaração de Breda bastou para que, em 8 de maio, Carlos II fosse declarado rei da Inglaterra pela Convenção de 1660. Em 25 de maio, o rei aportou em Dover e, em 29 de maio, entrou em Londres. Nesse dia, John Evelyn, membro fundador da Royal Society, anotou em seu diário:

> as estradas estavam cobertas com flores, os sinos tocavam, nas ruas, tapeçarias penduradas, nas fontes, vinho corria.

---

8 "If the general distraction and confusion which is spread over the whole kingdom doth not awaken all men to a desire and longing that those wounds which have so many years together been kept bleeding may be bound up, all we can say will be to no purpose. However, after this long silence we have thought it our duty to declare how much we desire to contribute thereunto, and that as we can never give over the hope in good time to obtain the possession of that right which God and nature hath made our due, so we do make it our daily suit to the Divine Providence that he will, in compassion to us and our subjects after so long misery and sufferings, remit and put us into quiet and peaceable possession of that our right, with as little blood and damage to our people as is possible. Nor do we desire more to enjoy what is ours than that all our subjects may enjoy what by law is theirs, by a full and entire administration of justice throughout the land, and by extending our mercy where it is wanted and deserved" (BROWNING, Andrew (ed.). *English historical documents*: 1660-1714. Londres: Eyre & Spottiswoode, 1953, p. 57).

> O prefeito, os conselheiros, todas as companhias, vestidos para a ocasião, correntes de ouro, estandartes. Os lordes e os nobres, todos vestindo prata, ouro, seda; as janelas e os balcões repletos de damas, de trompetes, de música; miríades de pessoas se reunindo nas ruas e nas estradas até Rochester [...]. Tudo isso sem derramar uma única gota de sangue, por meio do mesmo exército que se rebelou contra ele. Era Deus agindo, era maravilhoso aos nossos olhos, tal Restauração nunca foi vista em nenhuma história dos antigos ou modernos desde o retorno do Cativeiro da Babilônia, nem um dia tão prazeroso e tão resplandecente foi visto nesta nação.[9]

A Restauração foi considerada um milagre que teria trazido de volta não apenas a monarquia, mas ainda e, acima de tudo, a ordem natural das coisas, subvertida pelas experiências do *interregnum*.[10] Contudo, apesar do desejo e do comprometimento, as promessas do rei ficaram a cargo dos membros do Parlamento.

A Convenção de 1660 tornou o perdão régio em *An act of free and general pardon, indemnity and oblivion*. Tratava-se de uma lei de anistia para todos os que

---

9 "May 29th: This day came in his Majesty Charles the Second to London after a sad and long exile and calamitous suffering both of the King and Church, being seventeenth years. This was also his birthday, and with a Triumph of above 20,000 horse and foot, brandishing their swords and shouting with unexpressable joy. The ways strewed with flowers, the bells ringing, the street hung with tapestry, fountains running with wine. The Mayor, aldermen, all the companies in their liveries, chains of gold, banners. Lords and nobles, cloth of silver, gold and velvet everybody clad in; the windows and balconies all set with ladies, trumpets, music; and myriads of people flocking the streets and ways as far as Rochester, so as they were seven hours in passing the city, even from two in the afternoon 'til nine at night. I stood in the Strand and beheld it and blessed God, And all this without one drop of blood, and by that very army which rebelled against him. But it was the Lord's doing, and wonderful to our eyes [et mirabile in oculi nostris], for such a Restoration was never seen in the mention of any history ancient or modern, since the return from the Babylonian Captivity, nor so joyful a day and so bright ever seen in this nation. This happening when to expect or effect it was past all human policy" (BLITZER, Charles (ed.). *The Commonwealth of England, 1641-1660*: documents of the English Civil Wars, the Commonwealth and Protectorate. Nova York: Capricorn Books, p. 198-199).

10 "[...] in the seventeenth century stability not change was assumed to be the normal state, and it was generally thought that the charges which undesirably but undoubtedly did occur formed a cyclical pattern, with events and situations repeating themselves, so that it was entirely practicable to return to the positions which existed before 1642, to undo or rectify all the destructive changes which had taken place since then" (JONES, J. R. *Country and Court*: England, 1658-1714. Cambridge, Massachusetts: Harvard University Press, 1978, p. 115).

não estivessem envolvidos em homicídio, pirataria, estupro, bruxaria, na pregação do catolicismo, traição e regicídio.

Com a dissolução da Convenção e a realização de eleições, assumiu, em 1661, o *Cavalier Parliament*, como se tornou conhecido este Parlamento por causa da predominância dos realistas, chamados de *cavaliers* durante a Guerra Civil. O *Cavalier Parliament* se empenhou em garantir a ordem combatendo aqueles que considerou sectários e perigosos. Tal empenho contrariava até mesmo a Coroa, a qual buscava ampliar sua base de apoio mostrando-se mais moderada, mas não poderia ser impedido nem pelos favoritos do rei, nem pelo próprio monarca.

O *Cavalier Parliament* aprovou um conjunto de leis contra o não conformismo religioso, ou seja, a dissidência com relação à Igreja da Inglaterra, que ficou conhecido como *Clarendon Code*, apesar de não ter contado com o apoio expresso de Clarendon, um dos favoritos do rei. O código era constituído pelo *Corporation Act*, de 1661, que exigia que os funcionários públicos fossem leais à Igreja da Inglaterra; o *Act of Uniformity*, de 1662, que restituía a obrigatoriedade do *Book of Common Prayer*; o *Conventicle Act*, de 1664, que proibia a reunião de grupos religiosos não autorizados; e o *Five-Mile Act*, de 1665, que restringia a circulação dos ministros não conformistas. Os membros do Parlamento tentavam suprimir o perigo social e político do não conformismo e controlar a monarquia pelas finanças, mantendo o poder das elites locais.[11]

O rei buscava fortalecer-se através de uma política ambígua, evasiva e sutil, alimentando a discórdia no Parlamento e aproximando-se de católicos, de não conformistas e, no exterior, até mesmo da França de Luís XIV. Essa postura intensificava os temores, especialmente no que tocava à religião. A proximidade de Carlos II e de Jaime, duque de York, futuro Jaime II, com o catolicismo e com os franceses fomentava o medo de que o protestantismo e os direitos ancestrais dos ingleses estivessem mais uma vez em risco.[12] Tal tensão fez surgir *tories* e *whigs* e levou à deposição de Jaime II e à Revolução Gloriosa em 1688.[13]

---

11 Acerca da administração da justiça, afirmou Keir: "The age of paternalistic government closed at the Restoration. Government by the propertied classes in their own interest took the place of government by the Crown in what it held to be the national interest" (KEIR, David Lindsay. *The constitutional history of Modern Britain*. Londres: Adam and Charles Black, 1955, p. 234).

12 "Distrust of Charles's intentions, while not absent in the 1660s, crystallized around 1672 in the form of fears that the king and his brother wished to established 'Popery and arbitrary government'" (MILLER, John (ed.). *Absolutism in seventeenth century Europe*. Londres: Macmillan, 1993, p. 210).

13 Da crise em torno da *Exclusion Bill* entre 1678 e 1681, ou seja, de uma proposta para excluir James, duque de York, da sucessão ao trono inglês em função da suspeita de que o duque fosse

A Restauração foi um período compreendido entre 1660 e 1688 em que se buscou restabelecer a situação anterior à Guerra Civil.[14] O período abarcou os reinados de Carlos II, entre 1660 e 1685, e de Jaime II, entre 1685 e 1688, culminando na Revolução Gloriosa, em 1688, na qual a Inglaterra foi invadida, a pedido do Parlamento, por Guilherme III de Orange, marido de Maria II, filha de Jaime II. A Revolução Gloriosa foi entendida como o fim da disputa entre os reis e os súditos em torno dos direitos de ambos, salvaguardadora da liberdade, propriedade e da unidade da Inglaterra contra a anarquia e o despotismo. Vê-se, por esse desfecho, que se mostrou impossível para o rei e para os súditos, como desejavam cerca de vinte anos antes, restabelecer o estado de coisas anterior à Guerra Civil.

Tornou-se uma convenção historiográfica interpretar a Restauração tendo em vista o estabelecimento de um acordo entre o rei e o Parlamento e as consequências disso.

Ainda no século XVII, Clarendon, um dos artífices do retorno do rei, em 1660, escreveu uma história na qual depreciava os revoltosos, mas, diferentemente dos demais apoiadores do monarca exilado, indicava os erros do rei e de seus partidários. Segundo Clarendon, apesar de todas as amarguras da insurreição, a restauração do rei garantiu um final feliz para o imbróglio.[15] Tal interpretação não se perpetuaria.

---

católico, surgiram os partidos *whig* e *tory*, o primeiro a favor da exclusão do duque, o segundo contrário a ela. Tais partidos não eram ainda instituições organizadas, burocráticas e com objetivos concretos e imateriais relativamente claros, como seriam no século XIX os partidos liberal e conservador, respectivamente, mas se apresentavam, e se incrementaram, como perspectivas políticas. Naquele momento, enquanto os *whigs* se colocavam como defensores das liberdades contra uma monarquia que podia se tornar católica, conquistando assim apoio de citadinos e de dissidentes protestantes, os *tories* se apresentavam como defensores do direito do rei e do anglicanismo, encontrando apoio entre a pequena nobreza local.

14 É usual empregar o singular para se referir aos conflitos que se deram nas Ilhas Britânicas entre os anos de 1640 e 1650 por considerar que se trataram de episódios de um mesmo processo de dissolução da ordem instituída, no entanto, apesar disso, é preciso ter em mente que tais embates detinham especificidades no que diz respeito aos atores envolvidos, ao lugar, aos objetivos etc., de modo que também se pode usar do plural para tratar deste estado de guerra civil. Optou-se por manter o uso singular por se entender que tais conflitos fazem parte de um mesmo processo e porque neste trabalho não se faz necessário detalhamento tal que exija uma periodização mais específica da Guerra Civil.

15 CLARENDON. *The History of the Rebellion and Civil Wars in England*: to which is added an historical view of the affairs of Ireland. Oxford: At the Clarendon Press, 1826. Disponível para consulta eletrônica; favor consultar a bibliografia.

No começo do século XVIII, depois da Revolução Gloriosa, a Restauração foi entendida como um episódio na luta dos súditos por seus direitos e liberdades ancestrais contra o despotismo.[16] Essa tese preservava a legitimidade da ascensão de Guilherme III de Orange. Na segunda metade do século XVIII, David Hume, apesar de ter rejeitado a sacralidade atribuída pelos *whigs* aos direitos e liberdades,[17] compreendeu a Guerra Civil, a Commonwealth e a Restauração à luz do estabelecimento de um acordo em termos claros e precisos entre a Coroa e o Parlamento, o qual teria sido fundamental para a promoção do desenvolvimento econômico e social da Inglaterra.[18]

No século XIX, Thomas Macaulay associou a política às condições materiais e a tomou como chave para a compreensão histórica. Tal associação foi preservada pelos historiadores marxistas, os quais submeteram, todavia, os princípios de governo e a política à condição material. Porém, tanto a narrativa histórica liberal quanto a marxista consideraram que o estabelecimento de um acordo entre o Rei e o Parlamento foi um momento de inflexão da história inglesa, explicativo da hegemonia britânica no século XIX. Para Macaulay, "a história da Inglaterra, durante o século XVII, é a história da transformação de uma monarquia limitada, constituída à moda medieval, numa monarquia limitada adequada a um estado mais avançado de sociedade".[19] Segundo ele, ao invés de condenar a Restauração, entendendo-a como um desastre no qual o rei foi chamado de volta descompromissado, dever-se-ia julgar o período tendo em vista a morte de Cromwell, valorizando assim a união das diversas facções em prol das leis e contra o despotismo militar.[20]

Durante a maior parte do século XX, continuou-se a qualificar o período da Restauração em vista da preponderância britânica. George Trevelyan celebrou o século XVII, em que

> os ingleses, ignorantes de seu destino e do que faziam, obstinados apenas com seus direitos, com sua religião,

---

16 TREVOR-ROPER, Hugh. "Lord Macaulay: Introduction". In: MACAULAY, Thomas Babington. *The History of England*. Harmondsworth, Middlesex: Penguin Books, 1983, p. 8-10.

17 *Ibidem*, p. 11.

18 HUME, David. *The history of England*: from the invasion of Julius Caesar to the Revolution in 1688. Indianapolis: Liberty Classics, 1983-1985.

19 MACAULAY, Thomas Babington. *The History of England*: from the ascension of James II, vol. 1 (3 vols). Londres: J.M. Dent & Sons; Nova York: E. P. Dutton & Co., 1946, p. 121.

20 *Ibidem*, p. 122.

com seus interesses, desenvolveram gradualmente um sistema de governo que diferia completamente do novo modelo continental, assim como da anarquia da Idade Média. Esse sistema, diferentemente daquele das confederações suíça e holandesa, demonstrou, na luta final entre Marlborough e Luis, combinar liberdade com eficiência, direitos locais com união nacional. Mostrou ao mundo, pelo exemplo de uma grande nação que se tornava um grande império, como a liberdade não poderia significar fraqueza, mas força.[21]

Nessa perspectiva, o grande acontecimento do reinado de Carlos II teria sido o surgimento dos partidos *whig* e *tory*, sobre os quais estava assentado o governo parlamentarista britânico do século XIX.[22] Dentre a tradição marxista, Morton considerou a Restauração parte da ascensão da burguesia, a qual, livre dos compromissos feudais, instaurava a propriedade privada e, a partir das leis do *Clarendon Code*, polarizava o país entre o campo e a cidade, *tory* e *whig*. Escrevendo nos anos de 1940 acerca da Revolução Inglesa de 1640, Christopher Hill sintetizou a compreensão marxista sobre o período: "uma luta pelo poder político, econômico e religioso, empreendida pela classe média, a burguesia, que crescia em riqueza e força à medida que o capitalismo se desenvolvia".[23]

A Restauração era apenas um momento de transição, uma via expressa para o governo parlamentarista ou para o capitalismo.

O embate entre a interpretação liberal e a marxista na historiografia inglesa em meados do século XX acabou promovendo estudos mais minuciosos, que recorreram a uma crescente documentação diante da insuficiência dos grandes esquemas explicativos. Foram publicados trabalhos de Hill e Stone que se tornaram célebres pela originalidade e cuidado.[24] Surgiram correntes revisionistas e pós-revisionistas, dedicadas,

---

21 TREVELYAN, George Macaulay. *England under the Stuarts*. Londres: Methuen & Co., 1949, p. 1-2 (A history of England in eight volumes, v. 5).

22 *Idem. A shortened history of England*. Hardmondsworth: Penguin Books, 1963, p. 342.

23 HILL, Christopher. *A Revolução Inglesa de 1640*. Lisboa: Editorial Presença, 1981, p. 16.

24 Christopher Hill, em 1960, publicou *The century of revolution*, preservando a ascendência da *gentry* e a relação entre puritanismo e capitalismo através de uma narrativa muito mais cuidadosa e atenta ao particular do que fizera no ensaio supracitado. Lawrence Stone, em 1972, publicou *The causes of the English Revolution*, propondo uma explicação mais complexa para a Guerra Civil, integrando causas de diferentes tipos e durações.

em especial, ao estudo da Reforma e da Revolução Inglesa.²⁵ Christopher Haigh e J. J. Scarisbrick, por exemplo, apresentaram uma reforma religiosa impopular e mais lenta do que retrataram os reformadores e a historiografia. Nicholas Tyacke contestou a tese marxista e liberal de que os puritanos radicais teriam combatido anglicanos conservadores, propondo, no lugar, um embate entre calvinistas tradicionalistas e arminianos radicais. Conrad Russell chegou a afirmar que a Guerra Civil não se tratou de um conflito entre noções diferentes sobre lei e liberdade, mas resultado de fraquezas estruturais da monarquia. Diante disso, as correntes pós-revisionistas têm tentado conciliar as críticas dos revisionistas com as interpretações mais tradicionais, afinal, segundo eles, o grande problema do revisionismo é que ele conseguiria explicar porque a Guerra Civil não aconteceu. Atualmente, o que se tem é o debate entre essas correntes, nenhuma constituindo escola, não havendo grandes consensos, apenas a necessidade de encontrar novas abordagens e explicações para a história inglesa.

Segundo Nicholas Fellows, foram publicados poucos trabalhos a respeito da Restauração.²⁶ A Restauração foi frequentemente compreendida ao lume da situação britânica do século XIX, tornando-se uma etapa do revolucionário século XVII inglês, que faria surgir *tories* e *whigs* e uma burguesia triunfante. David Ogg, na década de 1930, publicou dois volumes sobre o reinado de Carlos II. Defendia a concepção *whig* de que o rei teria tentado suplantar os costumes e considerava o período menos proeminente do que o reinado de Elizabeth, ainda que afirmasse a importância do reinado de Carlos II para a Grã-Bretanha moderna.²⁷ Nos anos 1970, Jones, em *Country and Court*, dedicou-se fundamentalmente ao período da Restauração. Segundo ele, as expectativas de restabelecimento da ordem com o retorno do rei, que eram elevadíssimas em 1660, foram frustradas à medida que ficou claro que nem a Revolução, nem a Restauração resolveram questões essenciais, de modo que "quase todo mundo na Inglaterra da Restauração se sentia inseguro".²⁸

---

25  TODD, Margo (ed.). *Reformation to Revolution*: politics and religion in Early Modern England. Londres: Routledge, 1995, p. 2-8.

26  FELLOWS, Nicholas. *Op. cit.*, p. 2-5.

27  "Thus the reign of Charles II, which ended the experiments of Puritan idealists and led insensibly to the rule of expediency and practical politics, was a period of discovery and achievement, neither so spectacular as the Elizabethan age nor so incontestably pre-eminent as the era of Chatham and Pitt, but a period neverthless wherein were tested and brought to maturity many of the greatest qualities of the English race" (OGG, David. *Op. cit.*, p. 752).

28  JONES, J. R. *Op. cit.*, p. 3.

A lealdade ao governo restaurado era condicionada em muito pelas experiências revolucionárias passadas. Debaixo do louvor à ordem poderiam persistir compromissos que outrora levaram à dissolução da mesma.[29] Este era o teor do momento em que ocorreu a controvérsia entre Webster e Glanvill.

## WEBSTER E GLANVILL

Cromwell tornou-se lorde protetor em 1653. Naquela época, Webster era um homem de 42 anos que viera a Londres seguindo o curso da revolução, enquanto Glanvill, um jovem de 17 anos, ingressante em Oxford. Eram de gerações distintas, provinham de lugares diferentes do reino e sustentaram posições contrárias acerca da bruxaria. Apesar disso, Webster e Glanvill partilharam de uma posição social semelhante, do interesse pela filosofia natural, da sensibilidade de que era necessário fazer algo a respeito do estado da religião e, também, do compromisso com a ordem restabelecida. Essas diferenças e semelhanças foram articuladas de tal maneira que, enquanto o compromisso de um com a Restauração passava pela rejeição, o do outro expressava-se pela admissão da bruxaria.

Para situar melhor o lugar da demonologia para Webster e Glanvill e também para o momento histórico são necessárias algumas informações biográficas e bibliográficas.

### Webster

John Webster nasceu e viveu no norte da Inglaterra.[30] Nasceu entre 1610 e 1611 no vilarejo de Thorton-on-the-Hill, ligado à igreja de Coxwold, em North Riding, Yorkshire. Viveu entre Yorkshire e Lancashire, tendo estado, segundo Peter Elmer,

---

29 "This is the essential if usually unspoken background to late seventeenth-century politics. The propertied classes could not forget the lesson they had learnt in 1646-60, just as kings did not forget the lesson of 1649. So political opposition was never pushed to extremes; if it was, it tended to disintegrate" (HILL, Christopher. *The century of revolution 1603-1714*. Londres: Routledge, 1980, p. 200).

30 As informações biográficas apresentadas foram retiradas de diversas fontes. A primeira, e mais sucinta delas, é o verbete referente a John Webster contido em SMITH, George. *The dictionary of national biography*: the concise dictionary, part I, from the begginings to 1900. Oxford; Londres: Oxford University Press, Geoffrey Cumberlege, 1948. Além disso, informações também estão disponíveis em *A Cambridge Alumni Database*, uma base de dados ainda em caráter experimental acessível pelo endereço <http://venn.lib.cam.ac.uk>, e em ELMER, Peter. "The life and career of John Webster"; "The library of John Webster. *Medical History Supplement*". Londres, 1986, p. 1-14, 15-43. Disponível para consulta eletrônica; favor consultar a bibliografia.

apenas uma vez em Londres. Morreu em 1682, em Clitheroe, Lancashire. Mesmo tendo viajado pouco e vivido numa região distante e pouco habitada, Webster foi um homem que acompanhou a situação política, religiosa e intelectual da Inglaterra, devoto protestante e defensor do Parlamento na Guerra Civil.

Webster estudou em Cambridge. Tornou-se, em 1634, ministro da Igreja da Inglaterra e foi enviado para Kildwick, em Yorkshire. Segundo Elmer, em 1637 Webster foi afastado da Igreja devido ao expurgo de puritanos promovido por Richard Neile, arcebispo de York. Neile estava associado, de acordo com Hugh Trevor-Roper, a intelectuais de Cambridge como Lancelot Andrewes, John Overall, Mathew Wren, John Cosin e, principalmente, William Laud, arcebispo de Canterbury entre 1633 e 1640. O arcebispo de York era um apoiador do projeto de Laud de uniformidade ritual e doutrinária e de supremacia real sobre o clero. Esse projeto reforçava a ordem episcopal da Igreja da Inglaterra e enfatizava o livre-arbítrio em detrimento da predestinação inspirado em Erasmo, Armínio e Grotius,[31] contrariando os calvinistas ingleses.

Afastado da Igreja, mas não da religião, Webster dedicou-se, nos anos de 1640, ao ensino e à medicina. Tornou-se professor na *grammar school* de Clitheroe, em 1643, em Lancashire, e fez-se médico pela prática. Em 1647, Webster tornou-se vicário em Mitton, um lugarejo perto de Clitheroe, ao qual teria ido poucas vezes, pois, em 1648, alistou-se como capelão e cirurgião no exército parlamentar, no regimento do coronel Shuttleworth. Nicholas Shuttleworth, filho do coronel, esteve sob as ordens de Lambert, futuro major-general, ao qual, em 1654, Webster dedicou sua proposta de reforma das universidades da Inglaterra. Na mesma época, aproximou-se dos *grindletonians*, pregando em Grindleton, nas cercanias de Clitheroe.

Ainda que refratário aos reformadores no século XVI e abrigo para tropas realistas no século XVII, o norte da Inglaterra foi um ambiente acolhedor para o protestantismo mais radical. Segundo Hill, a pouca presença da Coroa e da Igreja nos séculos XVI e XVII e a dissolução de ambas as instituições com a Guerra Civil tornou a região propícia para a pregação radical.[32] Grindleton era um refúgio tão importante para recusantes da ortodoxia anglicana que os *grindletonians* foram a única seita inglesa que recebeu o nome de um lugar e não de uma pessoa ou de um conjunto de

---

31 TREVOR-ROPER, Hugh. "Laudianism and Political Power". In: *Catholics, Anglicans and Puritans*. Chicago: University of Chicago Press, 1987, p. 40-119.

32 HILL, Christopher. *O mundo de ponta-cabeça*: ideias radicais durante a Revolução Inglesa de 1640. São Paulo: Companhia das Letras, 1987, p. 87-94.

crenças.³³ Quando Roger Brearley pregou em Grindleton, entre 1615 e 1622, o movimento já existia, escolhendo com autonomia os pregadores. Ele e sua congregação foram acusados, em 1617, de, entre outras coisas: priorizar o ímpeto do espírito de cada um em detrimento do verbo, negar o pecado do cristão que fosse confirmado, buscar santificar a alma se aproximando da glória divina, aceitar a pregação de qualquer um que fosse esclarecido pelo espírito e de não incluir o rei nas preces. Brealey se mudou para Kildwick em 1622 e deixou a diocese em 1631. Três anos depois, Webster substituiria Brealey em Kildwick, e 25 anos depois, em Grindleton.

Na década de 1650, Webster esteve em Londres. Havia uma espectativa milenarista entre os protestantes radicais de que a convocação de um Parlamento dedicado à regeneração moral e à educação política instaurasse, enfim, o reino de Cristo na Inglaterra. O *Barebones Parliament*, como foi conhecida essa "assembleia de santos", não durou mais do que cinco meses até entregar o poder a Cromwell. Foi esse um momento de intensa produção para Webster. Segundo Elmer, Webster tornou-se conhecido pelos sermões e pelas ideias radicais e controversas que defendia.

Em 1653, publicou textos religiosos e políticos: *The cloud taken off the tabernacle*, *The vail of the covering spread over all nations*, *The picture of Mercurius Politicus* e *The saint's guide, or, Christ the rule, and ruler of saints*, este reeditado ainda no século XVII, em 1654 e 1699. Em *The vail of the covering...*, Webster, a partir de Is 25, 6-7, proclamava que somente Deus poderia retirar o véu que cobriria o entendimento dos homens, o qual faria com que eles se julgassem bons, sábios e justos, ignorando a miséria, a maldade e a danação.³⁴ Webster não aceitava que pela vontade, razão, poder ou tradição seria possível superar as dúvidas sobre a revelação divina, a doutrina religiosa e a organização da Igreja. Defendia posição contrária às políticas de Laud e, posteriormente, do *Clarendon Code*.

Em 1654, Webster publicou *The judgement set, and the bookes opened*, e também *Academiarum examen, or the examination of academies*.³⁵

---

33 Ibidem, p. 94-96.

34 "It is [o véu] that earthly, sensual, and devilish wisdom in the hearts of the sons of men, perswading them to be that which they are not: that they are holy, and just, and good: that they have goodness, and holiness, and wisdom, and power etc. [...] This is that devilish wisdom that the devil infused into Adam in his fall" (WEBSTER, John. *The vail of the covering spread over all nations*. 2ª ed. Londres: Printed and sold by the assigns of J. Sowle, 1713, p. 36-37. Disponível para consulta eletrônica restrita; favor consultar a bibliografia).

35 Idem. *Academiarum examen or the examination of academies*. Londres: Printed for Giles Calvert, 1654. Disponível para consulta eletrônica; favor consultar a bibliografia.

Propunha, neste último, mudanças radicais no ensino e na finalidade das universidades inglesas e dedicava a obra ao major-general Lambert, o qual, segundo Webster, teria se interessado por ela.[36] As universidades de Cambridge e Oxford tinham por finalidade educar os nobres, formar os clérigos, implementar políticas eclesiásticas e reforçar a soberania real, o que as tornava, segundo ele, menos acessíveis aos que não pertenciam à elite apadrinhada pela corte.[37] Essa relação entre Coroa e Púlpito preocupava os calvinistas, que não queriam correr o risco de um revés político modificar a orientação religiosa da Inglaterra.[38] Webster fez desse receio uma proposta institucional. Segundo ele, as universidades, chamadas de 'academias', um termo mais abrangente, foram criadas para formar cidadãos e ministros. Dever-se-ia louvar a primeira finalidade e rejeitar a outra.[39] As academias conceberam falsos deuses e depois, com a vinda de Cristo, incentivaram a vaidade e disseminaram raciocínios vãos acerca da revelação divina, sendo necessário, portanto, deixar a pregação a critério da graça de Deus. Webster defendia também mudanças no ensino. A respeito dos currículos, tomava o partido dos modernos contra a escolástica, celebrava Bacon, Descartes, Galileu, Gassendi, Paracelso, Van Helmont, Harvey. Acerca do saber, dos métodos e dos costumes dessas instituições, Webster propôs que fosse suprimida a distinção entre saberes divinos e humanos, entre especulação e téc-

---

36 John Lambert, segundo a versão concisa de *The dictionary of national biography*, esteve entre as figuras de maior destaque do *New Model Army*, comandante do exército no norte da Inglaterra e grande apoiador de Cromwell. Marchou contra Monck na ocasião da Restauração e acabou afastado do comando, condenado por alta traição e encarcerado até sua morte em 1683.

37 "It was not without reason, therefore, that both universities were increasingly subject to criticism from academic reformers. The decline in the number of students and the relative unproductivity of the universities were matters of concern within the context of the emerging struggles in the country during the seventeenth century. In addition, offices, including university offices, were increasingly becoming hereditary during this period" (RÜEGG, Walter (editor geral); RIDDER-SYMOENS, H de (ed.). *A history of the university in Europe*: Universities in Early Modern Europe (1500-1800). Cambridge: Cambridge University Press, 2003, p. 137 (A history of the university in Europe, v. 2)).

38 TREVOR-ROPER, Hugh. Laudianism and Political Power, *op. cit.*, p. 76-90.

39 "The first of which was good, politick, usefull and profitable, inabling men for all kind of undertakings, both military and civil, without which men do not much differ from brute animals [...]. But the other end, namely by these acquirements to fit and inable men for the ministry, and thereby to unlock the sealed cabinet of the counsel of God [...] hath not onely failed of the principal end aimed at, but been quitte contrary and opposite thereunto. For every thing fletched and elevated beyond its own proper spear and activity, becomes not onely vain and unprofitable, but also hurtfull and dangerous" (WEBSTER, John. *Academiarum examen or the examination of academies*. Londres: Printed for Giles Calvert, 1654, p. 2-3).

nica, aconselhou que as academias não se comprometessem com um único método, mas garantissem a liberdade dos estudantes para encontrar caminhos diferentes de investigação e também que fossem rejeitadas as disputas verbais.[40] Tal opinião gerou controvérsia, foi atacada por Thomas Hall, em *Vindiciae literarum*, e por Seth Ward, em *Vindiciae academiarum*, em 1654.

Apesar de seu radicalismo, Webster se aproximava de muitos letrados da Inglaterra e da Europa ao fazer uma apologia da ciência moderna, enfrentar a escolástica e propor o uso da razão associado à prática, dedicado à utilidade humana. Além disso, o anseio dos letrados da época por estabelecer um debate para além das divergências políticas e religiosas acolheu alguns radicais como Webster, cujas ideias poderiam ser adequadas a projetos amplos e moderados de ciência, como aquele da Royal Society de Londres.

Com o fim do Protetorado, Webster, segundo Elmer, abandonou em definitivo a revolta e o milenarismo. Tinha sido bailio (*in-bailiff*) entre 1657 e 1659 e voltou a sê-lo depois da Restauração, em 1665 e 1675. Teria tido uma vida confortável proporcionada pelo exercício da medicina e pelo aumento de sua propriedade às custas dos partidários do rei. Quando a monarquia foi restaurada, gozou da anistia e preservou sua profissão, propriedade e lugar na administração local. É muito provável que Webster tenha retornado formalmente à Igreja da Inglaterra em decorrência do *Corporation Act*, de 1661, o qual impunha aos prefeitos, conselheiros, escrivãos, bailios, párocos e magistrados o reconhecimento da supremacia do rei e o pertencimento à Igreja da Inglaterra.

Webster voltou a publicar apenas na década seguinte: *Metallografia, or, an history of metals*, em 1671, e *The displaying of supposed witchcraft*, em 1677. Tais obras abordaram a filosofia e a religião de maneira moderada, evitaram tratar da situação política, reforçando a lealdade do autor para com a ordem restabelecida, mas, acredito, não deixaram de expor concepções problemáticas.

O estudo dos minérios seria importante para a produção de remédios e também o desenvolvimento do país.[41] *Metallographia* tratava de um assunto relevante para os alquimistas e apologistas da ciência e o adequava ao projeto baconiano da Royal Society. Segundo Webster, embora se tenha tratado extensivamente do assunto, a maior parte consistiria em especulações vãs, repetições de autoridades e textos es-

---

40   *Ibidem*, p. 108-110.
41   *Idem. Metallographia or an history of metals*. Londres: Printed by A. C. for Walter Kettilby, 1671. Disponível para consulta eletrônica; favor consultar a bibliografia.

critos de maneira obscura.⁴² *Metallographia* manifestava, por um lado, a influência dos alquimistas no que dizia respeito, por exemplo, à teoria do desenvolvimento vegetativo dos minerais, e, por outro, o compromisso com o avanço da ciência através de uma escrita acessível, da importância dada à técnica e da rejeição à completude lógico-explicativa.

O tratado foi dedicado a um ilustre membro da Royal Society. O príncipe Rupert era parente do rei, filho de Frederico V, Eleitor Palatino, com Elizabeth, filha de Jaime I.⁴³ Era figura conhecidíssima na época. Com a deposição de sua família por causa da invasão católica do Palatinado no início da Guerra dos Trinta Anos, Rupert cresceu no exílio e tornou-se soldado profissional, participando de diversas campanhas militares. Arquétipo do *cavalier*, foi comandante da cavalaria de Carlos I e da marinha de Carlos II. Quando morreu, em 1682, foi celebrado como "universal favourite of mankind", cujo espírito, apesar dos confrontos sediciosos, mantivera-se equilibrado, permitindo que confrontasse "Englands Rebel Hydra" e se tornasse o "English Hannibal".⁴⁴ Webster diz ter dedicado o trabalho ao príncipe em razão dele ser membro da Royal Society e de seu interesse em metalurgia. Buscava, nas suas palavras, a mesma candura que o príncipe devotava aos outros. Essa dedicatória aproximava Webster da Royal Society e da ordem ins-

---

42  *Ibidem*, p. 25-26.

43  Segundo a versão concisa do *The dictionary of national biography*, Rupert nasceu em Praga, em 1619, era o terceiro filho de Elizabeth, rainha da Boêmia e filha de Jaime I da Inglaterra, e Frederico V, Eleitor Palatino. Ele participou da Guerra dos Trinta Anos sob as ordens do Príncipe de Orange na invasão de Brabante, em 1635, esteve no cerco de Breda, em 1637, e foi capturado na Westphalia, em 1638, e liberado apenas em 1641. Foi designado general por Carlos I em 1642. Teve sua primeira vitória na Guerra Civil em Worcester e comandou o flanco direito da cavalaria realista em Edgehill. Entre 1643 e 1645, venceu em Birmingham, Chalgrove Field, Bristol, Newark, Stockport, Liverpool, Chester, Leicester, Wales, mas foi derrotado em Marston Moor, Naseby, Bristol e Oxford. Com a derrota dos *cavaliers*, Rupert foi para o exílio e engajou-se em diversas operações militares. Comandou tropas inglesas sob serviço francês, auxiliando o príncipe Carlos da Holanda, em 1648. Capitaneou uma esquadra para ajudar Ormonde, na Irlanda, em 1649, a libertar as ilhas Scilly, na Grã-Bretanha, e dar cabo do bloqueio de Blacke ao Tejo, em 1650, saindo do Mediterrâneo e realizando incursões piratas que chegaram até Barbados. Voltou à França em 1653, permanecendo na Alemanha entre 1654 e 1660, quando voltou para a Inglaterra. Durante a Restauração, tornou-se conselheiro do rei, almirante e participou da luta contra os holandeses em 1666; foi vice-almirante da Inglaterra no segundo embate contra eles, no começo dos anos de 1670, tornando-se o primeiro lorde do almirantado entre 1673 e 1679.

44  *An elegy of that Ilustrious High-Born Prince Rupert, who dyed on Wednesday November the 29th*. Londres: Printed for Langly Curtis, 1682. Disponível para consulta eletrônica restrita; favor consultar a bibliografia.

titucional restabelecida, mas expressava também o anseio dele por uma Inglaterra industriosa, ofensiva e distintamente protestante.[45] Nos anos de 1670, numa época em que se temia a proximidade de Carlos II com a França e a de Jaime, duque de York, futuro Jaime II, com Roma, Webster, ao dedicar uma obra ao velho príncipe cavalheiresco, expressa tanto sua adesão à ordem quanto o compromisso com a ciência moderna e com uma política vigorosa e decididamente protestante, características, segundo Trevor-Roper, daquilo que constituiria o pensamento *whig*.[46]

Tratar da ciência era falar de uma novidade apadrinhada pelo rei e que, por isso, permitia advogar alguns compromissos de natureza política, religiosa e filosófica que não estavam necessariamente ligados à monarquia sem colocar em risco a lealdade ao regime e à unidade do país. Não foi à toa que a apologia da ciência nova era partilhada tanto por Webster quanto por Glanvill.

## Glanvill

Glanvill viveu entre o oeste e o sul da Inglaterra.[47] Nasceu em Plymouth, no condado de Devon, em 1636. Morreu em Bath, no condado de Somerset, em 1680. Glanvill vinha de uma família antiga que aportara na Inglaterra junto de Guilherme, o Conquistador, cuja origem é atribuída a Ranulph de Glanville. A família adquiriu posições importantes na administração da justiça. John Glanville

---

45   Webster dizia em *Metallographia* que o estudo dos metais seria útil na paz e na guerra. A Inglaterra possuiria um grande potencial minerador que deveria ser incentivado. Webster informava ao príncipe de dois lugares que poderiam ser explorados e explicava que a causa da parca extração de minérios na Inglaterra devia-se ao estado cômodo e diversificado das atividades econômicas, à falta de incentivo, às contendas entre os nobres e ao costume de importar os minérios necessários. Para mais detalhes, conferir: WEBSTER, John. *Metallographia*, op. cit., p. 19-25.

46   TREVOR-ROPER, Hugh. "Lord Macaulay: Introduction". In: MACAULAY, Thomas Babington. *Op. cit.*, p. 8.

47   Assim como no caso de Webster, as informações retiradas para esta breve biografia de Glanvill provêm de diferentes fontes. *The dictionary of national biography*, na sua versão concisa, contém um verbete a respeito de Glanvill e outros acerca de figuras de destaque entre os Glanville, Ranulf, Gilbert, Bartholomew e John. A *Cambridge Alumni Database* também detém informações sobre o autor e deve-se muito à biografia feita por GREENSLET, Ferris. "Glanvill's life and the order of his writings". In: *Joseph Glanvill*: a study in English Thought and Letters of the seventeenth century. Nova York: Columbia University Press, 1900, p. 51-88. É sugerida a leitura do seguinte artigo para se estar ciente da fortuna crítica de Glanvill: POPKIN, Richard H. "The development of the philosophical reputation of Joseph Glanvill". *Journal of the History of Ideas*, Pennsylvania, v. 15, n. 2, abr. 1954, p. 305-311. Disponível para consulta eletrônica; favor consultar a bibliografia.

foi advogado, parlamentar e juiz da Common Pleas durante o reinado de Elizabeth. Seu filho, John Glanville, de Broad Hinton, Wiltshire, foi *serjeant-at-law* e membro do Parlamento.[48] Apesar do nome ilustre, do qual suprimia a última letra, Glanvill provinha de um ramo modesto da família. Os Glanville de Devonshire eram mercadores, clérigos e *gentlemen*, instalados no condado desde o século XIV. Glanvill nasceu em um meio que, embora não fosse o mais abastado, assegurou-lhe conforto para a atividade intelectual.

Em 1652, Glanvill ingressou em Oxford, no Exeter College. Em três anos tornou-se bacharel em artes e, em seis anos, mestre pelo Lincoln College. Glanvill frequentou a universidade quando John Wilkins e John Wallis eram professores e participavam daquelas reuniões filosóficas que dariam origem à Royal Society. Além disso, foi amigo de Francis Willoughby e Samuel Parker, que se tornariam interessados pela filosofia experimental e, assim como Glanvill, membros da Royal Society. Em meio aos conflitos entre rei, Parlamento e exército, surgiu em Oxford um círculo de letrados dedicados à discussão filosófica no qual se buscava superar os dissensos políticos e religiosos em prol da ciência. Apesar disso, Glanvill lamentava ter estudado em Oxford, segundo Anthony Wood, antiquário do século XVII, pois tinha maiores afinidades intelectuais com Cambridge.

Os Platônicos de Cambridge eram um grupo heterogêneo de filósofos do século XVII, constituído por Benjamin Whichcote, Ralph Cudworth, Nathaniel Culwervell, John Smith e Henry More.[49] Para Glanvill, o pensamento desses

---

48  BURKE, John; BURKE, John Bernard. *A genealogical and heraldic dictionary of the landed gentry of Great Britain & Ireland*. V. 1, A-L. Londres: Henry Colburn, Publisher, 1847, p. 470-471. Disponível para consulta eletrônica; favor consultar a bibliografia.

49  Henry More foi o principal vínculo de Glanvill com os Platônicos de Cambridge e também um dos maiores interessados no esforço dele em defender a realidade da bruxaria e afins. More nasceu em 1614 e faleceu em 1687. Era da mesma geração de Webster e, assim como ele, viveu as turbulências do reinado de Carlos I, da Guerra Civil e da Commonwealth. More era o sétimo filho de Alexander More, o qual foi prefeito de Grantham, em Lincolnshire. Seus estudos começaram na *grammar school* da cidade e, a partir de 1628, prosseguiram no Eton College, em Buckinghamshire. Seu ingresso em Cambridge se deu em 1632, graças à intervenção de seu tio, Gabriel More, que era *fellow* da universidade. More tornou-se bacharel em artes em 1636, mestre em 1639 e doutor em teologia em 1661. More foi *fellow* de Cambridge de 1639, ou 1641, as fontes discordam, até 1687. Passou a vida envolvido com a universidade, tendo recusado, inclusive, dois bispados. Envolveu-se em disputas teológicas e filosóficas respectivamente contra o calvinismo, especialmente sobre a predestinação, e o cartesianismo, por identificar nessa filosofia um forte materialismo. More dedicou-se ao estudo da alma e das coisas espirituais, advogando um racionalismo teológico que preservava a proximidade da relação entre Deus e as coisas criadas

homens era uma alternativa ao aristotelismo escolástico e ao atomismo materialista e permitiria o aprimoramento da ciência e a defesa da religião. Segundo Greenslet, o contato de Glanvill com o platonismo de Cambridge teria se dado logo depois de ele ter saído de Oxford e se tornado capelão de Francis Rous. Rous estivera entre os independentes, apoiara Cromwell e participara do *Barebones Parliament*, mas, diferentemente do radicalismo e do milenarismo dos seguidores do lorde protetor, era um estudioso recluso e meditativo. Durante o ano que permaneceu com Rous, Glanvill escreveu alguns rascunhos sobre a imortalidade da alma e o entusiasmo em religião, assuntos dos quais não se desvencilharia ao longo da vida.

Com a morte de Rous, em 1659, Glanvill voltou para a universidade e, em 1660, no ano da Restauração, recebeu do irmão, Benjamin, uma propriedade em Wimbish, no condado de Essex. Ficou dois anos em Wimbish e transformou seus rascunhos em um livro de notoriedade. *The vanity of dogmatizing*, publicado em 1661, expunha os limites impostos pelos sentidos ao conhecimento, atacava o dogmatismo escolástico e defendia a filosofia experimental. Glanvill foi acusado de ceticismo e ateísmo, mas foi visto também como um jovem de talento, que, apesar da proximidade intelectual com os cambridgeanos, diferenciava-se deles:

> More achava que tinha a missão de reconciliar a ciência e a religião; Glanvill julgava que ele também tinha esse dever, mas enquanto More buscou cumpri-lo desdobrando interpretações místicas e espiritualizadas das descobertas científicas, Glanvill, ao menos aqui, tentou concretizar essa desejada reconciliação através de uma definição mais cuidadosa das respectivas províncias da ciência e da religião.[50]

Em 1662, foi publicado *Lux orientalis*, dedicado a Willoughby e, a partir de 1682, a More. O livro tratava da pré-existência da alma, uma tese clássica do platonismo. Nesse mesmo ano, Glanvill instalou-se no condado de Somerset, onde passaria a sua vida.

---

por ele. Tais informações estão na versão condensada do *The dictionary of national biography* e em HENRY, John. "Henry More". In: ZALTA, Edward N. (ed.). *The Stanford Encyclopedia of Philosophy*. Disponível para consulta eletrônica; favor consultar a bibliografia.

50 GREENSLET, Ferris. *Op. cit.*, p. 60.

*Scepsis scientifica* veio a público em 1665.[51] A obra era uma defesa de Glanvill contra as acusações de ateísmo e, mais do que isso, uma adesão à Royal Society no tocante à confrontação do aristotelismo dogmático e do mecanicismo dito ateu e também ao objetivo da instituição de buscar as leis da natureza e os fundamentos seguros da religião. O ceticismo, para Glanvill, era central para instaurar uma nova filosofia, dada a ignorância humana, que teria diversas causas, como, por exemplo, a impostura dos sentidos, a afeição dos homens pelas próprias criações e a reverência pela antiguidade e autoridade. Glanvill julgava o aristotelismo escolástico um exercício meramente verbal e, além disso, uma filosofia inconsistente por si e para com a religião.[52]

O livro foi bem recebido. No mesmo ano, em 1665, Glanvill tornou-se *fellow* da Royal Society, indicado por lorde Brereton, *rector* da abadia de Bath e, nesse mesmo ano, foi convidado para um jantar ilustre na casa de Lady Conway. Glanvill passava a ter acesso à elite letrada da Inglaterra.

O jantar foi uma daquelas ocasiões em que algumas pessoas com grande afinidade se reúnem e têm uma experiência intelectual marcante. Anne Conway foi aluna de More e uma das primeiras filósofas da Inglaterra.[53] Ela reuniu para esse

---

51 GLANVILL, Joseph. *Scepsis scientifica or confest ignorance, in an essay of the Vanity of Dogmatizing, and confident opinion*. Londres: Kegan Paul, Trench & Co., 1885. Disponível para consulta eletrônica; favor consultar a bibliografia.

52 "He [Aristóteles] makes one God the First Mover, but 56 others, movers of the Orbs. He calls God an Animal: and affirms, that He knows not particulars. He denies that God made any thing, or can do any thing but move the Heavens. He affirms, that 'tis not God but Nature, Chance, and Fortune that rule the World. That he is tyed to the first Orb; and preserves not the World, but only moves the Heavens ; and yet elsewhere, that the World and Heavens have infinite power to move themselves. He affirms, the Soul cannot be separated from the Body, because 'tis it's Form. That Prayers are to no purpose, because God understands not particulars. That God hears no Prayers, nor loves any man. That the Soul perisheth with the body: And that there is neither state, nor place of Happiness after this life is ended. All which Dogmata, how contrary they are to the Fundamental Principles of Reason and Religion, is easily determin'd: and perhaps, never did any worse drop from the Pens of the most vile contemners of the Deity" (*Ibidem*, p. 159-160).

53 Anne Conway nasceu em Londres, em 1631, era filha de Sir Henry Finch (ou Heneage Finch) e Elizabeth Cradock. Sua instrução filosófica foi feita por Henry More através de cartas. Anne casou-se em 1651 com Edward, terceiro visconde de Conway. Usufruiria ela de uma excelente biblioteca e seus interesses intelectuais não seriam restringidos pelo marido. A base da formação de Anne era a filosofia cartesiana, mas o contato com More e Franciscus Mercurius Van Helmont aproximou-a do neoplatonismo, da cabala judaica e, ao fim da vida, do quacrerismo, graças à influência de Van Helmont. Sua única obra conhecida foi publicada postumamente em latim, traduzida para o inglês dois anos depois, em 1692, com o título *The principles of the*

jantar Franciscus Van Helmont, filho de Jean Baptista Van Helmont, responsável pela publicação dos trabalhos de seu pai, Henry More e Valentine Greatrakes, um curandeiro irlandês que suscitava controvérsias acerca da natureza das curas que realizava. O objetivo do encontro era discutir o sobrenatural. Além da carta do juiz Robert Hunt, o jantar na casa de Lady Conway provavelmente estimulou Glanvill a tratar das bruxas, espíritos e afins, dado que, em 1666, ele publicou A *philosophical endeavour towards the defense of the being of witches and apparitions*.

Usufruindo de uma posição com rendimentos razoáveis e seguros em Bath, Glanvill dedicou-se mais ainda à defesa da filosofia nova e da razão em negócios da religião. Entre os anos de 1660 e 1670, envolveu-se em controvérsias com Robert Crosse, Henry Stubbe e John Webster. Crosse era um defensor do aristotelismo e Stubbe um opositor da Royal Society. Em meio a esses embates, Glanvill também se deu ao trabalho de defender Samuel Parker, o jovem bispo de Oxford, da sátira de Andrew Marvell dirigida aos que abandonaram as convicções puritanas no momento da Restauração.

Tais disputas afiaram os argumentos e endureceram os compromissos intelectuais de Glanvill. Era preciso demonstrar a contribuição da filosofia moderna para a defesa da religião, afastando daquela e também de si próprio as acusações de ceticismo, ateísmo e, subjacente, de sectarismo. Os acréscimos sucessivos às reflexões sobre a bruxaria fizeram parte do esforço de Glanvill e de More para derrotar seus inimigos e mostrarem-se favoráveis ao governo e à religião.

*Philosophia pia*, publicado em 1672, foi dedicado a Seth Ward, bispo, um dos fundadores da Royal Society e membro do conselho da instituição, o qual, cabe ressaltar, envolvera-se, na década de 1650, numa polêmica com Hobbes e Webster a respeito das universidades.[54] A dedicatória era adequada aos objetivos da obra em

---

*most ancient and modern philosophy*. Afirmava ela a existência de uma certa continuidade entre a divindade e as coisas criadas que permitiria a estas perseguir a perfeição moral e metafísica de Deus, rejeitando assim o dualismo de Descartes e de More e o panteísmo materialista que atribuía a Hobbes e Spinoza. Pouquíssimo é dito sobre Anne Conway na versão condensada de *The dictionary of national biography*. A maior parte do que foi apresentado provém de um artigo a respeito dela: HUTTON, Sarah. "Lady Anne Conway". In: ZALTA, Edward N. (ed.). *The Stanford Encyclopedia of Philosophy*. Disponível para consulta eletrônica; favor consultar a bibliografia.

54 Segundo *The dictionary of national biography*, na sua versão condensada, Seth Ward foi bispo de Salisbury, ligado inicialmente à Universidade de Cambridge, onde ensinava matemática. Perdeu sua condição de *fellow* em 1644, depois de ter escrito contra a política religiosa vigente, mas logo, em 1649, ingressou na Universidade de Oxford, dedicando-se ao ensino da astronomia e de teorias sobre o movimento dos planetas. Aliou-se a John Wallis na polêmica com Webster e Hobbes

questão: convencer os leitores de que a filosofia experimental não era contrária à religião e que poderia ser muito salutar para a devoção cristã.⁵⁵ Glanvill defendia fundamentalmente quatro teses: Deus deveria ser adorado por suas obras; dever-se-ia estudar e celebrar as obras de Deus; o estudo dessas obras seria útil à religião; e ministros e professores de religião deveriam incentivar tal estudo. A utilidade da filosofia experimental e mecânica seria demonstrada à medida que ela fosse capaz de enfrentar o ateísmo, o saducismo, a superstição e também o entusiasmo.

Tais eram grandes inimigos dos latitudinarianos. Estes eram clérigos considerados liberais em religião, quando não oportunistas, dado que tinham se comprometido prontamente com a Restauração e, depois, com a Revolução Gloriosa. Para eles, era preciso combater o ateísmo, o saducismo, a superstição e o entusiasmo por meio de uma religião liberal no rito e simples, essencial e racional na doutrina, capaz de sobreviver ao sectarismo.⁵⁶ Glanvill, John Tillotson, Edward Stillingfleet, Simon Patrick, entre outros, estavam associados aos Platônicos de Cambridge e eram condenados como "men of latitude".⁵⁷ Apesar disso, segundo Glanvill, os filósofos eram a salvação da religião e do saber:

> os filósofos foram sacerdotes entre os egípcios e tantas outras nações em tempos antigos; e nunca houve mais necessidade que sacerdotes fossem filósofos do que em nosso tempo, porque somos requeridos todos os dias para

---

a respeito das universidades. Foi eleito diretor do Jesus College de Oxford, porém rejeitado por Cromwell em 1657. Presidiu o Trinity College entre 1659 e 1660. Com a Restauração, assumiu posições dentro da Igreja da Inglaterra. Ward destacou-se por seus sermões contra dissidentes e pelos tratados de matemática que publicou.

55 GLANVILL, Joseph. *Philosophia pia, or a discourse of the religious temper, and tendencies of the experimental philosophy*. Londres: Printed by J. Macock for James Collins, 1671. Disponível para consulta eletrônica; favor consultar a bibliografia.

56 A acusação de ateísmo não designava a proposição da inexistência de Deus, mas alguma concepção acerca da religião que pudesse, na visão do acusador, levar à rejeição da divindade de acordo com dado entendimento da religião revelada, de modo que se pudesse acusar de ateísmo, por exemplo, desde os deístas por proporem uma religião desprovida de mistérios até os puritanos calvinistas por valorizarem a ação da graça divina em seus cultos. Faz-se uso neste trabalho de termos como ateísmo e entusiasmo não para julgar determinada pessoa ou posição intelectual, mas apenas para resgatar a percepção expressa pelos documentos a respeito de certos indivíduos e ideias.

57 GRIFFIN, Martin I. J. *Latitudinarianism in the seventeenth-century Church of England*. Leiden; Nova York; Colônia: E. J. Brill, 1992, p. 3-13.

tornar sólidas nossas fundações contra o ateu, o saduceu e o entusiasmado e é o conhecimento de Deus pela sua obra que fornecerá a nós as armas mais adequadas para a defesa. Xingamentos e condenações, dardos entre as palavras amargas, e paixões exaltadas não derrotarão esses filhos de Anak; estas não são as armas para a nossa luta. Não, eles devem ser confrontados por uma razão instruída no conhecimento das coisas e combatidos nos seus próprios quartéis e suas tropas devem ser usadas contra eles; isto pode ser feito, a vantagem é toda nossa.[58]

Palavras violentas para um tempo de paz.

O retorno do rei não trouxe consigo a paz, mas, na verdade, um processo de pacificação, ou seja, a partir da restauração da monarquia buscou-se estabilizar a situação política e religiosa na esperança de que as animosidades arrefecessem e fosse consolidada a harmonia entre o monarca e os seus súditos. Isso, no entanto, não aconteceu. A Revolução Gloriosa é uma mostra de que, diferentemente do que esperavam os homens da época, as experiências revolucionárias não poderiam ser apagadas sem deixar qualquer vestígio e de que a relação entre o rei e os súditos não poderia ser simplesmente restabelecida ao estado idealizado anterior ao da Guerra Civil. Porém, para compreender o período da Restauração, é preciso considerar que o desejo pela estabilidade foi um motivador importantíssimo na época. Esse comprometimento com a ordem restabelecida consistia em uma negociação entre preservar a monarquia e fazer avançar causas distintas, precavendo-se da insurreição. A discussão sobre a natureza era preciosa nessa situação. Tanto os aristotélicos quanto os cartesianos e os empiristas não advogavam apenas que suas respectivas filosofias eram as mais apropriadas para explicar os fenômenos naturais, diziam também que apenas uma

---

58 "The Philosophers were the Priests among the Aegyptians, and several other Nations in ancient times; and there was never more need, that the Priests should be Philosophers than in ours; For we are liable every day to be called out to make good our Foundations against the Atheism, the Sadduce, and Enthusiast; and 'tis the knowledge of God in his Work that must furnish us with some of the most proper Weapons of Defence. Hard names, and damming sentences; the arrows of bitter words, and raging passions will not defeat those Sons of Anak; These are not fit Weapons for our warfare. No, they must be met by a Reason instructed in the knowledge of things, and sought in their own Quarters, and their Arms, must be turned upon themselves; This may be done, and the advantage is all ours" (GLANVILL, Joseph. *Philosophia pia, op. cit.*, p. 138-139).

entre elas preservava a religião e a ordem de seus inimigos. É à luz dessa negociação que as ideias de Webster e Glanvill são consideradas.

## A BRUXARIA E A ORDEM

Tratar de bruxaria era um modo de reforçar determinada ordem social, política e religiosa. A bruxaria era considerada, desde o tempo dos romanos, um subterfúgio para a vingança, uma maneira feminina de combater e, com o cristianismo, uma potencial subversora da religião e da ordem instituída por Deus. Discorrer sobre a bruxaria consistia frequentemente em atribuir a si próprio a defesa de uma ordem pretensamente ameaçada e revestir-se de um *ethos*.[59]

Apesar da demonologia ter sido um campo de reflexão cheio de discordâncias, foi comum que os contendores buscassem uma mesma imagem que justificasse e conferisse autoridade ao seu discurso. Essa imagem era a do sábio piedoso, corajoso e humilde, cuja ponderação e zelo tornariam reverenciáveis tanto o discurso quanto seu enunciador.

Apropriar-se desse *ethos* significava mostrar-se como o defensor de uma situação legítima e desqualificar os opositores. Graças à associação entre a obra e o autor, que subsiste em nossos dias, o argumento *ad hominem* foi tão relevante nas controvérsias demonológicas quanto o raciocínio cuidadoso, a enumeração das

---

[59] O *ethos* é entendido aqui como uma imagem retórica que o orador constrói de si e dos outros na intersecção entre o discurso e a moral com objetivo de persuadir. A retórica é uma arte discursiva de muitos séculos, exercida e pensada por gregos, romanos e cristãos. A retórica cristã apropriava-se do ideal filosófico que submetia a eloquência à sabedoria e o modificava segundo as suas necessidades. O orador cristão não buscava apenas persuadir, mas também demonstrar uma verdade única e conseguir a adesão de seus ouvintes. Para isso, ele construía, por oposição, uma imagem de si e dos outros. Era comum que esse orador fizesse uso de um estilo baixo para parecer humilde, simples e bom, aproximando-se do estilo bíblico e evangélico. Apropriava-se de um estilo pretensamente antirretórico: enquanto o orador se mostrava humilde, simples, piedoso e dava seu caráter como garantia de credibilidade, os seus opositores eram apresentados no discurso como pretensiosos, afetados, mentirosos e, acima de tudo, perigosos, pois suas palavras poderiam desviar os ouvintes do único e verdadeiro caminho da religião. O orador desejava, em suma, aproximar-se dos apóstolos. A retórica de Webster e Glanvill está permeada por esse ideal discursivo cristão, mas, diferentemente dos reformadores, que se apresentavam como anunciadores da fé, ambos desejavam mostrar-se como sábios moderados e piedosos, que evitavam fazer julgamentos peremptórios. Para mais sobre a noção de *ethos* e especialmente a respeito da retórica cristã, conferir: SARTORELLI, Elaine Cristine. *Estratégias de construção e de legitimação do ethos na causa veritatis*: Miguel Servet e as polêmicas religiosas do século XVI. Tese (doutorado) – FFLCH-USP, São Paulo, 2005.

autoridades e a demonstração das assertivas. Era preciso assumir para si a imagem do sábio piedoso para legitimar o discurso e, como consequência numa sociedade afeiçoada às oposições,[60] refutar os dizeres dos opositores desqualificando-os.

Discorrer a respeito da bruxaria frequentemente exigia estabelecer compromisso com uma dada causa ou, melhor dizendo, doutrina. As teorias a respeito da bruxaria eram fundamentalmente duas: uma que sustentava o caráter ilusório das alegações das pretensas bruxas e outra que aceitava a realidade das coisas que eram relatadas por tais bruxas e também por uma porção de testemunhas. Os defensores de cada uma dessas doutrinas, todavia, revestiam-se do mesmo *ethos*.

Reginald Scot, defensor do caráter ilusório da bruxaria, buscava mostrar-se sábio e piedoso na dedicatória de *The discoverie of witchcraft*:

> ao honorável e, em especial, bom senhor, sir Roger Manwood, lorde chefe, barão da corte real de Exchequer. Pelo que sei o senhor é por natureza inteiramente dedicado e por propósito inclinado ao alívio dos pobres não apenas por meio da hospitalidade e de caridades, mas por diversos outros procedimentos e meios que tendem ao bem-estar deles [...]. Finalmente, por ser eu um pobre membro da república em que o senhor é uma figura importante, julguei que esta minha caminhada em prol dos pobres, dos velhos, dos simples, deveria ser dedicada ao senhor, pois uma casa frágil requer uma coluna sólida. [...] Pois, na verdade, a república permanece num estado miserável, em que correntes e cordas têm mais poder do que misericórdia e merecida compaixão. Nessas condições, é natural para pessoas inumanas, em especial os perseguidores de bruxas [*witchmongers*], perseguir o pobre, acusar o simples e matar o inocente.[61]

---

60  CLARK, Stuart. "Inversão". In: *Pensando com demônios*: a ideia de bruxaria no Princípio da Idade Moderna. São Paulo: Edusp, 2006, p. 107-120.

61  "To the Honorable, mine especiall good Lord, Sir Roger Manwood Knight, Lord cheefe Baron of his Majesties Court of the Eschequer. IN SOMUCH as I know that your Lordship is by nature whollie inclined, and in purpose earnestly bent to releeve the poore, and that not onlie with hospitalitie and almes, but by diverse other devises and waies tending to their comfort, having (as it were) framed and set your self e to the helpe and maintenance of their estate; as appeareth by your charge and travell in that behalfe. Whereas also you have a speciall care for the supporting of their right, and redressing of their wrongs, as neither despising their calamitie, nor yet

Jaime VI, então rei da Escócia, defensor da realidade da bruxaria, dizia o seguinte ao leitor:

> a terrível abundância nesta época e neste país desses escravos detestáveis do Diabo, as bruxas ou encantadores, fez com que eu (adorado leitor) despachasse o seguinte tratado de minha autoria não para (como afirmo) servir de mostra de minha erudição e inteligência, mas apenas (motivado pela consciência) para tentar, até onde posso, tornar resolutos os corações duvidosos de muitos, tanto que tais assaltos de Satã são certamente empreendidos e os instrumentos para isso devem ser punidos da maneira mais severa, contra as opiniões condenáveis de dois [homens] em especial de nossa época, dentre eles um inglês chamado SCOT, o qual não se envergonha de negar por impresso e publicamente que a bruxaria possa existir e assim mantém o velho erro dos saduceus, negando os espíritos, e o outro chamado WIERUS [Weyer], um fisiologista alemão, que faz uma defesa pública de todos esses feiticeiros, na

---

forgetting their complaint, seeking all meanes for their amendement, and for the reformation of their disorders, even as a verie father to the poore. Finallie, for that I am a poore member of that commonwelth, where your Lordship is a principall person; I thought this my travell, in the behalfe of the poore, the aged, and the simple, might be verie fitlie commended unto you: for a weake house requireth a strong staie. In which respect I give God thanks, that hath raised up unto me so mightie a friend for them as your Lordship is, who in our lawes have such knowledge in government such discretion, in these causes such experience, and in the commonwealth such authoritie; and neverthelesse vouchsafe to descend to the consideration of these base and inferior matters, which minister more care and trouble, than worldlie estimation. And in somuch as your Lordship knoweth, or rather exerciseth the office of a judge, whose part it is to heare with courtesie, and to determine with equitie; it cannot but be apparent unto you, that when punishment exceedeth the fault, it is rather to be thought vengeance than correction. In which respect I knowe you spend more time and travell in the conversion and reformation, than in the subversion and confusion of offenders, as being well pleased to augment your owne private paines, to the end you may diminish their publike smart. For in truth, that commonwealth remaineth in wofull state, where fetters and halters beare more swaie than mercie and due compassion. Howbeit, it is naturall to unnaturall people, and peculiar unto witchmongers, to pursue the poore, to accuse the simple, and to kill the innocent; supplieng in rigor and malice towards others, that which they themselves want in proofe and discretion, or the other in offense or occasion" (SCOT, Reginald. *The discoverie of witchcraft*. Londres: William Brome, 1584, [p. 2-3]. Disponível para consulta eletrônica; favor consultar a bibliografia).

qual, advogando a impunidade deles, trai claramente a si mesmo como tendo sido praticante dessa profissão.[62]

Tal associação entre discurso e enunciador apresentava-se na discussão demonológica como uma troca de acusações morais: enquanto um lado acusava o outro de perseguir os inocentes e puni-los em detrimento da lei e do mandamento de Deus, o outro dizia que o primeiro permitia o assalto diabólico e lançava suspeita sobre os compromissos de tais "advogados de bruxas". Ambos os contendores buscavam o *ethos* do sábio piedoso, cuja coragem e sabedoria seriam empregadas na preservação da religião e da ordem. Esse sábio se opunha a inimigos arrogantes ou ignorantes e comprometidos com a deturpação dos princípios legados por Deus para a religião e o governo.

Para Webster e Glanvill, era importante apropriar-se dessa imagem não apenas para reforçar a credibilidade de suas assertivas sobre a bruxaria e afins, mas ainda para proteger seus compromissos intelectuais, religiosos e políticos. A adesão à ordem restaurada incentivava, por um lado, a defesa da monarquia e da religião e, por outro, especialmente entre as décadas de 1670 e 1680, anos de crise política, a tentativa de apresentar soluções para as questões deixadas em suspenso desde a Guerra Civil. Nesse contexto, era importante conciliar um discurso moderado, que evitasse o sectarismo político e religioso, como o discurso científico, com a necessidade de apropriar-se do *ethos* do sábio piedoso.

O combate ao ateísmo era a principal motivação de Glanvill para escrever a respeito da bruxaria. Segundo More, o esforço para provar a existência de Deus era fundamental numa época em que a superstição estaria se alastrando e em que o

---

62 "The fearefull aboundinge at this time in this countrie, of these detestable slaues of the Deuill, the Witches or enchaunters, hath moved me (beloued reader) to dispatch in post, this following treatise of mine, not in any wise (as I protest) to serue for a shew of my learning and ingine, but onely (mooued of conscience) to preasse thereby, so farre as I can, to resolue the doubting harts of many; both that such assaultes of Sathan are most certainly practized, and that the instrumentes thereof, merits most severly to be punished: against the damnable opinions' of two principally in our age, wherof the one called SCOT an Englishman, is not ashamed in publike print to deny, that ther can be such a thing as Witch-craft: and so maintenies the old error of the Sadducees, in denying of spirits. The other called WIERVS, a German Phisition, sets out a publick apologie for al these craftes-folkes, whereby, procuring for their impunitie, he plainely bewrayes himselfe to haue bene one of that profession" (JAIME I. *Daemonologie*. Edinburgh [Edimburgo]: Printed by Robert Waldegraue, 1597, [p. 2-3]. Disponível para consulta eletrônica; favor consultar a bibliografia).

livre escrutínio da religião promovia o ateísmo.[63] O ateísmo era uma ameaça, não um fato, e a literatura sobre ele era extensa e os perigos numerosos. Glanvill elegeu o saducismo por oponente. Para ele, negar a existência e atuação dos espíritos significava rejeitar a existência da alma humana imortal, dos demônios, dos anjos e, consequentemente, de Deus. Defender a realidade da bruxaria era fundamental não apenas porque as bruxas causariam males aos homens, mas principalmente por ser esta uma maneira de demonstrar a existência dos seres espirituais e do próprio Deus.

A respeito de sua obra e da percepção do momento em que vivia, escreveu Glanvill, em 1668, na dedicatória de *A blow at modern sadducism*, reproduzida nas edições do *Saducismus triumphatus*, a Carlos Stuart, terceiro duque de Richmond, sexto duque de Lennox, entre 1660 e 1672:[64]

> eu sei que este ensaio é comum e contém coisas relacionadas a vossos maiores interesses, sendo a finalidade resguardar alguns dos baluartes da religião e reconquistar uma parcela do terreno que a insolente infidelidade invadiu. E, meu Deus, eu não posso senão observar com tristeza que enquanto as seitas fazem circular animosidades umas contra as outras e se contorcem pela sua vaidade e pelas vantagens em seu caminho, *não percebem que o ateísmo vem a passos largos e adentra pelas brechas que elas fizeram. Homens sóbrios e atenciosos veem esse perigo formidável e alguns deles se empenharam vigorosamente em manter as muralhas enquanto as facções estão tão ocupadas e tão divididas que não podem se juntar contra esse perigo desesperador e não se juntarão numa defesa comum.*[65]

---

63 MORE, Henry. "An antidote against atheism". In: *A collection of several philosophical writings*. Reimpressão da edição de 1662. Londres: James Flesher for William Morden, 1656, p. 9 (British philosophers and theologians of the 17th & 18th centuries).

64 *The dictionary of national biography* diz apenas que ele viveu principalmente na França, pois, além de duque de Richmond e Lennox, era o décimo Seigneur de Aubigny. Carlos Stuart voltou à Inglaterra com Carlos II, sucedeu ao primo no ducado de Richmond e Lennox. Foi preso na Torre de Londres, em 1665, mas ficou conhecido por ter se casado com Frances Teresa, *la Belle Stuart*.

65 "To the Illustrious CHARLES DUKE of Richmond and Lenox. My LORD, YOUR Grace having been pleased to command the first, and more imperfect Edition of this Discourse, I have presumed that your Candour will accept the Draught that hath had my last hand upon it. And though I am not fond enough to phancy and Art or Ornament in the composure to recommend it; yet, I know, the Essay is seasonable, and contains things which relate to our biggest Interests;

Tratar da bruxaria era um modo de contribuir para o restabelecimento da ordem, a preservação da religião e para a unidade do país.

Glanvill dedicou-se à missão de enfrentar o moderno saducismo durante cerca de 20 anos. As primeiras considerações surgiram depois de Glanvill ter recebido uma carta de Robert Hunt, juiz de paz do condado de Somerset, na qual eram relatadas as objeções dos moradores locais à realidade da bruxaria, acompanhadas da transcrição dos depoimentos das bruxas e das testemunhas dos casos julgados por Hunt em 1664. O magistrado fornecia a Glanvill o pretexto e as armas para o combate contra a incredulidade.

Para Glanvill, o ateísmo começava com o saducismo. A lógica era simples e clara: "aqueles que não ousam dizer francamente Deus não existe contentam-se em negar que existem espíritos e bruxas".[66] Colocava-se ao leitor, portanto, como um defensor não apenas da religião, mas ainda do saber e da sociedade, dado que a existência de Deus era précondição para o poder da monarquia, para a veracidade da ciência, em termos cartesianos, e, enfim, para a ordem social. Segundo ele, a época em que vivia era um período no qual, apesar de tantas maravilhas, persistiam o sacrilégio, a rebelião e a bruxaria. O perigo de falar sobre os dois primeiros, por serem pecados novos e de indicar os culpados, inclinava Glanvill para o terceiro. A bruxaria seria um crime ancestral, cuja probabilidade e existência poderiam ser demonstradas.[67]

Contudo, o discurso fácil, considerado pelo editor agradável e útil,[68] era mais do que um apelo contra a descrença e em prol da unidade religiosa, ele engendrava também um projeto de ciência e de religião. Glanvill propunha-se a demonstrar a existência plausível e real da bruxaria por meio mais de testemunhos e argumen-

---

the design being to secure some of the Out-works of Religion, and to regain a parcel of ground which bold Infidelity hath invaded. And, my Lord, I cannot but observe sadly, that while the Sects are venting their Animosities against each other, and scrambling for their Conceits, and the particular advantages of their way, they perceive not that Atheisin comes on by large strides, and enters the Breaches they have made. Sober and consider ate men see the formidable danger, and some of them have strenuously endeavoured to maintain the Walls, while the factions within are so busie and so divided, that they cannot attend the desperate hazard, and will not join in a Common Defense" (GLANVILL, Joseph. *Saducismus triumphatus*. Londres: Printed for S. Lownds, 1688, p. 57-58 [p. 55-56]. Disponível para consulta eletrônica; favor consultar a bibliografia).

66   *Ibidem*, p. 62 [p. 60].
67   *Ibidem*, p. 62-63 [p. 60-61].
68   *Ibidem*, p. 5 [p. 4].

tos do que do recurso às autoridades. Os casos de Robert Hunt foram os primeiros de uma rica casuística que se propunha a essa finalidade. O esforço de Glanvill de confrontar as críticas a respeito da bruxaria pressupunha a associação entre a razão e a revelação, ciência moderna e religião. Quando escreveu sobre a bruxaria, em meados dos anos 1660, Glanvill acabara de defender a filosofia moderna dos aristotélicos e do ceticismo descontrolado, em *The vanity of dogmatizing*, de 1661, e *Scepsis scientifica*, de 1665, e advogaria posteriormente a utilidade da filosofia para a religião em *Philosophia pia*, de 1672. Razão e Religião foi binômio caro aos Platônicos de Cambridge e aos latitudinarianos. A defesa da religião em termos liberais estava associada ao comprometimento de Glanvill com a filosofia moderna. A demonstração da bruxaria era uma maneira de preservar artigos fundamentais da religião: a existência de Deus, a ação da providência e a imortalidade da alma. Tal atitude era parte do projeto latitudinariano de religião que estabelecia a unidade do cristianismo em torno de artigos fundamentais e deixava a critério de cada grupo os aspectos não fundamentais da devoção.[69] Dizia Glanvill em um sermão:

> a religião, digo eu, é clara, é simples, e o que não o é pode dizer respeito ao teatro ou às escolas, pode entreter o engenho dos homens, servir aos interesses das disputas, mas não tem nada a ver com a religião, não é do interesse das almas humanas.[70]

Detrás de uma retórica tradicional que buscava estabelecer a piedade do autor e seu comprometimento com a ordem ameaçada pela bruxaria, existiam projetos específicos de ciência e de religião e que estavam longe de serem consensuais.

Além da piedade, Glanvill também almejava a moderação. Na segunda parte do *Saducismus triumphatus*, dedicada a provar a realidade da bruxaria por meio de relatos, mostra-se disposto a fazer concessões aos seus opositores menos empedernidos, mas exige deles que aceitem seus postulados. Glanvill reconhecia, por exemplo,

---

69  GRIFFIN, Martin I. J. *Op. cit.*, p. 40.
70  "Religion, I say, is clear, and plain, and what is not so, may concern the Theatre, or the Schools; may entertain mens Wits, and serve the Interests of Disputes; but 'tis nothing to Religion, 'tis nothing to the Interest of mens Souls" (GLANVILL, Joseph. "The way of happiness". In: *Some discourses, sermons and remains of the Reverend Mr. Jos. Glanvil*. Reimpressão da edição de 1681. Londres: Henry Mortlock, James Collins, 1681, p. 5 (British philosophers and theologians of the 17th & 18th centuries)).

que a maioria das pessoas era crédula e que muitas histórias eram falsas, assim como que a melancolia e a imaginação poderiam persuadir, mas, em contrapartida, pedia que seus opositores reconhecessem, entre outras coisas, que as bruxas, existindo ou não, estariam associadas aos demônios e que pouco se saberia acerca da natureza e do mundo dos espíritos.[71] Esse era o acordo. Não se poderia acusá-lo de ser radical.

Mostrava-se moderado e racional ao descrever sua própria experiência com o mundo espiritual, a qual, desejava Glanvill, deveria bastar para convencer os leitores. O clérigo anglicano diz ter presenciado coisas extraordinárias quando visitou a casa de Mompesson, que assina Jo. Mompesson, um cavalheiro do condado de Wilts, a convite do mesmo.[72] Depois de descrever o tormento pelos quais passavam as crianças da casa, cujas camas foram chacoalhadas por alguma coisa invisível, Glanvill arremata:

> procurei debaixo e atrás da cama, revirei-a até o estrado, apertei o travesseiro, testei a parede detrás da mesma e fiz tudo o possível para descobrir se existia um truque ou alguma outra causa para isso; o mesmo fez o meu amigo, mas nós não conseguimos descobrir nada. Sendo assim, fui e ainda estou realmente persuadido de que aquele barulho fora feito por algum demônio ou espírito.[73]

Mesmo em um momento de tensão e terror, Glanvill mostrava-se no exercício de um ceticismo controlado, o qual, depois de examinadas as possibilidades de fraude, não apenas tornava a experiência um fato, mas ainda depunha a favor dele, prevenindo que fosse tomado por uma pessoa crédula ou entusiasmada. Segundo More, existiria uma ligação entre o entusiasmo e o ateísmo, ambos inimigos do

---

71   GLANVILL, Joseph. *Saducismus triumphatus*, op. cit., p. 271-274 [p. 263-266].

72   A versão condensada do *The dictionary of national biography* possui duas entradas para o nome Mompesson. A primeira delas aparentemente está relacionada com o sujeito em questão. Sir Giles Mompesson viveu entre 1584 e 1651, foi político, membro do Parlamento, envolvido com finanças e cujos negócios foram investigados em 1621. Mompessou fugiu para a França, foi condenado a perder o título de nobreza, a prisão perpétua e a pagar uma multa de dez mil libras, mas, em 1623, pôde retornar à Inglaterra. Retirou-se da vida pública e viveu em Wiltshire. Tratando-se do mesmo condado em que morava Joseph, ou John, Mompesson, é plausível supor que Giles Mompesson e ele tivessem algum parentesco.

73   *Ibidem*, p. 329 [p. 321]. A citação deste trecho no idioma original pode ser encontrada na nota 16 das Considerações Finais.

conhecimento verdadeiro de Deus. A utilização da razão pelo ateu faria com que o entusiasta depositasse confiança em delírios de pessoas doentias, consideradas inspiradas por Deus.⁷⁴ Assim como a Igreja da Inglaterra buscava, desde o século XVI, ser um meio-termo entre Roma e Genebra, entre o catolicismo e o calvinismo, Glanvill situava-se entre os ateus e os entusiastas, estes identificados com os não conformistas, os quais ameaçariam uma ordem baseada na razão e na religião, desejada pelos cientistas e pelos clérigos latitudinarianos.

Apresentar-se como alguém sábio, piedoso e moderado exigia não apenas destacar tais características em si, mas ainda indicar a ausência delas em outrem.

À defesa da realidade da bruxaria e dos artigos centrais da religião opunha-se uma maioria de sujeitos ignorantes e confiantes, que julgariam

> todo o mundo ser do tamanho e do temperamento daquilo que sabem e conhecem; por isso, com uma insolência vívida e pragmática, eles censuram todos os mais ousados propósitos e notícias que estão além do conhecimento e da experiência deles como especulações banais e impertinentes: uma injustiça ignorante e vaidosa, como se fossem eles as únicas pessoas cujo humor e necessidade deveriam ser consultados.⁷⁵

Tal ignorância e impertinência seriam comuns na época. Glanvill discorreu acerca da descrença seiscentista e destacou o humor como uma de suas causas. Dizia ele, em uma carta a More, intitulada *A whip for the droll fidler to the atheist*, anexada

---

74 MORE, Henry. "Enthusiasmus triumphatus". In: *A collection of several philosophical writings*. Reimpressão da edição de 1662. Londres: Printed by James Flesher for William Morden in Cambridge, 1662, p. 1-2 (British philosophers and theologians of the 17th & 18th centuries).

75 "There are a sort of narrow and confin'd Spirits, who account all Discourses needless, that are not for their particular purposes; and judge all the World to be of the Size and Genius of those within the Circle of their Knowledge and Acquaintance; so that with a pert and pragmatique Insolence, they censure all the braver Designs and Notices that lie beyond their Ken, as nice and impertinent Speculations: an ignorant and proud Injustice; as if this sort were the only persons, whose humour and needs should be consulted. And hence it comes to pass, that the greatest and worthiest things that are written or said, do always meet with the most general neglect and scorn, since the lesser people, for whom they were not intended, are quick to shoot their bolt, and to condemn what they do not understand, and because they do not. Whereas on the other side, those that are able to judge, and would incourage, are commonly reserv'd and modest in their sentences; or, if they should seek to do right to things that are worthy, they are sure to be out-voiced by the rout of ignorant contemners" (GLANVILL, Joseph. *Saducismus triumphatus, op. cit.*, p. 61 [p. 59]).

ao *Saducismus triumphatus*, que o motivo pelo qual a narrativa sobre os acontecimentos na casa de Mompesson fora rejeitada devia-se ao fato de que alguns homens "são predominantemente, eu suponho, afetados por um humor fanfarrão e zombeteiro e por uma causa ainda pior, o ateísmo". A matéria da bruxaria, com tantas aparições, imposturas, pessoas melancólicas, superstições etc., tinha "tópicos excelentes para uma imaginação brincalhona e libertina".[76] As piadas tornavam-se, então, argumentos e difundiam o saducismo, impedindo a reflexão[77] e, além disso, mas não menos importante, evidenciavam a imaturidade de alguns homens, os quais, apesar dos cabelos brancos, seriam nada mais do que crianças zombeteiras.[78] Assim eram infantilizados muitos dos opositores, mas a retórica de Glanvill não se contentava apenas com isso. Tais brincadeiras, ainda que infantis, seriam perigosas, pois quando a fantasia não conhece limites, segundo Glanvill, poderia tornar-se viciosa. O deboche colocava em questão a reverência ao governo e à religião e também criava uma indisposição ao conhecimento, pois, neste caso, a filosofia

> pode envergonhar e desacreditar todas as razões incitadas contra ela, mas brincadeiras e gargalhadas não devem ser refutadas e mesmo assim elas têm mais poder para degradar o apreço de certas pessoas por alguma coisa do que as demonstrações mais convincentes.[79]

---

76 "They are chiefly I think an affected humour of Drollery and Scoffing, and a worse cause, Atheism. For the first, the subject of Witches and Apparitions is an apt and ample occasion. And the Cheats of Impostours, the Conceits of Melancholy, the Credulity of Ignorance, the Tricks of Waggery, the more solemn Vanities of Superstition, and the Tales of old Women, these are excellent Topicks for a frolick and wanton Fancy", (*ibidem*, p. 534 [p. 524]).

77 "For which great and noble Exercises of the Mind, the Droll is the most unfit and incompetent Person in the World; and those that on this Account assume the Prerogative of being the only Wits, are of all Men the most incapable of being so. For that trivial and Pedling way of Fancy and Humour, to which they are addicted, emasculates their Minds, and makes them superficial, flashy and fantastical, by employing them upon Effeminacies and little apish Fooleries. And by these darling Entertainments of a too fondly-indulged Fancy, the Mind is made incapable of serious and deep Reflections, which give it the noblest and most valuable Improvements", (*ibidem*, p. 535 [p. 525]).

78 "And when the Judgment is come to its full exercise and pitch, and hath overcome and silenced the Futilities and Prejudices of Imagination, we are then and not till then grown into Manhood. And those that never arrive to this Consistence, but spend their Age in fooling with their Fancies, they are yet Children, though they have gray Hairs, and are still Boys though past their great Climacterical" (*ibidem*, p. 536 [p. 526]).

79 "For Philosophy can shame and dis-able all the Reasons that can be urged against it, but Jests and loud Laughter are not to be confuted, and yet these are of more force to degrade a thing in

À parte dessa multidão de incrédulos, que não deveria ser confundida com a plebe inculta e supersticiosa, estariam Glanvill e o seu leitor. Segundo ele, em meio a essa situação:

> aqueles que são capazes de julgar, e encorajariam, são comumente reservados e modestos ao se pronunciar; ou, se tentassem fazer o certo diante das coisas que são dignas, seriam certamente sufocados pelo alvoroço dos difamadores ignorantes.[80]

Glanvill oferecia o discurso a aqueles que julgava semelhantes, que se adequavam ao *ethos* retórico desejado por ele, homens racionais e moderados, no máximo ludibriados, mas dispostos a ouvir e se converter. Para reforçar o caráter de moderação que desejava e fazer avançar seus argumentos, Glanvill bania de sua plateia os ateus, saduceus e 'hobbistas' convictos, simplesmente negava-se a lidar com homens como Scot, Hobbes e Osborne. Com relação a Webster, More, numa carta a Glanvill, reproduzida na introdução do *Saducismus triumphatus*, considerava *The displaying of supposed witchcraft* "uma peça fraca e impertinente" e o autor um "advogado de bruxas".[81]

Tais eram, portanto, os inimigos: os ignorantes, os saduceus, os ateus e os filósofos empedernidos. Glanvill apresentava-se ao leitor como um paladino da religião, do saber e da ordem, disposto a combater esses inimigos, mas receoso de criar animosidades, como era exigido não apenas do sábio piedoso, mas também de um homem da Restauração.[82]

---

the esteem of some sort of Spirits than the most potent demonstrations" (*ibidem*, p. 540 [p. 530]).

80 *Ibidem*, p. 61 [p. 59]. Para dispor deste trecho no idioma original, conferir a nota de rodapé de número 75.

81 Ao tratar do episódio da visita de Saul à bruxa de Endor, More dispensa esse mesmo tratamento a Webster, Scot e Ady e diz o seguinte a respeito da interpretação sustentada por eles: "but for our new-inspired Seers, or Saints, S. Scot, S. Adie, and if you will S. Webster sworn Advocate of the Witches, who thus madly and boldly, against all sense and reason, against all antiquity, all Interpreters, and against the inspired Scripture it self, will have no Samuel in this Scene, but a cunning confederate Knave, whether the inspired Scripture, or these inblown Buffoons, puffed up with nothing but ignorance, vanity, and stupid infidelity, are to be believed, let any one judge" (*ibidem*, p. 47-48 [p. 46-47]).

82 Este modelo de sabedoria fica expresso na seguinte passagem: "Nor can any man be either wise or happy, till he hath arrived to that greatness of mind, that no more considers the tatling of the multitude than the whistling of the wind" (*ibidem*, p. 61 [p. 59]).

Se para Glanvill era preciso mostrar-se piedoso e moderado para reforçar seus argumentos e se prevenir de acusações de infidelidade e deslealdade, maior ainda era para Webster. Diferentemente de seu opositor, jovem na época das agitações revolucionárias, Webster era um homem de meia-idade que tinha sido afastado do clero anglicano, pregador de congregações não conformistas e entusiasta da radicalização do processo revolucionário. Com a Restauração e as leis contra os dissidentes religiosos, Webster deveria prevenir-se de acusações que resgatassem o seu passado e ameaçassem a prática da medicina e o seu lugar na administração local. A época dos sermões tinha passado. Nos anos de 1670, em meio à desconfiança a respeito das intenções de Carlos II e de Jaime, duque de York, Webster publicou apenas dois livros, um sobre mineralogia e outro sobre bruxaria.

The *displaying of supposed witchcraft* foi dedicado a Thomas Parker de Braisholme, John Asheton de Lower-Hall, William Drake de Barnoldswick-coat, William Johnson de Grange, Henry Marsden de Gisburne e aos juízes de paz de West Riding, em Yorkshire. Webster desejava mostrar-se desinteressado e modesto, como alguém que não se gabava de suas reflexões[83] e que dedicou sua obra aos juízes por serem eles "verdadeiros patriotas de seu condado e não apenas juízes de paz, mas verdadeiros conservadores dela, pacificadores entre todos os vizinhos".[84] O elogio aos juízes também era uma maneira encontrada por Webster de apresentar testemunho de seu caráter. Os magistrados o conheceriam bem e assegurariam que nos últimos anos teria tido ele uma vida reclusa, dedicada às musas, "conversando mais com os mortos do que com os vivos, ou seja, mais com livros do que com homens".[85] Webster era grato aos juízes por terem-no protegido quando "todo

---

83 "Neither is this forth of a vain confidence or an overweening of mine own abilities, though I very well know that some are as much in love with the brood of their own brains, as others are with the fruit of their loines: Because I have for many years been as wary and vigilant, as any could be, to watch over my self, that I might both know, and keep a clear distinction, betwixt flattering Phantasie, and true and sound judgment" (WEBSTER, John. *The displaying of supposed witchcraft, op. cit.*, [p. 3]. Disponível para consulta eletrônica; favor consultar a bibliografia).

84 "[...] I may without suspicion of flattery (of which I am sure both your selves, and others that know me, will acquit me, that if I be any way guilty, it is rather in being too plain and open) say, that you have been, and are true Patriots to your Countrey, and not only Justices of the Peace, but true conservers of it, and Peace-makers amongst all your Neighbours; and really this is one of the chief causes why I have dedicated this Treatise unto you" (*ibidem*, [p. 4]).

85 *Ibidem*, [p. 4]. Aparentemente essa era uma estratégia retórica corrente e consagrada. Robert Burton, sob o pseudônimo de Democrito Júnior, dizia, ao tentar aproximar-se da imagem do filósofo pré-socrático: "mas posso dizer de mim mesmo, e espero que sem qualquer suspeita de

um bando insano de cães barulhentos e lobos famintos tentou devorar-me".[86] *The displaying of supposed witchcraft* seria, por isso, um "memorial perpétuo e monumental da minha gratidão e da vossa bondade para toda a posteridade",[87] cujo propósito era orientar os juízes que cotidianamente tinham diante de si pessoas acusadas de bruxaria e de feitiçaria, pois "libertar o culpado e condenar o inocente é igualmente abominável ao Senhor".[88]

Webster trazia para si o apoio dos magistrados que o defenderam em vida e, em discurso, servia-se dos nomes deles para garantir ao leitor sua lealdade, inocência e dedicação à obra em questão, aspectos que, quando somados à prática médica, confeririam a ele autoridade para tratar da bruxaria. As primeiras páginas de *The displaying of supposed witchcraft* expressam o esforço do autor de prevenir-se de qualquer suspeita que seu discurso poderia suscitar.

Tendo se mostrado um locutor confiável, Webster, em seguida, identifica o seu público. O público é determinado pela oposição aos que provavelmente rejeitariam a obra. São eles: os ignorantes pretensiosos, cuja audácia faria com que fizessem a ele críticas sem ao menos dominar a gramática;[89] aqueles que se autointitulariam sábios, mas que seriam, na verdade, cabeças de vento;[90] os invejosos, os quais se alimenta-

---

orgulho ou vaidade, que vivi uma vida silenciosa, sedentária, solitária e recusa, *mihi et musis* [para mim e para as musas] na Universidade, por quase tanto tempo quanto Xenócrates em Atenas, *ad senectam fere* [chegando à velhice] para ganhar sabedoria como ele, encerrado em meus estudos" (BURTON, Robert. *A anatomia da melancolia*, v. 1. Curitiba: Editora UFPR, 2011, p. 55-56).

86  WEBSTER, John. *The displaying of supposed witchcraft*, op. cit., [p. 4-5].
87  *Ibidem*, [p. 5].
88  *Ibidem*, [p. 5].
89  "[...] as after I had printed my book of the History of Metals I met with some that were no more learned than Parrots, who could not write true English, and whose greatest skill was in the several ways of debauchery, and other poor Pedanticks that were hardly masters of Grammar, and yet this crew, and the like were rash and bold enough, to censure my painful endeavours, and to scoff at it as a mere collection. [...] It is an ordinary thing for many that never could shape a shoo, to reprove and find fault with the Shoomaker: but such wise men (fit only for Gotham) may learn these two Proverbs, There is none so bold as blind Bayard, and A Fools bolt is soon shot, and their heads may be fitter for Feathers, than the Laurel, and when any of them have made such a collection as my former Book, or publisht such a piece as this, then I shall give them a better answer, and not before" (*ibidem*, [p. 7]).
90  "There are another generation that seem wise in their own eyes, whose brains are like blown Bladders filled with the wind of over-weening and self-conceitedness, and these usually do huff, snuff, and puff at every thing that agrees not with their Capricious Cockscombs, when their abilities for the most part lie in the scraps they have gathered from the Theaters, or from the

riam do exercício da crítica;[91] e os obstinados, que, devotos de uma causa, não teriam a humildade de aprender novamente.[92] Excluídos estes, restavam apenas aqueles que "têm uma mente humilde, singela, equânime, que leem comumente os livros para se informar, para aprender aquelas verdades que desconheciam ou para confirmar aquelas coisas que já sabiam parcialmente antes".[93] Tal qual Glanvill, Webster desejava preservar-se das críticas mais violentas ao tomar para si a imagem de alguém comprometido com a estabilidade, com a verdade e com o diálogo, estendendo isso ao público. Faz uma oferta sedutora de acordo retórico: enquanto fala, o público ouve e ambos alcançam a humildade e ponderação admiradas.

Webster levava adiante essa disposição corajosa e moderada, dizendo que enfrentava a oposição de Glanvill e Casaubon

> sem medo ou qualquer grande receio por causa dos títulos, posições ou dignidades deles, considerando somente a força e a fraqueza de seus argumentos, provas e demonstrações. Porque nisso em particular, não é com os homens que eu tenho de lidar, mas com a opinião deles e sobre onde lançam seus fundamentos. E se eu for censurado por ter sido muito incisivo e grosseiro, eles devem me

---

discourses had in Taverns and Coffee-houses, and if they can but reach some pittiful pieces of Drollery and Raillery, they think themselves fit and able to censure any thing though never read nor seen, except the Title Page" (*ibidem*, [p. 8]).

91 "There are another sort that are so critically envious, that they can allow of nothing that is not their own production, and beareth not the test of their approbation, and cannot but stigmatize the labours of others how good or beneficial soever they be, because they shadow their fame, and tend not to the advancement of their own reputation: even as divers sorts of insects do feed upon the excrements of other animals, so these feed their own humours, and please their own fancies by the calumniating, and blacking the labours of others" (*ibidem*, [p. 8]).

92 "Others there are who are grown obstinate in their minds and wills, concerning Spirits, Apparitions, Witchcraft, Sorcery, Inchantment, and the like, and are grown pertinacious and resolute to stick to and hold those opinions that they have imbibed through ignorant education: not considering that perseverance in a good cause, and well grounded opinion is laudable and commendable, but pertinaciousness in a bad and ill grounded tenent, is as bad and hurtful" (*ibidem*, [p. 8-9]).

93 "As we have not intended this Treatise, and Introduction for such conditioned persons as we have enumerated before, so there are others to whom we freely offer and present it, and shall shew the grounds and causes that moved us to undertake such a mysterious, and dangerous subject. And those are such as have an humble, lowly, and equal mind, that they commonly read Books to be informed, and to learn those truths of which they are ignorant, or to be confirmed in those things they partly knew before" (*ibidem*, [p. 9]).

perdoar, pois declaro que não desejo qualquer mal a eles, não mais do que a algo que não existe, mas que foi o zelo justo pela verdade e amargo contra as opiniões que eles fizeram circular, as quais a mim parecem perigosas e em alguns aspectos ímpias.[94]

Protegia-se, desse modo, do renome de seus opositores, que gozavam de fama e reconhecimento. No entanto, esse compromisso de moderação não se sustenta ao longo do tratado. Webster dizia que as acusações de Casaubon e de Glanvill a Weyer e Scot eram escandalosas, injuriosas; que as opiniões deles incentivavam a blasfêmia, a impiedade, a vaidade, o egoísmo; que A *blow at modern sadducism*, de Glanvill, não passava de um golpezinho, incapaz de ferir, sequer de matar; e que seu autor era imprudente, exagerado. Além disso, Webster afirmava que a experiência de Glanvill com um suposto mau espírito era estranha e tola.[95] Isso não passou desapercebido. Camfield, em 1678, queixou-se de que o palavreado de Webster, embora fosse perdoável vindo de um praticante de medicina, seria inadequado para um presbítero.[96]

Tendo desejado mostrar-se confiável, moderado, corajoso, e delimitado um público dócil e razoável, Webster expôs, enfim, as motivações que o levaram a tratar da bruxaria. A primeira era que se tinha escrito muito acerca desse assunto, mas de

---

94 "Finding these (I say) as two new Champions giving defiance to all that are of a contrary judgment, I was stirred up to answer their supposed strong arguments, and invincible instances, which I have done (I confess) without fear, or any great regard to their Titles, Places, or Worldly Dignities, but only considering the strength or weakness of their arguments, proofs, and reason. For in this particular that I have to deal, it is not with the men, but their opinions and the grounds they would lay their foundations upon. And if I be censured for dealing too sharply and harshly with them, they must excuse me, for I profess I have no evil will at all against their persons, no more than against a non-Entity, but was justly zealous for the truth, and bitter against such opinions as they have vented, which to me seem dangerous, and in some respect impious, as (I suppose) I have sully proved" (*ibidem*, [p. 11]).

95 "Dr. Casanbon and Mr. Glanvil have taken up Weapons to defend these false, absurd, impossible, impious, and bloody opinions withal, against whose arguments we now principally direct our Pen, and after the answering of their groundless and unjust scandals, we shall labour to overthrow their chief Bulwarks and Fortifications" (*ibidem*, p. 36 [p. 50]).

96 CAMFIELD, Benjamin. An appendix containing some reflections upon Mr. Webster's Displaying of Supposed Witchcraft, wherein he handles the existence and nature of angels and spirits. Londres: Hen. Brome, 1678, p. 170 [p. 3]. Disponível para consulta eletrônica; favor consultar a bibliografia.

maneira confusa.⁹⁷ A segunda delas, que foram ditos muitos absurdos acerca dos poderes das bruxas e dos demônios e, apesar do empenho de críticos da realidade da bruxaria como Weyer, Tandler, Scot, Ady e Wagstaffe, Casaubon e Glanvill

> de uma maneira nova desposaram uma causa muito ruim e lançaram o dissenso sobre eles; para isso poliram armas velhas, reviveram argumentos velhos [...] e os colocaram em trajes novos para que pudessem parecer mais atrativos e então lutar com unhas e dentes para preservar essas asserções velhas e podres.⁹⁸

A terceira motivação, por fim, era que os perseguidores de bruxarias difundiriam noções absurdas, contribuiriam para o avanço da superstição e do 'papismo'. Eles atentariam contra a religião, colocando em questão a ressurreição de Cristo, e obstruiriam a bondade e a piedade.⁹⁹ Com tal missão, Webster se

> pôs a trabalhar até onde a luz das palavras de Deus, os fundamentos da teologia e a força sincera da razão guiariam e me dirigiriam para confutá-los até onde eu fosse capaz e, se falhei, desejo humildemente que aqueles que são mais hábeis lidem com a matéria mais profundamente, se possível.¹⁰⁰

---

97 WEBSTER, John. *The displaying of supposed witchcraft, op. cit.*, [p. 9-10].

98 "Though the gross, absurd, impious and Popish opinions of the too much magnified powers of Demons and Witches, in this Nation, were pretty well quashed and silenced by the writings of Wierus, Tandler, Mr. Scot, Mr. Ady, Mr. Wagstaff and others; and by the grave proceedings of many learned Judges, and other judicious Magistrates: yet finding that of late two persons of great learning and note, who are both (as I am informed) beneficed Ministers in the Church, to wit Dr. Casaubon, and Mr. Glanvil, have afresh espoused so bad a cause, and taken the quarrel upon them; And to that purpose have newly furbished up the old Weapons, and raked up the old arguments, forth of the Popish Sink and Dunghills, and put them into a new dress, that they might appear with the greater luster, and so do with Tooth and Nail labour to maintain the old rotten assertions" (*ibidem*, [p. 10-11]).

99 *Ibidem*, [p. 11-12].

100 "These after I had seriously weighed and considered them, did move me to labour as far as the light of Gods word, the grounds of true Theology, and the clear strength of reason would guide, and direct me, to undertake the confutation of them as far as I was able, and if I have failed I humbly desire those that are more able to handle the matter more fully if possible" (*ibidem*, [p. 12].

Para Glanvill, o inimigo era o ateísmo, para Webster, a superstição e, como consequência de sua formação protestante, o 'papismo'. Tanto um quanto outro tinham inimigos corriqueiros para o século XVII, mas, para Webster, confrontar a superstição tinha um significado especial.

O combate à superstição era uma bandeira tradicional dos reformadores e levantá-la era uma maneira de lembrar o caráter protestante da Inglaterra numa época em que pairavam dúvidas a respeito da opção política e religiosa do rei e do herdeiro ao trono. Uma das motivações de Webster para tratar da bruxaria é reveladora nesse sentido. Dizia ele ter sido levado a escrever sobre o assunto em decorrência dos ataques feitos por Casaubon e Glanvill a Weyer, Scot, Tandler, Ady e Wagstaffe. Para além da controvérsia demonológica, a oposição entre tais autores, para Webster, era indicativo da modernização de velhos argumentos. A iniciativa de Casaubon e de Glanvill, apesar de moderna, advogando, no caso deste último, a razão e a ciência, traria de volta as superstições do catolicismo medieval e reforçaria a exigência de uma uniformidade religiosa próxima de Roma. Era preciso defender Weyer, Scot, Tandler, Ady e Wagstaffe não apenas pela crítica que fizeram à realidade da bruxaria, mas também para reforçar o protestantismo militante e anticatólico. Webster via, de um lado, a reintrodução de superstições católicas e, de outro, a possibilidade de que a discussão sobre a bruxaria fortalecesse uma religião baseada na razão e no arbítrio humano, semelhante às 'inovações' religiosas impostas pelo arcebispo Laud pouco antes da Guerra Civil. A discussão em torno da bruxaria apresentava-se como uma frente de batalha contra a superstição, a qual ameaçaria tanto a ciência quanto o caráter protestante da Inglaterra.

Apesar de defenderem teses diferentes a respeito da bruxaria, Glanvill e Webster desejavam mostrar-se ao leitor como locutores confiáveis, moderados, humildes, na medida do possível, e, acima de tudo, piedosos. Para eles, diferentemente de, por exemplo, Kramer e Sprenger, Boguet, Rémy, De Lancre, a caça às bruxas não era a maior das motivações. A natureza preternatural da discussão demonológica tornava oportuno abordar a bruxaria, os demônios e afins para fazer avançar uma causa no campo da filosofia e da religião, ainda mais numa época de pacificação, na qual se buscava tratar de maneira moderada e tangencial os problemas subjacentes à ordem vigente.

# Demonologia, ciência e religião: as premissas

Demonologia ciencia e religiao
as heranças

## A DEMONOLOGIA E O PRETERNATURAL

Os autos da caça às bruxas e a literatura demonológica estão repletos de narrativas e de explicações para acontecimentos incomuns.

No que diz respeito aos casos de bruxaria, por exemplo, no episódio das bruxas de Chelmsford, em 1566, Agnes Waterhouse confessou que "tinha um gato branco, desejou que seu gato arruinasse muitas cabeças de gado do vizinho e também que matasse um homem e assim ele o fez".[1] No caso das bruxas de Lancashire, em 1612, Anne Whittle confessou "ter chamado o seu demônio, Fancy, e ordenado a ele que fosse morder a cabeça de uma vaca marrom de um tal de Moore e tornasse a vaca louca". O demônio, o qual, segundo a confissão, assemelhava-se a um cachorro, fez com que a vaca enlouquecesse e morresse em seis semanas.[2]

Na literatura demonológica frequentemente são apresentados relatos como esses para ilustrar determinada teoria a respeito da atuação das bruxas e dos demônios e para convencer o leitor dela. Henrich Kramer e James Sprenger, autores do *Malleus maleficarum*, não apenas afirmavam que as bruxas eram capazes de voar, mas também revelavam que isso seria possível pelo uso de um unguento preparado

---

[1] "First being demanded whether that she [Agnes Waterhouse] were guilty or not guilty upon her arraignment of the murdering of a men, she confessed that she was guilty, and then upon the evidence given against her daughter Joan Waterhouse, she said that she had a white Cat, and willed her Cat that he should destroy many of her neighbours' cattle, and also that he should kill a man, and so he did" (KORS, Alan C; PETERS, Edward (ed.). *Witchcraft in Europe 1100-1700*: A documentary history. Philadelphia: University of Pennsylvania Press, 1972, p. 232).

[2] "And thereupon this examinate [Anne Whittle] called for her devil Fancy, and bade him go bite a brown cown of the said Moore's by the head, and make the cow go mad; and the devil then in the likeness of a brown dog went to the said cow and bit her, which cown went mad accordingly and died within six weeks next after, or thereabouts" ("The wonderfull discoverie of witches in the countie of Lancaster". In: ROSEN, Barbara (ed.). *Witchcraft in England, 1558-1618*. Amherst: The University of Massachusetts Press, 1991, p. 364).

de maneira abjeta e de acordo com a instrução do Diabo.³ Henry Boguet, autor do *Discours des sorciers*, apresentava uma porção de exemplos da ação das bruxas e dos demônios, dentre eles este episódio:

> não devo deixar de mencionar o que ocorreu em Annecy, na Savóia, em 1585. No parapeito da ponte de Hasli foi vista durante duas horas uma maçã da qual vinha um barulho tão alto e confuso que as pessoas ficaram com medo de passar por ali, apesar de ser um caminho muito usado. Todos correram para ver, mas ninguém ousava chegar perto da maçã, até que, enfim, como sempre acontece, um homem mais corajoso do que os outros pegou um pedaço de madeira e jogou a maçã dentro do Thiou, um canal vindo do lago de Annecy, que passa debaixo da ponte; depois disso, nada mais foi ouvido. Não se pode duvidar de que a maçã estivesse cheia de demônios e que uma bruxa tivesse sido impedida de dá-la a alguém.⁴

Apesar da polêmica, John Webster, Joseph Glanvill e Henry More relatavam e conferiam credibilidade a um mesmo caso de aparição. A jovem Anne Walker estava grávida de seu companheiro e, por isso, teria sido morta a mando dele. O assassinato não ficou impune. A aparição dela surgiu posteriormente diante do trabalhador de um moinho, indicou onde o corpo estaria enterrado e, por meio dele, denunciou o assassinato às autoridades. O relato foi inicialmente apresentado por Webster e More

---

3 "De posse da pomada voadora, que, como dissemos, tem sua fórmula definida pelas instruções do diabo e é feita dos membros das crianças mortas antes do batismo, ungem com ela uma cadeira ou um cabo de vassoura; depois do que são imediatamente elevadas aos ares, de dia ou de noite, na visibilidade ou, se desejarem, na invisibilidade" (KRAMER, Heinrich; SPRENGER, James. *O martelo das feiticeiras*. São Paulo: Rosa dos Tempos, p. 228).

4 "And in this connection I cannot pass over what happened at Annecy in Savoy in the year 1585. On the edge of the Hasli Bridge there was seen for two hours an apple from which came so great and confused a noise that people were afraid to pass by there, although it was a much-used way. Everybody ran to sse this thing, though no one dared to go near of it; until, as is always the case, at last one man more bold than the rest took a long stick and knocked the apple into the Thiou, a canal from the lake of Annecy which passes under the bridge; and after that nothing more was heard. It cannot be doubted that this apple was full of devils, and that a witch had been foiled in an attempt to give it to someone" (BOGUET, Henry. *An examen of witches*. Mineola, Nova York: Dover Publications, 2009, p. 11-2).

considerou o caso convincente e buscou comprová-lo. Examinou o testemunho e fez até mesmo correções na narrativa, mas corroborou a veracidade do evento.[5]

Acredito que seja vago, senão prejudicial, simplesmente qualificar alguns homens como crédulos e outros como céticos de modo genérico. Tendo em vista que era de ampla aceitação a ocorrência de fenômenos extraordinários, faz pouco sentido tratar de modo abrangente a adesão e a resistência com relação a opiniões a esse respeito. Talvez seja mais adequado indicar de maneira precisa quais opiniões ganharam adesão ou foram rejeitadas e o porquê disso para melhor compreender o contexto intelectual de determinada época. A desconfiança acerca da realidade da bruxaria não se desdobrava necessariamente numa rejeição a quaisquer eventos incomuns. Reginald Scot, por exemplo, era tanto um crítico da realidade da bruxaria quanto um estudioso da magia natural, e enquanto confutava a bruxaria, prescrevia ao leitor, entre outras coisas, como aprisionar e fazer uso do espírito de algum falecido.[6] Webster fazia coisa semelhante, rejeitava a realidade da bruxaria mas apresentava testemunhos para provar, por exemplo, que sereias e tritões seriam uma espécie de peixe ou foca de aparência humana, capazes inclusive de viver entre os homens, como corroborado por uma narrativa do século XV.[7]

Com frequência, a menção a episódios como esses é tratada como indício do obscurantismo e da falta de conhecimento. Tal abordagem pressupõe validar relatos acerca de fenômenos como esses à luz da experiência e do conhecimento científico. Como disse anteriormente, considero tal atitude de pouco valor ao historiador das ideias, dado que ela busca avaliar e corrigir ideias e teorias do passado ao invés de

---

5   Este e outros episódios são tratados de maneira mais detalhada nas Considerações Finais.

6   SCOT, Reginald. *The discoverie of witchcraft*. Nova York: Dover, 1972, p. 232-235. Diversos críticos da bruxaria enquanto pacto diabólico, como Agrippa, Cardano, Weyer, Della Porta e Webster, estiveram associados à magia natural, alquimia e medicina. Tais homens eram aptos e estavam interessados em fornecer explicações que não recorressem à ação diabólica para explicar eventos extraordinários, preservando assim os seus estudos de quaisquer suspeitas. Não buscavam negar a ocorrência de fenômenos incomuns, tratavam inclusive de apresentar eventos estranhos, mas que seriam passíveis de explicação natural, ainda que envoltos em mistérios.

7   "In the year of our Lord 1403 there was taken a Sea-woman in a lake of Holland, thrown thither forth of the Sea, and was carried into the City of Haerlem; she suffered her self to have garments put upon her, and admitted the use of bread, milk and such like things: Also she learned to spin, and to do many other things after the manner of Women, also she did devoutly bend her knees to the image of Christ crucified, being docible to all things, which she was commanded by her Master, but living there many years, she always remained mute" (WEBSTER, John. *The displaying of supposed witchcraft*. Londres: J.M., 1677, p. 287 [p. 301]. Disponível para consulta eletrônica; favor consultar a bibliografia).

dedicar-se à compreensão do sentido que tais relatos assumiam e de como tais fenômenos eram concebíveis. A demonologia apresenta eventos que contrariam o curso ordinário da natureza, ou seja, a experiência cotidiana do presente e do passado. Se hoje em dia não são vistos gatos dando cabo do gado e de homens, pessoas voando e animais marinhos se convertendo à fé cristã, não há razão para supor que isso ocorresse no passado. O que diferencia o passado do presente não é a ocorrência desses eventos, mas que no passado tais coisas não foram consideradas impossíveis. O testemunho de acontecimentos dessa natureza foi apresentado em julgamentos, panfletos e tratados eruditos, pois, embora tais eventos fossem considerados assombrosos, eram tidos como possíveis de acordo com o arranjo das ideias da época. Sendo assim, seria pouco valioso ao historiador encarar tais narrativas como meros desvios da razão[8] e mais profícuo buscar a coerência e o sentido intelectual e histórico delas.

Torna-se valioso resgatar e fazer uso do conceito de preternatural ao invés de separar os eventos de maneira a-histórica entre naturais e sobrenaturais. Na Idade Moderna, era aceito que os prodígios realizados pelas bruxas e pelos demônios fossem naturais, embora incomuns, o que os tornava preternaturais.[9] Os feitos das bruxas e dos demônios poderiam ser estranhos, para além da experiência do dia a dia, mas ainda estariam dentro dos limites da natureza. Ultrapassar essa fronteira e realizar algo contrário ao ordenamento das coisas exigiria um poder que pertencia apenas a Deus. Enquanto os milagres seriam fundamentalmente contrários ao

---

[8] Bruno Latour observa que os cientistas distinguem os que estão dentro de suas redes daqueles que estão fora delas, de modo que enquanto os primeiros detêm o conhecimento a respeito de alguma coisa, os outros se aferram a crenças. Diante dessa situação, os cientistas costumam perguntar o porquê de ainda existirem tantas pessoas que não acreditam neles, pressupondo, assim, que tais pessoas devessem ter seguido um único caminho intelectual e racional. Para explicar isso, são apresentados motivos diversos: os preconceitos, a burrice, as diferenças culturais, as condições sociais, os problemas psicológicos. É oportuno ao historiador precaver-se dessa posição. Sua busca por compreensão deve servir antes para revelar as complexidades e as possibilidades existentes no passado do que para reforçar uma confiança soberba no presente. Para mais, conferir: LATOUR, Bruno. *Ciência em ação*: como seguir cientistas e engenheiros sociedade afora. São Paulo: Editora Unesp, 2000, p. 295-303.

[9] "Na jovem Europa moderna, era opinião virtualmente unânime das pessoas educadas que os diabos, e, a fortiori, as bruxas, não meramente existiam na natureza, mas agiam de acordo com suas leis. Considerava-se que o faziam relutantemente e (como veremos) com boa dose de manipulações incomuns ou 'preternaturais' de fenômenos, conquanto fossem ainda considerados dentro da categoria geral do natural" (CLARK, Stuart. *Pensando com demônios*: a ideia de bruxaria no Princípio da Idade Moderna. São Paulo: Edusp, p. 208-209).

curso da natureza, os prodígios seguiriam por caminhos obscuros no ordenamento natural e, por isso, não seria possível explicá-los de maneira satisfatória.[10]

A investigação de tais fenômenos fez com que surgissem termos como 'quase--natural', 'hiperfísico' e 'preternatural'. O preternatural foi definido por Martin del Rio como uma categoria "para abordar efeitos prodigiosos que pareciam sobrenaturais ou milagrosos só porque eram naturais num sentido mais amplo que familiar", de modo que a demonologia "era, portanto, uma forma de conhecimento natural – para ser exato, uma forma de filosofia natural especializada em fenômenos preternaturais".[11] A filosofia natural e a especulação teológica uniam forças para classificar tais fenômenos e traçar os limites entre as coisas naturais, artificiais e sobrenaturais. Segundo Clark,

> os escritores sobre demonologia tinham de explicar não uma mas quatro categorias de eventos extraordinários: efeitos demoníacos reais, efeitos demoníacos ilusórios, efeitos não demoníacos reais e efeitos não demoníacos ilusórios. E entre os não demoníacos, tinham de considerar, para ambos, as operações espontâneas da natureza e as produzidas pelo engenho humano. Era em algum lugar da malha de explicações resultante que os fenômenos de magia e bruxaria tinham de ser encaixados.[12]

A literatura demonológica submetia os prodígios à investigação e classificação. Era uma espécie de filosofia natural dedicada aos fenômenos preternaturais. Dizia Clark: "o que tornou a bruxaria um assunto de debate e, na verdade, de controvérsia, foi a existência de um leque de explicações para fenômenos preternaturais".[13] Separar a causalidade diabólica das demais exigia recorrer à filosofia natural e à teologia. Os fenômenos preternaturais extrapolavam a experiência cotidiana, mas eram possíveis à luz da natureza e da revelação divina. O gato diabólico de Agnes Waterhouse e o demônio familiar de Anne Whittle, tendo em vista as escrituras sagradas, poderiam assumir diversas formas, trazer a morte e causar males diversos, da mesma forma que o demônio, no texto bíblico, possui uma vara de porcos e a lançou ao mar. As sereias e os tritões de Webster eram plausíveis diante da abundância

---

10   *Ibidem*, p. 210.
11   *Ibidem*, p. 231.
12   *Ibidem*, p. 227.
13   *Ibidem*, p. 247.

de testemunhos na literatura clássica e medieval de espécies incomuns de animais e homens. A existência de inúmeros registros de fenômenos assombrosos e criaturas misteriosas exigia reflexão sobre a confiabilidade desses relatos e a natureza dos eventos descritos.

Tal compromisso de classificar os fenômenos preternaturais segundo sua causa e fixar fronteiras entre o natural e o sobrenatural era importante para os magistrados responsáveis pela caça às bruxas e também para os letrados interessados no funcionamento da natureza e na atuação sobrenatural. A literatura demonológica constituía-se como um conjunto de controvérsias e não como um sistema único, fechado e dogmático, ainda que fosse este o desejo de seus autores. Tal esforço taxonômico tornava a demonologia permeável a ideias, teorias e exemplos antigos e modernos, que eram reunidos em torno de tópicos fundamentais e postos em diálogo com uma dada tradição e contexto da perseguição às bruxas. A demonologia apresentava-se assim como um campo atraente para defender compromissos intelectuais que se relacionam e que também extrapolavam a controvérsia em torno da realidade e do caráter ilusório da bruxaria.

## REVOLUÇÃO CIENTÍFICA E REFORMA NA INGLATERRA

Os tratados de demonologia costumavam apresentar argumentos, teorias, acontecimentos e interpretações retirados de uma tradição literária vasta e heterogênea. O compromisso de classificar os fenômenos preternaturais exigia equilibrar referências diversas, dúvidas e certezas, instituindo uma discussão de grande proporção.[14] Tinha-se uma literatura permeável e de fontes diversificadas, na qual filosofia natural, religião e também outros saberes, como o direito e a história, relacionavam-se e se misturavam.

A obra de John Webster é exemplo disso. *The displaying of supposed witchcraft* apresentava episódios incomuns narrados por antigos e modernos, naturalistas, fisiologistas, autores de demonologia, cronistas e antiquários: Plínio, o Velho, e Tertuliano, dentre os antigos; Giovanni Baptista della Porta, Jean Baptista Van Helmont, Nicolaus Petreus Tulpius, Thomas Bartholinus e Robert Boyle, dentre naturalistas e fisiologistas dos séculos XVI e XVII; Johann Weyer, Reginald Scot, Thomas Ady e até mesmo Meric Causabon, com o qual polemizou o autor, dentre os autores de demonologia; John Stow, Raphael Holinshed, Philip Camerarius, Joseph Scalinger e Richard Baker, dentre os cronistas e antiquários; e, enfim, a

---

14  *Ibidem*, p. 247.

obra também menciona títulos pouco conhecidos como *A discovery of fraudulent practices* e *The arraignment and tryal of the witches of Lancaster*, escritos entre o os séculos XVI e XVII. A esses nomes eram acrescidos os de tradutores e de intérpretes da Bíblia, como, por exemplo, entre os tradutores, Arias Montano, Immanuel Tremellius, Johannes Avenarius, Johannes Buxtorfius e o próprio Lutero, assim como Agostinho, Girolamo Zanchi e Calvino, entre os intérpretes. Além desses, Webster citou outros tantos nomes de autores de diferentes interesses, de épocas e lugares distintos, organizados em torno de tópicos tradicionais da controvérsia demonológica. Tudo isso permitia a ele fundamentar suas concepções a respeito da bruxaria e sobre os fenômenos preternaturais.

## Revolução Científica e religião

A ciência moderna teria surgido de um processo de profunda transformação na maneira de investigar o mundo natural ocorrido entre os séculos XVI e XVII. Esse processo foi chamado de Revolução Científica. A publicação de *De revolutionibus orbium coelestium*, de Copérnico, em 1543, e do *Sidereus nuncius*, de Galileu, em 1610, teriam marcado o declínio da cosmologia medieval e aberto as portas para a constituição de uma nova visão de mundo, consolidada posteriormente nos *Principia* de Newton, que vieram a público na segunda metade do século XVII.[15] A Revolução Científica foi entendida como uma ruptura profunda e unívoca com o pensamento medieval que estabeleceu os fundamentos da ciência contemporânea. O conceito surgiu e foi disseminado no século XX por meio dos trabalhos de Alexander Koyré, Herbert Butterfield e Rupert Hall.[16]

Contudo, estudos sobre a ciência medieval e renascentista contribuíram para abalar tal concepção. No começo do século XX, os trabalhos de Lynn Thorndike e Pierre Duhem lançaram luz sobre a filosofia natural da Idade Média e, posteriormente, Frances Yates e P. M. Rattansi enfatizaram as continuidades entre as noções filosóficas medievais e modernas. A proximidade entre religião, hermetismo

---

15 "Revolução científica é o nome dado pelos historiadores da ciência ao período da história europeia em que, de maneira inquestionável, os fundamentos conceituais, metodológicos e institucionais da ciência moderna foram assentados pela primeira vez. O período preciso em questão varia segundo o historiador, mas em geral afirma-se que o foco principal foi o século XVII, com períodos variados de montagem do cenário no século XVI e de consolidação no século XVIII" (HENRY, John. *A Revolução Científica e as origens da ciência moderna*. Rio de Janeiro: Zahar, 1998, p. 13).

16 SHAPIN, Steven. *The Scientific Revolution*. Chicago/Londres: The University of Chicago Press, 1996, p. 2.

e ciência revelou um quadro bastante complexo que fez com que fosse rejeitada até mesmo a unidade histórica e propositiva desse fenômeno e, em suma, negada a própria noção de revolução na ciência.[17]

Segundo Paolo Rossi, apesar das continuidades, o desenvolvimento da ciência entre os séculos XVI e XVII representava, em alguns aspectos fundamentais, uma mudança com relação ao pensamento medieval e renascentista.[18] A ciência moderna teria sido um empreendimento de proporções continentais, cujas características mais substantivas foram:

> a rejeição da concepção sacerdotal ou hermética do saber, a nova avaliação da técnica, o caráter hipotético ou realista do nosso conhecimento do mundo, as tentativas de usar – inclusive com relação ao mundo humano – os modelos da filosofia mecânica, a nova imagem de Deus como engenheiro ou relojoeiro, a introdução da dimensão do tempo na consideração dos fatos naturais.[19]

Esses aspectos eram permeados por continuidades e diversidades que se apresentavam no embate entre as filosofias naturais existentes. Não se tratava, portanto, de um fenômeno homogêneo, mas controverso: "a ciência do século XVII, junto e ao mesmo tempo, foi paracelsiana, cartesiana, baconiana e leibniziana",[20] ao que se pode acrescentar que era também aristotélica e neoplatônica. Essas filosofias tinham em comum o combate à escolástica, a proposição de novas maneiras de encarar o mundo natural e o interesse por questões abrangentes, que as integravam e colocavam em confronto, como, por exemplo, a natureza divina, a condição da alma, dos milagres e a realidade da bruxaria.

Tal complexidade envolvida na elaboração da ciência moderna também esteve presente na relação estabelecida pela religião com essa nova maneira de descobrir e de inventar. Até meados do século XX, foi bastante difundida a concepção de que a ciência moderna estava em oposição à religião. O avanço de uma significaria o recuo

---

17 "There was, rather, a diverse array of cultural practices at understanding, explaining, and controlling the natural world, each with different characteristics and each experiencing different modes of changes", (*ibidem*, p. 3).

18 ROSSI, Paolo. *O nascimento da ciência moderna na Europa*. Bauru: Edusc, 2001, p. 17-18.

19 *Ibidem*, p. 19.

20 *Ibidem*, p. 20.

da outra: a magia teria perdido espaço com o surgimento da química e da física, os milagres, com o avanço da medicina, a possessão, com o da psicologia etc. A Revolução Científica é um momento crucial nesse avanço da razão que caracterizaria a história da ciência e sua relação com a religião. Foi declarada a decadência da religião em vista do aprimoramento do conhecimento e da prática científica. No entanto, com o desgaste dessa perspectiva racionalista, entre outras coisas, tornou-se possível observar o momento histórico em que surgiu a ciência moderna de uma outra maneira.

A ciência moderna constituiu-se a partir tanto da separação em relação à religião quanto da esperança de que ambas convergiriam em um futuro próximo. Isso faz da ciência moderna tanto uma força de contestação da religião quanto de preservação dela contra a descrença e as suas consequências sociais e políticas. Galileu é considerado um dos pais da ciência moderna e sua relação com a religião é emblemática. Numa carta ao padre Benedetto Castelli,[21] Galileu preservava a veracidade das escrituras sagradas, porém colocava em dúvida as interpretações da revelação e afirmava que o texto bíblico apenas deveria ser citado em último caso nas discussões naturais, dada a ambiguidade e o mistério que o envolveriam. O discurso bíblico, segundo ele, teria limitações e não poderia suprir todas as necessidades do conhecimento humano, pois estaria voltado para a conversão dos povos e a difusão de preceitos religiosos e morais. Por isso, não seria adequado procurar nas escrituras sagradas as respostas para entender o funcionamento da natureza. No entanto, as verdades contidas na revelação e na natureza não poderiam ser contraditórias, tendo sido Deus o autor de ambas as coisas, cabendo aos letrados

> empenharem-se em estabelecer o verdadeiro sentido das passagens sagradas, de forma a concordarem elas com as conclusões naturais acerca das quais o sentido evidente ou as necessárias demonstrações tornaram-nos certos e seguros.[22]

Galileu buscava convencer não apenas de que suas ideias não eram contrárias à religião, mas ainda, por meio do comentário bíblico, de que o sistema copernicano seria mais adequado à palavra de Deus do que o ptolomaico.[23] A controvérsia em torno das ideias de Galileu levou Campanella a escrever uma defesa do ilustre matemático.

---

21  GALILEI, Galileu. "Carta ao padre Benedetto Castelli". In: *Ciência e fé*: cartas de Galileu sobre a questão religiosa. São Paulo: Nova Stella, 1988, p. 17-24.

22  *Ibidem*, p. 19-20.

23  *Ibidem*, p. 22-24.

A *Apologia de Galileu* enveredou por caminho semelhante: tentou conciliar a tradição canônica e os dizeres da patrística com a nova noção de mundo, recriminando e confrontando a associação da religião com a filosofia peripatética.[24] Apesar desses esforços, as ideias de Galileu foram condenadas e a iniciativa das autoridades da Igreja de combater concepções eventualmente incômodas fez com que diversos autores deixassem de publicar ou optassem pela publicação póstuma ou em lugares mais liberais.

A condenação de Galileu tornou-se paradigmática. Foi tomada como expressão do conflito inerente da ciência com a religião, no caso, com relação ao catolicismo, servindo de exemplo para a tese do avanço da razão e também incentivando associações entre a atividade científica e determinadas confissões religiosas. Todavia, a constituição da ciência moderna foi um processo que abarcou diversas localidades e envolveu pessoas das mais diferentes concepções filosóficas e religiosas, sendo preciso, por isso, olhar com mais atenção esse panorama complexo. O episódio da condenação de Galileu não mostra apenas a intransigência das autoridades da Igreja Católica diante de um novo sistema de mundo, mas também a iniciativa de separar a atividade científica da doutrina religiosa e de conciliar as descobertas da filosofia e da teologia para alcançar um melhor entendimento da natureza e de seu Criador. Tanto a intransigência com relação à ciência quanto o esforço de conciliá-la com a religião manifestaram-se em domínios católicos e protestantes, pois, para além de uma relação com determinado credo, a ciência moderna surgia em meio à crise intelectual nascida no bojo das Reformas Religiosas, não estando ligada apenas a uma ou outra confissão.[25]

---

24 CAMPANELLA, Tommaso. *Apologia de Galileu*. São Paulo: Hedra, 2007.
25 Max Weber e Robert Merton associaram o protestantismo, mais especificamente o puritanismo, ao desenvolvimento do capitalismo e da ciência moderna, enfatizando assim a condição histórica inglesa no século XVII. Christopher Hill defendeu essa concepção, sustentando que a ciência seiscentista estaria ligada ao puritanismo ao celebrar o otimismo, a experimentação e a utilidade, numa palavra, a experiência não intermediada dos leigos com a natureza, colocando em oposição institutos e universidades em um embate entre ciência e escolástica, experimento e racionalização, ação e contemplação, parlamentarismo e monarquia. Hugh Kearney, entre outros, confrontou essa acepção, afirmando que as principais figuras da ciência na Inglaterra estavam associados ao latitudinarianismo e que o desenvolvimento da ciência foi um fenômeno transnacional, não estando restrito às condições geográficas, econômicas e religiosas muito específicas. Concordo com Kearney: é absurdo reduzir o surgimento da ciência a um único lugar e religião, no entanto é preciso também estar atento para o fato da Inglaterra ter se tornado um dos principais centros de desenvolvimento da ciência em meados do século XVII. Acredito que se possa compreender essa situação recorrendo não à relação entre a ciência moderna e religião protestante, mais especificamente o puritanismo, termo usado de maneira tão ampla e vaga, mas à promessa de integração por meio da ciência diante da diversidade confessional existente na Inglaterra. Para

O cisma religioso colocou em questão a validade da regra de fé, ou seja, o padrão correto para o conhecimento religioso, e, da controvérsia entre católicos e protestantes, fez ressurgir o ceticismo como força intelectual ampla e poderosa, capaz de impregnar-se não apenas na polêmica teológica, mas ainda de espalhar-se para as demais áreas do saber.[26] Diante da contestação da tradição canônica pelos luteranos, que instalavam no coração da religião o apelo à consciência e a leitura das escrituras sagradas, os católicos responderam com frequência usando do ceticismo, contestando a confiabilidade dos sentidos e da convicção interna, afirmando que ambas levariam à anarquia religiosa e, consequentemente, ao caos social e político. Os protestantes enfatizaram ainda mais a centralidade da leitura e da interpretação das escrituras sagradas em detrimento da aceitação da tradição, como apregoavam os céticos católicos, e o calvinismo, mais especificamente, imbuiu a regra de fé nos eleitos de Deus.[27] A dificuldade de assegurar a confiabilidade da leitura bíblica e de diferenciar a inspiração divina da experiência subjetiva permitiu à dúvida avançar, de modo que quando Glanvill e Webster queixavam-se da descrença de sua época não estavam apenas repetindo um *topos* retórico, o qual, desde a antiguidade, assegurava a decadência moral do mundo, mas indicando uma crise intelectual, que abriu possibilidades para que se indagasse a respeito da confiabilidade de quaisquer conhecimentos e certezas.

A ciência, nesse contexto, portanto, figurava como uma força contestadora da síntese medieval entre teologia e filosofia peripatética, mas também como contenção da dúvida e da descrença que ameaçariam fazer ruir a religião, a filosofia, a sociedade e o Estado.

## A filosofia experimental de Bacon

A filosofia baconiana foi uma importante tendência intelectual no século XVII e fundamental para o estabelecimento da configuração, dos objetivos e métodos da ciência moderna. Na Inglaterra, ela foi grande referência para Webster, Glanvill e para a Royal Society de Londres.

Francis Bacon não está entre os grandes descobridores ou inventores da Revolução Científica. Sua contribuição foi de outra natureza:

---

mais informações, sugiro a leitura de: ZATERKA, Luciana. *A filosofia experimental na Inglaterra do século XVII*: Francis Bacon e Robert Boyle. São Paulo: Humanitas/Fapesp, 2004.

26  POPKIN, Richard H. *A história do ceticismo de Erasmo a Spinoza*. Rio de Janeiro: Francisco Alves, 2000, p. 25-47.

27  *Ibidem*, p. 35-36.

a Bacon, que era um contemporâneo de Galileu, não pode ser atribuída nenhuma das grandes descobertas científicas que caracterizaram a primeira modernidade. Ele deu, entretanto, uma contribuição decisiva para o nascimento e a afirmação do que chamados de ciência moderna. Foi o construtor – sem dúvida o maior – de uma imagem moderna de ciência.[28]

Sua concepção de atividade científica fundamentava-se na cooperação em contraposição às elucubrações solitárias. Bacon defendia o uso dos sentidos e de instrumentos que potencializariam a observação,[29] mas exigia cautela na busca pelo conhecimento, pois a falácia e o engano estariam enraizados na natureza humana.[30] Era proposto um meio-termo entre o raciocínio e a experiência. O aforismo XCV do livro I do *Novum Organum* estabelece:

> os que se dedicaram às ciências foram ou empíricos, ou dogmáticos. Os empíricos, à maneira das formigas, acumulam e usam as provisões; os racionalistas, à maneira das aranhas, de si mesmos extraem o que lhes sirva para a teia. A abelha representa a posição intermediária: recolhe a matéria-prima das flores do jardim e do campo e com seus próprios recursos a transforma e digere.[31]

A experiência é central, mas ela não se trata de qualquer tipo de apreensão dos sentidos.[32] A experiência é experimentação, ou seja, a elaboração, execução e obser-

---

28  ROSSI, Paolo. *Francis Bacon*: da magia à ciência. Londrina, Curitiba: Eduel/Editora da UFPR, 2006, p. 44.

29  BACON, Francis. *O progresso do conhecimento humano*. São Paulo: Editora Unesp, 2007, p. 191.

30  *Ibidem*, p. 201.

31  Idem. *Novum Organum ou verdadeiras indicações acerca da interpretação da natureza; Nova Atlântida*. São Paulo: Nova Cultural, 1999, p. 76 (Col. Os Pensadores).

32  No aforismo XCVIII no livro I do *Novum Organum*, Bacon critica com veemência a aceitação de experiências dispersas e não comprovadas, de modo que "introduziu-se na filosofia, no que respeita à experiência, a mesma prática de um reino ou estado que cuidasse de seus negócios, não à base de informações de representantes ou núncios fidedignos, mas dos rumores ou mexericos de seus cidadãos. Nada se encontra na história natural devidamente investigado, verificado, classificado, pesado e medido. E o que no terreno da observação é indefinido e vago é falacioso e infiel na informação" (*ibidem*, p. 78).

vação metódicas por especialistas de dispositivos criados para extrair os segredos da natureza, tal qual Bacon descreve na utópica Casa de Salomão de *Nova Atlântida*.[33]

Combatia-se assim não apenas o racionalismo, que tentava compreender a natureza *a priori*, mas ainda as superstições e as vanidades. Alguns ídolos deveriam ser quebrados em prol do progresso do conhecimento humano, dentre os quais os ídolos da tribo, que fariam com que os homens confiassem demasiadamente na razão. A preservação de modelos intelectuais em detrimento de fatos levaria o homem à superstição, tendo dado origem à astrologia, interpretação de sonhos etc.[34] A confiança excessiva no intelecto e a negligência para com a experiência incentivariam discussões vãs, nas quais as palavras teriam mais valor do que as coisas, fomentando, assim, apenas a discórdia e a esterilidade.[35] Instaurada a base para um saber que priorizasse as obras, e não as palavras, constituía-se uma ciência capaz de suplantar os antigos e confrontar o sectarismo e a superstição. A filosofia experimental apresentava-se como aliada da religião.[36]

O estudo da natureza permitiria contemplar as maravilhas da criação e preservar-se da incredulidade e do erro.[37] Eram fornecidos assim subsídios para uma teologia natural que apresentaria a divindade pela observação das criaturas e confrontaria a superstição e o ateísmo. Nesse sentido, seria salutar, segundo Bacon, discorrer acerca dos espíritos, dos anjos e dos demônios, contanto que não se buscasse penetrar nos mistérios de Deus.[38] A religião se mostraria razoável à luz das leis da natureza, podendo a razão esclarecer alguns enigmas e até mesmo deduzir doutrinas.[39] Era proposta uma empresa intelectual que combinava a especulação e a experimentação para fazer do conhecimento um "rico armazém para a glória do

---

33 *Ibidem*, p. 245-252.
34 *Ibidem*, p. 42.
35 Segundo Bacon, tal costume adviria dos gregos, que teriam valorizado demasiadamente as palavras, criando seitas e promovendo as disputas: "os gregos, com efeito, possuem o que é próprio das crianças: estão sempre prontos para tagarelar, mas são incapazes de gerar, pois sua sabedoria é farta em palavras, mas estéril em obras" (*ibidem*, p. 57).
36 Diz Bacon no LXXXIX aforismo do livro I do *Novum Organum*: "Contudo, bem consideradas as coisas, a filosofia natural, depois da palavra de Deus, é a melhor medicina contra a superstição, e o alimento mais substancioso da fé. Por isso, a filosofia natural é justamente reputada como a mais fiel serva da religião, uma vez que uma (as Escrituras) torna manifesta a vontade de Deus, outra (a filosofia natural) o seu poder" (*ibidem*, p. 72).
37 Idem. *O progresso do conhecimento humano*. São Paulo: Editora Unesp, 2007, p. 71.
38 *Ibidem*, p. 139-142.
39 *Ibidem*, p. 311-312.

Criador e a melhoria do estado do homem".[40] A utópica Casa de Salomão era expressão desse compromisso, criada para revelar "o conhecimento das causas e dos segredos dos movimentos das coisas e a ampliação dos limites do império humano para a realização de todas as coisas que forem possíveis".[41]

O homem seria intérprete e ministro da natureza e ao investigá-la chegaria necessariamente a Deus. A partir de uma experiência cuidadosa e fundamentada na razão, seria possível conhecer os fenômenos naturais e manipulá-los para o bem-estar comum. Não seria aconselhável recorrer às escrituras. O pecado original, segundo Bacon, teria retirado o homem de um estado de glória em que conhecer e crer eram coisas idênticas, exigindo, portanto, que se buscasse conciliar razão e fé.[42]

Nesse empreendimento filosófico e religioso, a monarquia tinha um papel importante a cumprir. Bacon considerou Jaime I triplamente venerável por possuir "o poder e a fortuna de um rei, a sabedoria e a iluminação de um sacerdote, e o conhecimento e a universalidade de um filósofo".[43] Salomão era o grande referencial, o qual,

> embora saliente por seus tesouros e edifícios magníficos, seus barcos e navegação, seus servidores e séquito, sua fama e renome etc., contudo não reivindicou para si nenhuma dessas glórias, mas somente a glória da inquisição da verdade.[44]

Deus se deleitaria escondendo suas obras para que fossem descobertas pelos homens, especialmente pelos reis, cujos meios permitiriam a eles participar dessa brincadeira jovial aspirando à mais alta fama. Salomão foi o grande ideal de sabedoria para Bacon, e a Casa de Salomão, concebida em *Nova Atlântida*, prometia conferir ao homem um controle tal sobre a natureza que permitiria a ele recuperar em alguma medida o estado de graça anterior à perda da inocência.[45]

---

40  Ibidem, p. 62.
41  Idem. *Novum Organum*, op. cit., p. 245.
42  Idem. *O progresso do conhecimento humano*, op. cit., p. 309.
43  Ibidem, p. 18.
44  Ibidem, p. 68.
45  Assim Bacon conclui o *Novum Organum*: "Pelo pecado o homem perdeu a inocência e o domínio das criaturas. Ambas as perdas podem ser reparadas, mesmo que em parte, ainda nesta vida; a primeira com a religião e com a fé, a segunda com as artes e com as ciências. Pois a maldição divina não tornou a criatura irreparavelmente rebelde; mas, em virtude daquele diploma: Comerás

## A Royal Society de Londres e a Igreja da Inglaterra

A utopia baconiana parecia realizar-se décadas depois de sua morte. No ano de 1660, foi fundada a Royal Society of London, que logo foi reconhecida pelo rei. A associação celebrava um compromisso coletivo e institucional com o avanço do conhecimento, professava a filosofia experimental, buscava desenvolver e ampliar o império do homem sobre a natureza e, além de tudo, era uma iniciativa apadrinhada pelo monarca. Thomas Sprat sintetizou os compromissos dos fundadores da instituição:

> produzir registros confiáveis de todas as obras da natureza e da arte que estivessem ao seu alcance para que a época presente e a posteridade possam ser capazes de identificar os erros que foram reforçados por uma maneira duradoura de pensar, de restaurar as verdades que permaneceram negligenciadas, de incentivar aquilo que já é conhecido para usos variados e tornar mais viável o caminho para o que permanece desconhecido.[46]

Segundo ele, seus membros:

> buscaram separar o conhecimento da natureza do colorido da retórica, das artimanhas da imaginação ou da saborosa enganação das fábulas. [...] Eles tentaram colocar o conhecimento numa condição de perpétuo aprimoramento, estabelecendo uma correspondência inviolável entre a mão e o cérebro. Estudaram para torná-lo não o empreendimento de uma única estação ou de uma

---

o pão com o suor de tua fronte, por meio de diversos trabalhos (certamente não pelas disputas ou pelas ociosas cerimônias mágicas), chega, enfim, ao homem, de alguma parte, o pão que é destinado aos usos da vida humana" (*Idem. Novum Organum, op. cit.*, p. 218.

46  "Their purpose is, in short, to make faithful Records, of all the Works of Nature, or Art, which can come within their reach: that so the present Age, and posterity, may be able to put a mark on the Errors, which have been strengthned by long prescription: to restore the Truths, that have lain neglected: to put on those, which are already know, to more various uses: and to make the way more passable, to what remains unreveal'd" (SPRAT, Thomas. *The history of the Royal-Society of London, for the improving of natural knowledge*. Londres: Printed by T. R. for J. Martyn, 1667, p. 61. Disponível para consulta eletrônica; favor consultar a bibliografia).

ocasião oportuna, mas um negócio duradouro, um trabalho firme, popular e ininterrupto. Eles tentaram livrá-lo do artifício, dos humores, das paixões das seitas e fazer dele um instrumento por meio do qual a humanidade poderia obter o domínio sobre as coisas e não apenas sobre os julgamentos uns dos outros.[47]

A Royal Society formou-se a partir da reunião de letrados interessados na investigação da natureza e cansados da animosidade e do sectarismo da religião e da política dos anos revolucionários.[48] A instituição apresentava-se como uma alternativa moderada à rigidez das universidades, evitando pressioná-las por reformas profundas, também expressava uma filosofia compromissada com o aprimoramento intelectual e material do homem[49] e, por fim, era modelo para tratar a

---

47 "And to accomplish this, they have indeavor'd, to separate the knowledge of Nature, from the colours of Rhetorick, the devices of Fancy, or the delightful deceit of Fables. They have labor'd to inlarge it, from being confin'd to the custody of a few; or from servitude to private interests. They have striven to preserve it from being over-press'd by a confus'd heap of vain, and useless particulars; or from being straitned and bounded too much up by General Doctrines. They have try'd, to put it into a condition of perpetual increasing; by settling an inviolable correspondence between the hand, and the brain. They have studi'd, to make it, not only an Enterprise of one season, or of some lucky opportunity; but the business of time; a steddy, a lasting, a popular, an uninterrupted Work. They have attempted, to free it from the Artifice, and Humors, and Passions of Sects; to render it an Instrument, whereby Manking may obtain a Dominion over Things, and not onely over one anothers Judgements" (ibidem, p. 62).

48 "What could have been a fitter subject to pitch upon then natural philosophy? […] It was nature alone which could pleasantly entertain them in that estate. The contemplation of that draws our minds off from past or present misfortunes and makes them conquerers over things in the greatest publick unhappiness […] that gives us room to differ, without animosity, and permits us to raise contrary imaginations upon it without any danger of a Civil War" (ibidem, p. 55-56).

49 Dentre as diversas correntes da filosofia da época, Sprat menciona Bacon como síntese dos experimentalistas e atribui a ele a idealização do empreendimento intelectual da Royal Society: "I shall onely mention one great Man, who had the true Imagination of the whole extend of this Enterprize, as it is now set on foot; and that is, the Lord Bacon. In whose Books there are every where scattered the best arguments, that can be produc'd for the defence of Experimental Philosophy; and the best directions, that are needful to promote it. All which he has already adorn'd with so much Art; that it my desires could have prevail'd with some excellent Friends of mine, who engag'd me to this Work: there should have been no other Preface to the History of the Royal Society, but some of his writings" (Ibidem, p. 35-36).

divergência de opinião em um período de pacificação da relação entre os ingleses e as instituições do poder.[50]

A Restauração consistiu na devolução dos poderes ao monarca e no comprometimento dos súditos com a ordem, mas também numa maior sujeição do rei em termos financeiros e políticos ao Parlamento. O apadrinhamento da filosofia natural era uma maneira de aproximar o monarca do ideal salomônico de soberano e contribuir para reforçar a ordem restabelecida.[51] O rei era o patrono da instituição e ao lado dele estavam Jaime, duque de York, futuro Jaime II, o príncipe Rupert, conde Palatino do Reno, e Ferdinando Alberto, duque de Brunswyck e Lunebourg. Apesar da promessa de Sprat de que o apadrinhamento da ciência daria ao rei glória maior do que a conquista, Carlos II não destinava recursos à instituição, concedendo a ela apenas alguns privilégios. O sustento provinha dos afilhados. A instituição crescia à medida que atraía maior número de membros e de pessoas ilustres.[52]

A sociedade admitia homens de diversas profissões, países e religiões com o intuito de estabelecer os fundamentos de uma filosofia humana.[53] A consulta à listagem dos membros da instituição em 1669[54] revela alguns estrangeiros, como Christiaan Huygens, Marcelo Malpighi, Nicolau Mercator e Gaspar de Mere, e uma maioria de afilhados oriunda da nobreza inglesa. Albemarle, Buckingham, Clarendon eram alguns dos grandes nobres que pertenciam à sociedade. Faziam parte dela também os bispos de Canterbury e Salisbury. Cavaleiros e *squires* como John Evelyn, Henry Oldenburg, Robert Boyle, Mathew Wren figuravam em grande número. Além dos nobres, muitos letrados também pertenciam à sociedade, dentre os quais fisiologistas, teólogos e filósofos como Robert Hooke, Christopher Wren, John Wallis, Thomas Willis, Henry More e Joseph Glanvill e até mesmo alguns comandantes do exército. Tratava-se de

---

50 Embora enfatize o contexto intelectual e histórico da Inglaterra, a instituição da Royal Society também esteve relacionada com aspirações que permearam diversos grupos letrados da Europa. Entre os séculos XVI e XVII, existiram diferentes associações dedicadas ao estudo da natureza, como, por exemplo, no começo do século XVII, a Academia dos Lincei, na Itália, o Great Tew Circle, na Inglaterra, dissolvido na ocasião da Guerra Civil, e a Academie Royale des Sciences, na França, fundada em 1666.

51 "For the Royal Society had its beginning in the wonderful pacifick year, 1660. So that, if any conjectures of good Fortune, from extraordinary Nativities, hold true; we may presage all happiness to this undertaking" (*ibidem*, p. 58).

52 ROSSI, Paolo. *O nascimento da ciência moderna na Europa*. Bauru: Edusc, 2001, p. 380-381.

53 SPRAT, Thomas. *Op. cit.*, p. 63.

54 *A List of the Royal Society*. Londres: Printed for John Martyn and James Allestry, 1669. Disponível para consulta eletrônica restrita; favor consultar a bibliografia.

um grupo eclético de participantes e de filosofias, cuja hegemonia da nobreza asseguraria não apenas a lealdade à monarquia,[55] mas ainda, segundo Sprat, o altruísmo e a autonomia esperados da ciência.[56] A Royal Society pode ser encarada como expressão, entre outras coisas, de uma relação de poderes e de interesses entre a monarquia e os proprietários, na qual a lealdade ao rei convivia com a relativa autonomia e iniciativa de seus súditos para propor experimentos intelectuais e sociais.

Essa situação também se fazia presente na religião.

A Igreja da Inglaterra era uma Igreja de Estado. O soberano era autoridade máxima e os seus súditos deveriam estar reunidos sob a égide da Igreja.[57] Ao mesmo tempo em que se ampliava o poder real, exigia-se também dos monarcas algum posicionamento diante do dissenso religioso dos séculos XVI e XVII, o que gerava forte insegurança ao colocar em risco as relações de lealdade entre os súditos e o soberano. Tratava-se da confessionalização dos territórios,[58] cuja fórmula *cuius regio, eius religio* dificilmente poderia ser aplicada nas Ilhas Britânicas. Diante da diversidade religiosa, Elizabeth I buscou fazer da Igreja da Inglaterra um meio-termo entre Roma e Genebra, de modo que a Igreja fosse ampla o suficiente para acolher a maioria dos súditos, reunindo nela aspectos doutrinários do calvinismo, luteranismo e do catolicismo, além disso tendo uma organização e cerimonial próximos da Igreja Católica. Os que não aderissem eram perseguidos pelo governo, como os católicos, cuja lealdade ao papa colocaria em perigo a ordem pública, ou os puritanos, como os presbiterianos, que desejavam expurgar as reminiscências católicas da Igreja da Inglaterra.[59]

---

55  HILL, Christopher. *The century of revolution*: 1603-1714. Londres: Routledge, 1993, p. 213.
56  SPRAT, Thomas. *Op. cit.*, p. 67-71.
57  DELUMEAU, Jean. *La Reforma*. Barcelona: Editorial Labor, 1967, p. 75-81.
58  "Não apenas o nascimento dos Estados modernos, enquanto protagonistas inquestionáveis do novo poder, mas também o nascimento das Igrejas territoriais compõem um novo panorama: é expressão disso o fenômeno da confessionalização, ou seja, o surgimento do 'fiel' moderno a partir do homem cristão medieval. Em outras palavras, de uma pessoa que é ligada à própria Igreja não apenas pelo batismo e por participar do culto e dos sacramentos, mas também por uma *professio fidei*, por uma profissão de fé que deixa de ser uma simples participação do credo da tradição cristã para ser também adesão e fidelidade juradas à instituição eclesiástica a que o indivíduo pertence" (PRODI, Paolo. *Uma história da justiça*: do pluralismo dos foros ao dualismo moderno entre consciência e direito. São Paulo: Martins Fontes, 2005, p. 237-238).
59  O termo 'puritano' é usado com frequência para indicar indivíduos e congregações com afinidades calvinistas, contestadores, em oposição ao rei e profundamente anticatólicos. A associação do puritanismo ao capitalismo, à ciência moderna e ao radicalismo político fez do puritano uma chave-mestra para explicar a proeminência inglesa no século XVIII e XIX. No entanto, apesar da importância atribuída aos puritanos pela historiografia, o termo 'puritano' adquiriu alguns

A proximidade entre Igreja e Estado, instituída por Henrique VIII, aprimorada por Elizabeth I na forma de um compromisso protestante amplo, foi estreitada nos reinados de Jaime I e Carlos I. Os Stuart lidavam também com uma situação religiosa bastante complexa. Sendo monarcas escoceses, eles acrescentaram os calvinistas presbiterianos da Escócia aos anglicanos, calvinistas e católicos da Inglaterra, Gales e Irlanda. Além disso, e o mais importante, Jaime I e Carlos I buscaram fortalecer ainda mais a monarquia, tal qual ocorria em diversos lugares da Europa, como, por exemplo, na Espanha, na França e na Suécia, fazendo avançar as prerrogativas do rei por meio, entre outras coisas, da imposição de uniformidade religiosa. Apesar de ter sido educado no calvinismo escocês, Jaime I abraçou o anglicanismo e, em especial, a ordem episcopal, a qual lhe pareceu mais adequada a uma monarquia forte. Dizia ele: "sem bispo, sem rei". Carlos I apoiou a iniciativa do arcebispo Laud de normatizar o rito da Igreja da Inglaterra e expandir o modelo episcopal de organização eclesiástica para a Escócia, o que acabou gerando uma revolta contra o rei e fez explodir a Guerra Civil. No fim, Jaime I estava certo, a proximidade entre o rei e os bispos era tamanha que a derrubada desses levou à queda daquele.

O retorno do rei trouxe de volta a Igreja da Inglaterra, mas, apesar de ter sido o desejo dos homens da época, a Restauração não poderia simplesmente restabelecer o estado das coisas anterior à Guerra Civil. Ficou estabelecido, no período republicano, que o Estado não interviria em matéria de fé e sacramento.[60] As congregações, que outrora faziam apenas apelos pela purificação da Igreja, tornaram-se mais poderosas e se espalharam, de modo que, quando o rei voltou, fazia-se necessário encontrar uma maneira de lidar com a existência de diversos grupos dissidentes e de uma Igreja de Estado. Deveria ser a Igreja da Inglaterra apenas mais uma entre as congregações do reino? Deveria ela permitir que os dissidentes vivessem nas suas margens ou concederia a eles a tolerância?

---

significados distintos e foi utilizado para designar diferentes indivíduos e grupos da sociedade. Segundo Hill, o termo puritano era utilizado de maneira pejorativa e ambígua, podendo ser usado para designar uma política antiespanhola ou para indicar uma iniciativa de reformar a Igreja inglesa por dentro. O termo 'puritano' não tinha conotação estritamente religiosa, como adquiriu depois de 1660. Sendo assim, tendo em vista a diversidade de significados para 'puritano', a pluralidade confessional e o uso farto do termo pela historiografia, evito ao máximo utilizá-lo para preservar a especificidade dos indivíduos e das denominações religiosas abordadas, buscando, se não explicar, ao menos evidenciar a complexidade da situação histórica inglesa. Sobre o termo puritano, conferir: HILL, Christopher. *Society and Puritanism in Pre-Revolutionary England*. Nova York: St. Martin's Press, 1997, p. 1-15.

60  DELUMEAU, Jean. *Op. cit.*, p. 158-160.

A Igreja Anglicana manteve sua participação política e tratou de reforçá-la por meio da aproximação com a monarquia e do combate à dissidência religiosa para se estabelecer de maneira estreita, tal qual fora o intuito dos dois primeiros Stuart.[61] A Igreja da Inglaterra contava com o apadrinhamento do rei, mas sua estratégia encontrou um apoio maior entre os proprietários e nobres ingleses. A Coroa tentava se estabelecer apoiando-se na diversidade religiosa, sendo mais tolerante com católicos e não conformistas para conseguir o apoio desses grupos, mas, dada a fragilidade de sua posição, especialmente financeira, recuava diante de eventuais ameaças do Parlamento. Essa política hesitante aumentava o sentimento geral de insegurança. O combate aos dissidentes interessava mais ao senhorio local do que ao rei. A política de fortalecimento da Igreja, implementada pelo arcebispo Sheldon, encontrou apoio nas localidades, ao invés da resistência que fora fatal para Laud. Depois da Guerra Civil e da Commonwealth, as elites locais, que reagiram ao avanço das prerrogativas da monarquia, encontravam agora na defesa da Igreja da Inglaterra um modo de combater o avanço de um protestantismo radical capaz de dificultar o exercício do seu poder.[62]

A Igreja da Inglaterra e a Royal Society permitiram ao rei e aos súditos, se não mais a estes do que àquele, comprometerem-se na preservação da ordem social. Mas essas instituições tinham diferenças importantes, dentre elas, a noção de unidade que acolhiam. Enquanto na Igreja da Inglaterra era hegemônica a busca por uma uniformidade estrita, na Royal Society almejava-se a colaboração entre indivíduos bastante distintos para o estabelecimento de uma filosofia humana, que permitiria manipular a natureza e contemplar a grandeza de Deus.

Apesar de restrita ao conhecimento natural, tendo surgido do afastamento do sectarismo político e, especialmente, religioso, o projeto baconiano adotado pela Royal Society poderia ter repercussões na política e na religião. A separação entre ciência e religião permitia que praticamente todos os letrados participassem da constituição da ciência moderna. Tal distinção agradava especialmente a Webster, não apenas por desobstruir a investigação filosófica dos obstáculos doutrinários, mas principalmente por preservar a religião das suposições filosóficas, salvaguardando o valor da revelação e da graça, reforçando, tendo em vista o contexto inglês, a causa

---

61 COWARD, Barry. *The Stuart Age*: England, 1603-1714. Londres; Nova York: Longman, 1994, p. 459-460.

62 FELLOWS, Nicholas. *Charles II and James II*. Londres: Hodder & Stoughton, 1995, p. 53-57.

do calvinismo e o compromisso elizabethano de uma Igreja abrangente.⁶³ No entanto, essa não era a única razão para se depositar esperança no projeto baconiano encarnado na Royal Society. Sprat e Glanvill defendiam não apenas a harmonia entre filosofia natural e religião, mas ainda a aplicabilidade da razão na promoção da fé.⁶⁴ Parafraseando Bacon, Sprat declarava que, embora um pouco de conhecimento tornasse os homens ateus, a abundância faria deles devotos.⁶⁵ Afirmava que não seria prudente rejeitar a razão: "não podemos fazer guerra contra a razão sem debilitar nossa força, já que ela é uma arma que devemos empregar constantemente"⁶⁶ contra o ateísmo, o deísmo e, em especial, o entusiasmo. A reforma da Religião e da Filosofia, de acordo com Sprat, teriam instaurado uma era racional em que a Igreja da Inglaterra se fortaleceria junto com a Royal Society.⁶⁷ Ambas não deveriam brigar,

---

63 Webster manteve-se um defensor da filosofia experimental durante toda a vida. Tomou-a para si, por exemplo, em *Academiarum examen* e em *Metallographia*, quando propôs a reforma dos currículos das universidades e ressaltou a importância da mineralogia e da metalurgia para o aprimoramento das condições materiais do reino. Além disso, combateu as acusações de homens como Henry Stubbe à Royal Society, questionando como teriam a audácia de suspeitar daquela "Society of persons, and their endeavours, who have a just, pious, merciful, and learned King for their Founder, and the greatest number of Nobility and Gentry, renowed both for divine and humane Knowledge, that can be chosen forth of the three Nations for their Members, and whose undertakings and level are the most high, noble, and excellent that ever yet the World was partaker of" (WEBSTER, John. *The displaying of supposed witchcraft*. Londres: Printed by J. M., p. 4 [p. 18]).

64 Glanvill foi um dos mais proeminentes apologistas da Royal Society. Dedicou a ela *Scepsis scientifica* e louvou o compromisso da sociedade com os saberes e o desenvolvimento, o que, segundo ele, tornaria a Inglaterra mais célebre do que a antiga Atenas, refutando o aristotelismo dogmático e salvaguardando os homens do mecanicismo ateu. A busca pelas leis da natureza asseguraria bases firmes para a religião. Por causa disso, envolveu-se também numa controvérsia com Henry Stubbe e posteriormente dedicou *Philosophia pia* a Seth Ward, bispo de Salisbury e um dos mais importantes membros da Royal Society. Suas considerações sobre a bruxaria expressam esse compromisso de vincular ciência e religião, quando acrescenta aos argumentos testemunhos da realidade do pacto diabólico: "I have no humour nor delight in telling Stories, and do not publish these for the gratification of those that have; but I record them as Arguments for the confirmation of a Truth which hath indeed been attested by multitudes of the like Evidences in all places and times. But things remote, or long past, are either not believed, or forgotten: whereas these being fresh and near, and attended with all the circumstances of credibility, it may be expected they should have the more success upon the obstinacy of Unbelievers" (GLANVILL, Joseph. *Saducismus triumphatus*. Londres: Printed for S. Lownds, 1688, p. 63-64 [p. 61-62]).

65 SPRAT, Thomas. *Op. cit.*, p. 351.

66 *Ibidem*, p. 370.

67 "The universal disposition of this Age is bent upon a rational Religion: And therefore I renew my affectionat request, That the Church of England would provide to have the chief share in its

estavam sujeitas ao mesmo soberano.⁶⁸ Mas isso era um desejo, não uma realidade. A Royal Society poderia ser tomada como uma alternativa para a situação religiosa da Restauração. Glanvill defendia uma concepção liberal em relação à religião, na qual a razão coexistiria com a tolerância, o que era bastante semelhante à orientação da sociedade científica londrina. O latitudinarianismo ao qual aderia teria de esperar até a Revolução Gloriosa para se tornar determinante.

O temor de letrados católicos, anglicanos e dissidentes com relação à nova ciência não foi desprovido de fundamento. Tinha-se uma relação pouco definida entre a religião e a ciência nova, expressa em diferentes ocasiões e que poderia engendrar contestações ao poder. Ao tratar das bruxas e demônios, Webster e Glanvill lidaram com essa situação, buscando fixar em alguma medida a relação entre ciência e religião e sustentar suas ideias e compromissos filosóficos e teológicos de modo a não perturbar a ordem estabelecida.

## OS COMPROMISSOS INTELECTUAIS DE WEBSTER E GLANVILL

Nessa intersecção entre religião em reforma e ciência nascente, determinados problemas adquiriram grande notoriedade por tocarem aspectos fundamentais da relação entre a revelação religiosa e a investigação filosófica e dos quais dificilmente poder-se-ia esquivar. Destaco e apresento três desses problemas, cuja abordagem articulou a demonologia a compromissos intelectuais mais abrangentes de Webster e Glanvill: o alcance da dúvida, o funcionamento do mundo natural e a diversidade religiosa.

### O alcance da dúvida

A redescoberta do ceticismo na Idade Moderna deu ensejo à proliferação de incertezas em matéria de filosofia e de religião. Embora o ceticismo fosse uma tradição filosófica de muitos séculos, oriunda da Antiguidade Clássica, ele permaneceu pouco conhecido e explorado na Europa Ocidental. Era conhecida a orientação acadêmica dessa filosofia, que negava a pretensão ao conhecimento e que foi combatida por Agostinho, mas não o ceticismo pirrônico. Redescoberto no

---

first adventure; That it would persist, as it has begun, to incorage Experiments, which will be to our Church as the British Oak is to our Empire, an ornament and defence to the soil wherein it is planted" (*ibidem*, p. 374).

68   *Ibidem*, p. 372.

século XVI, na ocasião das Reformas Religiosas, esse tipo de ceticismo colocava em dúvida tanto a afirmação de que era possível obter conhecimento seguro sobre as coisas quanto a rejeição do ceticismo acadêmico de que isso fosse possível. Dado o poder desse arsenal dubitativo, o pirronismo tornou-se instrumento corrente nas controvérsias dos séculos XVI e XVII.[69]

O ceticismo ameaçava a pretensão a um conhecimento seguro e racional do mundo e era, por isso, um obstáculo a quem desejasse uma ciência realista e verdadeira. A dúvida pirrônica contestava não apenas a filosofia escolástica, então predominante, mas também a ciência nova. Descartes é o mais célebre exemplo do combate ao ceticismo, ainda que sua estratégia de confrontação não tenha sido a mais convencional. Tanto no *Discurso do Método* quanto nas *Meditações*, a dúvida surge como uma parte fundamental de um método para instaurar uma nova maneira de investigar o mundo. A operacionalização da dúvida preveniria o sujeito de acolher coisas que não fossem claras e distintas à razão e evitaria que admitisse algo como verdadeiro apenas por crença ou formação, tornando, enfim, possível ao sujeito observar o primeiro preceito do método cartesiano: tomar as coisas claras e distintas como verdadeiras.[70] É pelo uso instrumental, universal e radical da dúvida que Descartes encontra a primeira das certezas que apresenta nas *Meditações*, o famoso "eu sou, eu existo", sobre a qual fundamenta as demais certezas metafísicas e também a nova ciência.[71] Ao invés de refutar o ceticismo, como seria mais óbvio à primeira vista, o que se fez foi colocar a dúvida cética a serviço do conhecimento, mitigando e tornando-a profícua para a atividade científica.[72]

Glanvill adotou essa estratégia.[73] Nas obras que dedicou ao ceticismo, apresenta a dúvida cética como um princípio para a nova ciência à medida que permitia combater o dogmatismo. Uma postura cética, como exposta em *Scepsis scientifica*, aler-

---

69 POPKIN, Richard H. *História do ceticismo de Erasmo a Spinoza*. Rio de Janeiro: Francisco Alves, 2000, p. 14-24, 49-87.

70 DESCARTES, René. *Discurso do método; Meditações; Objeções e respostas; As paixões da alma; Cartas*. São Paulo: Abril Cultural, 1983, p. 37 (Os Pensadores).

71 *Ibidem*, p. 93-100.

72 POPKIN, Richard. *Op. cit.*, p. 211-241.

73 Para mais informações sobre o ceticismo em Glanvill, conferir: REDGROVE, Stanley H.; REDGROVE, I. M. L. *Joseph Glanvill and psychical research in the seventeenth century*. Londres: William Rider & Son, 1921, p. 23-35; GREENSLET, Ferris. *Joseph Glanvill: a study in English Thought and Letters of the seventeenth century*. Nova York: Columbia University Press, 1900, p. 95-111. Ambos os títulos estão disponíveis para consulta eletrônica; favor consultar a bibliografia.

taria o sujeito para a falibilidade do conhecimento e de suas fontes.[74] A persistência de controvérsias na filosofia evidenciaria a incapacidade humana de explicar determinadas questões, como a natureza da alma, a relação dela com o corpo, a constituição da memória etc., tendo tal ignorância duas causas fundamentais: a complexidade inerente ao conhecimento da natureza e a operação errônea do entendimento humano. Com relação à segunda causa, relativa ao sujeito cognoscente, equívocos poderiam surgir em qualquer uma das três etapas da produção do conhecimento: na apreensão dos sentidos, na formação das ideias ou na expressão discursiva.[75] Tal desconfiança permitia a Glanvill confrontar não apenas o aristotelismo escolástico, que tomava como expressão do dogmatismo, considerando-o uma filosofia meramente verbal,[76] mas ainda a filosofia mecânica, essencial para a constituição da ciência moderna, cujas explicações não bastariam para tratar de certos fenômenos como, por exemplo, a formação dos corpos. A adoção de um posicionamento cético permitiu a Glanvill ir ainda mais longe: questionar a justificação da própria noção de causalidade,[77] fundamental para as pretensões de conhecimento metafísico, antecedendo a Hume e Kant.[78] Não obstante, essa apropriação do ceticismo não era impe-

---

74 "For, considering the shortness of our intellectual sight, the deceptibility and impositions of our senses, the tumultuary disorders of our passions, the prejudices of our infant educations, and infinite such like [...] I say, by reason of these, we may conclude of the science of the most men, truly so called, that it may be truss'd up in the same room with the Iliads" (GLANVILL, Joseph. *Scepsis scientifica*. Londres: Kegan Paul, Trench & Co., 1885, p. 8-9. Disponível para consulta eletrônica; favor consultar a bibliografia).

75 GREENSLET, Ferris. *Op. cit.*, p. 101-103.

76 "In the conduct of which design, 6 Things I offer against that Philosophy, viz. (1) That 'tis meerly Verbal, and (2) Litigious. That (3) It gives no account of the Phaenomena. Nor (4) doth it make any discoveries for the use of common Life. That (5) 'tis inconsistent with Divinity, and (6) with it self" (GLANVILL, Joseph. *Scepsis scientifica, op. cit.*, p. 127. Disponível para consulta eletrônica; favor consultar a bibliografia).

77 "All Knowledge of Causes is deductive: for we know none by simple intuition; but through the meditation of their effects. So that we cannot conclude, any thing to be the cause of another; but from its continual accompanying it: for the causality it self is insensible" (*ibidem*, p. 166).

78 "Aristotle and the scholastic dogmatists postulated a hierarchy of causes as the ground of their cosmology. The atomists from Epicurus down, though they had difficulties about the first cause, never thought of questioning the fact of causation in the phenomenal world. The experimental and unattached philosophers, like Bacon, made it the end of their work rerum cognoscere causas. But to Glanvill the doctrine of cause and effect did not appear axiomatic" (GREENSLET, Ferris. *Op. cit.*, p. 104). Também este é o tema do seguinte artigo: POPKIN, Richard H. "Joseph Glanvill: a precursor of David Hume". *Journal of the History of Ideas*, Pennsylvania, v. 14, n. 2, abr. 1953, p. 292-303. Disponível para consulta eletrônica; favor consultar a bibliografia.

ditiva ao conhecimento, mas apenas um lembrete de que a "confiança na ciência é uma grande razão para a perdermos".

Tal qual Descartes, Glanvill reconhecia a possibilidade do sujeito alcançar o conhecimento seguro. Para ele, existiriam dois tipos de conhecimentos certos: infalíveis e indubitáveis. Os conhecimentos infalíveis extrapolariam a compreensão humana, de modo que sua aceitação dependeria da fé, enquanto os indubitáveis apresentar-se-iam como evidentes ao entendimento e, por isso, deveriam ser aceitos. Glanvill reconhecia o caráter indubitável do "eu sou, eu existo" cartesiano, mas a intuição e a dedução não seriam as únicas fontes desse tipo de certeza. Incluía no rol dos conhecimentos seguros aqueles auferidos também da evidência dos sentidos e do testemunho histórico.[79] Tudo aquilo que não pertencesse a este ou aquele tipo de conhecimento deveria ser tratado como hipótese e aguardar verificação. É de acordo com essa orientação que Glanvill aborda o problema da bruxaria: formula como hipótese a bruxaria como um pacto diabólico concreto, fundamentada na interpretação do texto bíblico e do funcionamento da natureza, então procura estabelecê-la como fato, reunindo testemunhos confiáveis de fenômenos preternaturais. Dos adversários exigia não apenas objeções à possibilidade da bruxaria, mas ainda, e principalmente, que lidassem com os fatos que apresentava e trouxessem evidências do contrário, pois a melhor maneira de evitar polêmicas inócuas seria ater-se aos fatos.

A disseminação da dúvida poderia não apenas apresentar-se como um obstáculo para a instauração de uma ciência de pretensão realista, mas ainda fomentar a descrença em torno da religião. Ao contestar a autoridade institucional da Igreja, a Reforma Protestante deu início a uma polêmica intensa e duradoura sobre o critério da regra de fé da religião. Nela o ceticismo foi de serventia a muitos, especialmente ao pensamento católico, como no caso de Montaigne e dos Novos Pirrônicos, à medida que permitia criticar os inimigos e defender a autoridade como regra de fé, dada a insegurança da razão e da vida interior do homem.[80] No entanto, o direcionamento indiscriminado da dúvida contra essa ou aquela confissão alimentava o temor de que se colocasse sob suspeita a religião como um todo. Temia-se talvez mais o ateísmo do que a dissidência religiosa. Tanto Webster quanto Glanvill tomavam a palavra contra o ateísmo. Porém, enquanto para o primeiro a tentativa de provar racionalmente a fé cristã a colocava em risco, para o outro era a melhor maneira de preservar a religião da indiferença e da diversidade.

---

79 GREENSLET, Ferris. *Op. cit.*, p. 110-111.
80 POPKIN, Richard. *Op. cit.*, p. 89-152.

Conciliar a religião com a razão eram objetivos comuns aos chamados Platônicos de Cambridge. Benjamin Whichcote, Peter Sterry, Henry More, Ralph Cudworth, John Smith, John Worthington, Nathaniel Culverwell, além de George Rust, Anne Conway e John Noris, adeptos mais jovens dessa orientação filosófica, fizeram parte de um círculo de letrados ligado à Universidade de Cambridge em meados do século XVII.[81] Suas referências intelectuais eram diversificadas: entre os antigos, Platão, Plotino, Orígenes, Aristóteles e o estoicismo; entre os modernos, Descartes, Hobbes, Spinoza, Bacon e Boyle. Opunham-se fundamentalmente à escolástica católica e também à reformada. Inspirados pelo ideal renascentista de uma filosofia perene, esses letrados demonstraram tanto devoção aos filósofos antigos quanto interesse pela ciência moderna, pois julgavam que ambas as coisas continham verdades e relevância para o momento histórico.

Os Platônicos de Cambridge não estabeleceram uma escola, um único conjunto de doutrinas, apenas algumas concepções em comum. Benjamin Whichcote, considerado o patrono do grupo, defendia em seus sermões e aforismos o uso da razão em questões de religião, afinal, segundo ele, Deus se mostraria naturalmente ao homem, atrairia o seu intelecto, fazendo-se sentir, sendo, por isso, a coisa mais fácil de ser reconhecida no mundo.[82] A razão seria um meio de percepção do divino e permitiria aos homens identificar aspectos essenciais da religião, o que tornava possível instituir a tolerância religiosa a partir da fixação de um solo comum para as diferentes confissões. Glanvill desposava claramente esse projeto em *Philosophia pia* e em *The way to happiness*, em cujo sermão defendia que a religião, apesar dos mistérios, seria simples e acessível ao entendimento.[83] Muita esperança era depositada no homem. Os Platônicos de Cambridge eram otimistas em relação à natureza humana.

---

81 Para mais informações sobre os Platônicos de Cambridge, conferir: HUTTON, Sarah. The Cambridge Platonists. In: NADLER, Steven (ed.). *A Companion to Early Modern Philosophy*. Oxford: Blackwell Publishing, 2002, p. 308-319; PATRIDES, C. A. The high and aiery hills of Platonism: and introduction to the Cambridge Platonists. *The Cambridge Platonists*. Cambridge: Cambridge University Press, 1980, p. 1-41.

82 "*Man's Principles incline: For, all Understanding tends to God. God is the Center of reasonable Souls, and Spirits.* [...] *Man cannot look abroad; but something of God offers it self; something sound in his Ear. No Voice in Nature so loud: No Language so easie to be understood*". In: WHICHCOTE, Benjamin. The use of reason in matters of religion. In: PATRIDES, C. A. *Op. cit.*, p. 60.

83 "Religion is a plain thing, and easie to be understood. 'Tis no deep subtilty, or highstrain'd notion; 'tis no gilded fancy, or elaborate exercise of the brain; 'Tis not placed in the clouds of Imagination, nor wrapt up in mystical cloathing; But 'tis obvious and familiar, easie and intelligible" (GLANVILL, Joseph. "The way to happiness". In: *Some discourses, sermons and remains*

Julgavam que no homem substiriam princípios inatos, imbutidos por Deus, que tornariam acessível o conhecimento a respeito dos elementos essenciais da religião, como a existência de Deus e a imortalidade da alma.

Henry More foi decerto o mais conhecido filósofo desse círculo e presença intelectual marcante para Glanvill. Sua obra é extensa, diversificada e engajada no debate da época, tratando de certos temas da filosofia e da teologia em vista do pensamento de Descartes, Hobbes e Spinoza. Adepto do projeto de religião racional de Whichcote, More procurou demonstrar por meio de argumentos e de evidências empíricas a existência de Deus e a imortalidade da alma. Para isso, advogou uma filosofia espiritualista, tributária do platonismo, contra o materialismo filosófico, considerado ateu do ponto de vista religioso. Negar a noção de espírito colocaria em risco a aceitação desses aspectos fundamentais do cristianismo, dado que tanto a afirmação da existência de Deus quanto da imortalidade da alma pressuporiam a existência e atuação do espírito sobre a matéria. Sua apologia da religião exigia tornar evidente a ação espiritual e é neste ponto que as considerações de Glanvill sobre a bruxaria tornam-se de grande importância. A defesa da realidade da bruxaria como um pacto diabólico concreto e de consequências sólidas e nefastas era uma maneira mais acessível ao grande público de provar a existência e atuação de seres espirituais do que por meio de elocubrações aprioristicas. Não é sem propósito que foram reunidos no *Saducismus triumphatus* os escritos de Glanvill sobre o assunto e os textos de More sobre a concepção de espírito, assim como testemunhos da atuação de bruxas e de aparições. Tal filosofia espiritualizada não era apenas um recurso apologético, mas ainda um paradigma para a interpretação dos fenômenos naturais.

## O funcionamento do mundo natural

Diversas descobertas e teorias entre os séculos XVI e XVII colocaram em xeque as noções até então tradicionais a respeito da constituição do mundo, da matéria e dos seres vivos. Descartes foi um expoente desse processo de transformação intelectual. Tanto Webster quanto Glanvill tiveram que se reportar à filosofia cartesiana e à sua maneira de explicar o mundo e More esteve entre os primeiros na Inglaterra a tomar conhecimento das ideias do filósofo francês, tendo se correspondido com ele por um curto período de tempo.

---

*of the reverend Mr. Jos. Glanvil*. Londres: Printed for Henry Mortlock and James Collins, 1681, p. 3-4 (British Philosophers and Theologians of the 17th & 18th Centuries)).

No que diz respeito à constituição da matéria, Descartes diz, na Quarta Parte do *Discurso do Método*:

> era uma substância cuja essência ou natureza consiste apenas no pensar, e que, para ser, não necessita de nenhum lugar, nem depende de qualquer coisa material. De sorte que esse eu, isto é, a alma, pela qual sou o que sou, é inteiramente distinta do corpo e, mesmo, que é mais fácil de conhecer do que ele, e, ainda que este nada fosse, ela não deixaria de ser tudo o que é.[84]

A aplicação metódica da dúvida trazia à tona o espírito como uma coisa evidente e, portanto, segundo a regra do método, verdadeira, cuja garantia não dependeria do corpo e instaurava um dualismo no qual o pensamento é completamente distinto do corpo e dotado de maiores garantias de conhecimento. Na segunda das *Meditações*, Descartes, ao apresentar o exemplo do pedaço de cera, cujas características sensíveis são modificadas pela ação do fogo, conclui: "certamente nada permanece senão algo extenso, flexivel e mutável".[85] A extensão concebida como uma ideia, e não enquanto imagem, asseguraria a identidade não apenas do pedaço de cera, mas de todos os demais corpos. Na ciência cartesiana, o corpo torna-se quantidade, as operações vitais, físicas,[86] e o mundo, um amontoado de corpúsculos materiais em movimento, cujo funcionamento seria passível de explicação por meio de modelos geométricos,[87] tal qual apresentado por Descartes em *O mundo ou tratado da luz*. Rejeitava-se o recurso explicativo às forças vitais e causas finais[88] e a investigação da natureza era liberada de considerações de ordem teológica,[89] ainda que estivesse assentada em um solo metafísico.

Dentre os exemplos daqueles que teriam advogado a causa da verdade, apesar do risco envolvido, como Roger Bacon e Raimundo Lúlio, Webster cita

---

84  DESCARTES, René. *Op. cit.*, p. 47.
85  *Ibidem*, p. 104.
86  ALQUIÉ, Ferdinand. *A filosofia de Descartes*. Lisboa; São Paulo: Editorial Presença; Martins Fontes, 1986, p. 37-40.
87  ROSSI, Paolo. *O nascimento da ciência moderna na Europa*. Bauru, *op. cit.*, p. 239.
88  *Ibidem*, p. 244.
89  ALQUIÉ, Ferdinand. *Op. cit.*, p. 52.

Descartes e atribui a ele a revivescência e a redefinição do atomismo dos antigos.[90] Na filosofia dos antigos, o átomo era "imutável, não gerado e imperecível, pleno, homogêneo, finito e, como sublinha a etimologia, indivisível",[91] cujo movimento teria instaurado um mundo repleto de matéria e permeado pelo vazio, de modo que "só por meio de sua estrutura a matéria engendra a diversidade das coisas, sem outra lei além da do acaso, mas um acaso de natureza causal".[92] Uma concepção corpuscular e mecanicista explica o funcionamento da natureza por meio de partículas materiais e do movimento delas, inclusive os seres vivos, cuja única distinção, na filosofia cartesiana, em relação a um autômato é terem sido criados por Deus.[93] Apesar de se afastar do atomismo clássico em diversos aspectos, como, por exemplo, ao rejeitar o vácuo e ao conceber a natureza como constante criação divina, a filosofia cartesiana foi criticada por banir as qualidades da matéria e por instaurar uma dupla verdade que impossibilitava a conciliação entre religião e ciência.

Ao retirar da matéria quaisquer qualidades intrínsecas, o mecanicismo cartesiano facilitava a explicação e quantificação de grande parte dos fenômenos naturais, porém encontrava dificuldades, especialmente ao tratar da vida e da transformação dos corpos. Leibniz é exemplo disso. Diz ele ter se encantado na juventude com a maneira dos modernos de explicar a natureza, pois seria mais satisfatória à imaginação, arranjando e rearranjando os átomos no vazio. Porém, logo se deparou com os limites desse modelo explicativo: sendo a matéria divisível infinitamente, seria impossível, portanto, encontrar a unidade, já que a totalidade não passaria de uma acumulação de partes.[94] Tendo isso em vista, dever-se-ia recuperar a ideia de 'forma substancial' para fins metafísicos, visto que, segundo Leibniz, o erro dos escolásticos, e dos médicos, teria sido usar dessa noção para explicar problemas particulares da natureza.[95] Propõe ele um 'átomo de substância', um ponto real, ativo e garantidor da

---

90 WEBSTER, John. *The displaying of supposed witchcraft*, op. cit., p. 4-5 [p. 18-19].
91 BERNHARDT, Jean. "O pensamento pré-socrático: de Tales aos Sofistas". In: CHÂTELET, François (dir.). *A filosofia pagã: do século VI a.C. ao século III d.C.* Rio de Janeiro: Zahar, 1973, p. 53 (História da Filosofia, Ideias, Doutrinas, v. 1).
92 MICHEL, P. H. "Física e Cosmologia: de Tales a Demócrito". In: MICHEL, P. H. *et al*. *A ciência antiga e medieval*. São Paulo: Difusão Europeia do Livro, 1959, p. 21 (História Geral das Ciências, tomo 1, v. 2).
93 ALQUIÉ, Ferdinand. *Op. cit.*, p. 39.
94 LEIBNIZ, Gottfried Wilhelm. *Sistema novo da natureza e da comunicação das substâncias e outros textos*. Belo Horizonte: Editora UFMG, 2002, p. 16-17.
95 *Ibidem*, p. 17.

unidade dos seres, apesar das mudanças sofridas por eles.[96] Isso permitia estabelecer uma distinção de gênero entre os seres vivos e os autômatos, que não se diferenciariam mais apenas em função do autor de cada um, como na filosofia cartesiana, mas por possuírem aqueles uma unidade substancial, diferente de qualquer máquina feita pelo homem, sendo máquinas naturais, indestrutíveis, sujeitos a mudanças, porém de identidade permanente. Leibniz preservava o modelo mecânico e acrescia a ele uma metafísica, porém esta não era a única reação diante desse paradigma.

Apesar da admiração por Descartes, Webster afastava-se do mecanicismo e mantinha uma concepção vitalista do funcionamento da natureza, na qual a constituição dos seres, diferentemente daquela dos autômatos, estaria permeada por princípios ou qualidades intrínsecas à matéria, como defenderam Paracelso e Van Helmont.

A filosofia de Paracelso atingiu o auge em meados do século XVII e encontrou forte oposição dos escolásticos e mecanicistas.[97] Paracelso dedicou-se à natureza invisível das coisas, ao efeito dos astros sobre os corpos, à alquimia e preparação de fármacos e também à ética médica.[98] Com relação aos corpos materiais, propunha ele que eram constituídos por três princípios: sal, enxofre e mercúrio; a matéria possuiria, portanto, princípios intrínsecos, qualitativos. Este não era o único ponto que colocava a filosofia paracelsiana em confronto com o mecanicismo cartesiano. Havia também a crença na ação à distância e na correspondência do homem com o mundo, a relação micro-macrocosmo, ideias que fundamentavam a magia natural renascentista e incentivavam uma prática médica voltada para o uso de fármacos, produzidos pela combinação dos ingredientes com certas datas astrológicas. Tais ideias foram levadas adiante por alquimistas e fisiologistas,[99] em especial por Van Helmont, cuja obra foi publicada postumamente pelo seu filho,[100] Franciscus Mercurius, o mesmo que jantou na casa de Anne Conway na companhia de More e Glanvill.

---

96   Ibidem, p. 23-24.
97   ROSSI, Paolo. O nascimento da ciência moderna na Europa, op. cit., p. 271-273.
98   Ibidem, p. 273-274.
99   "A tradição hermético-paracelsiana teve uma influência muito escassa sobre a física e sobre a astronomia, mas propiciou às observações divulgadas dos empiristas e dos manipuladores de substâncias uma teoria unitária que se tornou uma base de desenvolvimento para as investigações sobre as substâncias e para as práticas de laboratório" (ibidem, p. 273).
100  A respeito da difusão da obra de Van Helmont, a primeira publicação foi em latim, em 1648, depois em inglês, em 1662 e 1664, então em francês, 1670 e 1671, e alemão, em 1683; teria existido também uma tradução flamenga de 1659-1660, segundo DEBUS, Allen G. "Jean Baptiste Van Helmont and the New Chemical Medicine". In: Chemistry and Medical Debate: Van Helmont to Boerhaave. Canton, Massachusetts: Science History Publications, 2001, p. 38.

Van Helmont condenava o costume dos fisiologistas de recorrer à dedução a partir de axiomas racionais[101] e propunha separar a lógica e a abstração geométrica da observação e da experiência.[102] Sustentava isso por considerar que nos corpos materiais ocorreriam transformações superficiais e interiores. Enquanto as transformações superficiais seriam explicadas pelo movimento corpuscular ou pela combinação dos princípios paracelsianos, como quando o gelo transforma-se em vapor,[103] as transformações interiores alterariam a configuração dos corpos de tal maneira que não seria possível restaurá-los ao estado anterior e tampouco explicar tal mudança através do modelo mecânico.[104] Diferentemente do que dizia a concepção cartesiana, os corpos naturais seriam diferentes dos demais corpos materiais, pois poderiam transmutar-se e se desenvolver,[105] decorrência de suas capacidades generativas, que seriam como sementes. Ao invés de explicar, por exemplo, a doença como desequilíbrio humoral, segundo a tradição galênica, Van Helmont a entendia como invasão do organismo por tais sementes.

Webster era familiarizado com essa tradição intelectual. Citava, em *Metallographia*, nomes como Arnoldo de Villanova, Raimundo Lúlio, Roger Bacon, Paracelso e Van Helmont. Chamava esses e tantos outros de 'químicos' e deles se aproximava ao apregoar a importância do estudo dos fármacos e a natureza vegetativa dos minérios, mas buscava afastar-se dos mesmos ao criticar a escrita obscura que utilizavam e ao recomendar maior atenção aos textos mais ligados à experiência.[106] Essa tradição hermética também está presente em *The displaying of supposed witchcraft*, especialmente as ideias de Paracelso e Van Helmont. Abordar a bruxaria é uma maneira de reforçá-las e fazer uso delas fortalece a rejeição da ação espiritual dos demônios ao apresentar outra explicação para os fenômenos preternaturais. Exemplo disso é o último capítulo da obra, no

---

101 NEWMAN, William R.; PRINCIPE, Lawrence M. *Alchemy tried in the fire*: Starkley, Boyle, and the fate of Helmontian chymistry. Chicago; Londres: The University of Chicago Press, 2002, p. 58, 59-60.

102 DEBUS, Allen G. *Op. cit.*, p. 39.

103 NEWMAN, William R.; PRINCIPE, Lawrence M. *Op. cit.*, p. 65-66.

104 "Mathematical methods are properly applicable to machines and to those aspects of natural bodies that involve spatial measurement. At the same time, however, natural bodies have internal principles such as semina and archeus that – unlike machines – need not act by the principles of contact mechanics, and so mathematics alone is inadequate for their understanding" (*ibidem*, p. 63).

105 *Ibidem*, p. 62.

106 WEBSTER, John. *Metallographia or an history of metals*. Londres: Walter Kettilbly at the Bishopshead in S. Pauls Church-yard, 1671, p. 25-39. Disponível para consulta eletrônica; favor consultar a bibliografia.

qual Webster sugere que os efeitos dos amuletos e encantamentos estariam relacionados com a ligação entre tais instrumentos e a fisiologia humana e os influxos celestes, sendo eles capazes de transmitir qualidades aos átomos de toda a matéria e assim curar doenças. A teoria da geração de Van Helmont parece fazer-se presente tanto nas considerações de Webster quanto de Glanvill a respeito do poder imaginativo das bruxas e fundamenta a explicação de Webster para os objetos expelidos pelos endemoniados. Tais objetos teriam surgido espontaneamente nos corpos desses infelizes pela ação das capacidades generativas dos seres vivos e, então, seriam colocados pra fora para espanto dos espectadores, afinal, segundo Van Helmont, o corpo não seria, como defendia o platonismo de Cambridge, impermeável.

Apesar de estarem em oposição na controvérsia demonológica, o vitalismo de Webster e o espiritualismo platônico de Glanvill partilhavam da mesma insatisfação diante de um modelo mecânico e materialista para explicação da natureza. O trabalho de Glanvill interessava More não apenas pelo valor apologético da demonologia, mas ainda por permitir a ele confrontar a filosofia cartesiana e defender uma concepção platônica do funcionamento do mundo. Embora tenha sido um dos primeiros entusiastas de Descartes na Inglaterra, More logo se tornou um opositor do cartesianismo, em razão dos termos do dualismo instaurado por essa filosofia. Que se deveria dispor de um lado o espírito e de outro a matéria não era motivo para controvérsia com o filósofo francês; espírito e matéria seriam coisas essencialmente diferentes. O problema fundamental para More residia na extensão: atribuí-la apenas à matéria tornaria o espírito incapaz de agir sobre o mundo natural. Advogava ele uma ideia de espírito extenso, afastando-se do materialismo da física cartesiana e prevenindo-se de atribuir qualidades intrínsecas à matéria, como fizera a tradição paracelso-helmontiana. Para isso, acresceu à argumentação e evidências fornecidas por Glanvill dezenas de relatos sobre a ação dos espíritos e também trechos de sua obra filosófica em que confrontou diferentes noções de espírito, especialmente a cartesiana. O *Saducismus triumphatus* foi uma compilação não apenas de textos, mas ainda de compromissos intelectuais, ora de valor apologético, ora filosófico, evidência da pertinência duradoura da controvérsia demonológica para a abordagem de questões intelectuais e históricas abrangentes.

## A diversidade religiosa

As Reformas Religiosas traziam mais uma vez à tona o conflito entre a unidade atribuída à religião e a diversidade das confissões religiosas. A restauração da Igreja da Inglaterra reintroduzia essa questão ao estabelecer-se perante as numerosas agremiações religiosas existentes no reino. O reestabelecimento da Igreja contava com o apoio parlamentar, expresso no *Clarendon Code*, porém isso não significou a supressão do embate entre as diferentes vertentes doutrinárias do protestantismo. Ainda que Webster e Glanvill tenham se submetido à Igreja da Inglaterra, não deixaram de expor concepções incômodas para a política religiosa oficial: o calvinismo, por um lado, identificado com os dissidentes, e, por outro, o latitudinarianismo, próximo dos Platônicos de Cambridge, arminianos e católicos. Mas eles fizeram isso de maneira contida, buscando salvaguardar a ordem social.[107]

Conhecido polemista, defensor da causa do Parlamento e do protestantismo radical, Webster resguardou-se e apresentou suas ideias religiosas de maneira moderada no período da Restauração. Antes disso, nos anos de 1650, publicou diversos panfletos de teor calvinista, dentre eles *The Saints Guide*, que foi, provavelmente, o mais famoso deles, contando com ao menos três edições na época (1653, 1654 e 1699). Nesse panfleto, professava que os ministros da religião não eram escolhidos pelos homens,[108] mas por Deus. Tocados pelo espírito de Deus, tornar-se-iam discípulos

---

107 Segundo Hill, existiam na época algumas opções intelectuais diante desse problema: 1) os revolucionários mais antigos, como George Fox e John Bunyan, desistiram de constituir o Reino de Deus na terra e passaram a lutar apenas contra a perseguição de sua posição religiosa; 2) alguns realistas, como Rochester, encontraram um certo consolo no cinismo e no materialismo ateu, assim como na filosofia de Hobbes; 3) outros realistas tenderam ao catolicismo; 4) e a maior parte dos parlamentares moderados aderiu a um puritanismo laico e secularizado, cujo principal inimigo era o chamado 'papismo', o qual, diferentemente do ateísmo, teria encontrado apoio na sociedade. Glanvill e Webster eram parte desses últimos. No entanto, inexistia uma homogeneidade político-teológica que o termo 'puritanismo' pode sugerir, e tal posição dificilmente poderia ser considerada laica se consideradas as posições de Glanvill e Webster, as quais eram profundamente religiosas e buscavam lidar com o dissenso confessional e preservar a estabilidade social ou através do restabelecimento do compromisso elizabetano de uma Igreja abrangente ou da tolerância às congregações protestantes dissidentes da Igreja da Inglaterra. Para mais, conferir: HILL, Christopher. *Change and continuity in 17th-century England*: revised edition. Nova Haven; Londres: Yale University Press, 1991, p. 263-265.

108 "Their power ariseth not from Commissions and Licenses given or granted from Magistrates, Parliaments, or numbers of persons proudly and Lucifer-like, stiled Divines, from Committees or Colledges, Presbyteries or Academies, not from any such, but from de Lord of Hosts, the God of Heaven and Earth [...]. The strength and might of their weapons is not Academick & Scholastical Learning (the rotten rubbish of Ethical and Babylonish ruins) nor Fathers, Modern Writers, Expositors, Commentators, (the ayerie bubbles that ignorance, corrupt custom and humane Tradition hath blow up, and guilded over with the unsuitable and Heterogeneous of Orthodoxal Authors) nor their wit, reason, nor collected notes (the rotten Crutches to support lameness) no nor any of these, or whatsoever can arise from the flesh, but only that Spirit of truth, that leads into all truth" (WEBSTER, John. *The saints guide, or, Christ the rule, and ruler*

da verdade, santos entre pecadores e predestinados à salvação. Por isso, a pregação não deveria ser censurada por príncipes ou magistrados, pois enquanto a eles caberia apenas o governo temporal, os eleitos de Deus estariam comprometidos com o reino espiritual.[109] Os ministros da religião seriam feitos pela fé, não pelas universidades. Os saberes humanos não conseguiriam perscrutar o conteúdo da palavra de Deus, de modo que estariam condenados aqueles que confiassem no próprio conhecimento e nas obras para se salvar. Essa desvalorização das capacidades humanas no que diz respeito à religião e a atuação constante da providência divina na preservação dos eleitos serviam como pressupostos para sustentar uma concepção de Igreja abrangente, que deveria deixar a cargo da ação da graça divina o exercício da religião. Ainda que não exaltasse os eleitos abertamente, nem mencionasse os santos entre os pecadores ou muito menos dissesse que os escolhidos de Deus estariam fora do alcance de reis e magistrados, Webster, em *The displaying of supposed witchcraft*, não se furtava, como será visto adiante, à defesa de um fideísmo em contraposição ao humanismo e racionalismo dos latitudinarianos, os quais, acreditava ele, poderiam tornar ainda pior a situação do calvinismo na Inglaterra.

A predestinação tornou-se um ponto fundamental da doutrina calvinista nas polêmicas religiosas dos séculos XVI e XVII. Tratava-se de uma negação enfática da capacidade humana de salvar-se pelas obras. Tal depreciação do homem em matéria de religião encontrou resistência entre os protestantes, semelhante ao que ocorreu com essa noção agostiniana entre os católicos. No começo do século XVII, nos Países Baixos, os arminianos rejeitavam a graça e a predestinação em termos calvinistas e aproximavam-se dos católicos, afirmando que a graça divina seria oferecida a todos os homens e que ela poderia ser perdida pelos eleitos, reforçando, assim, a importância da religião natural e valorizando a ação humana. O Sínodo de Dordretch, realizado entre 1618 e 1619, condenou-os e definiu o calvinismo como doutrina baseada na predestinação.[110] Apesar da perseguição, o arminianismo encontrou adeptos entre os letrados ingleses. Além de confrontarem o calvinismo, contribuindo para a ordem política ao negar a condição indelével dos eleitos, as ideias arminianas, dada sua proximidade com o catolicismo, permitiriam fazer da

---

*of saints*. Londres: Printed for Giles Calvert, 1653, p. 15. Disponível para consulta eletrônica restrita; favor consultar a bibliografia).

109 Webster diz que os magistrados "ought not to intermeddle with carnal constitutions in his spiritual things, which he makes good by his own Spirit, Wisdom and Providence, and not by the counsel of wisdom of the Princes of this World, which comes to nought" (*ibidem*, p. 25).

110 DELUMEAU, Jean. *Op. cit.*, p. 154-155.

Igreja da Inglaterra um meio-termo entre protestantes e católicos. Isso pôs de sobressalto os calvinistas.

Glanvill expressava não apenas uma concepção de bruxaria com a qual Webster não concordava, mas ainda uma posição próxima do arminianismo, valorizando a razão humana em matéria de religião, reduzindo a atuação divina direta sobre o mundo e ampliando os limites do arbítrio humano ao conceder maior liberdade às bruxas e aos demônios.[111] Tais ideias eram advogadas por um grupo de clérigos de influência arminiana e humanista que defendiam uma igreja mais liberal. O termo 'latitudinariano' surgiu na segunda metade do século XVII para designar os adeptos dessas ideias, em especial os Platônicos de Cambridge.[112] 'Latitudinariano' era um modo pejorativo de referir-se àquele que apregoava a tolerância religiosa em matéria de rito e, em alguma medida, de doutrina, o qual tinha também afinidade com a ordem episcopal e com a noção arminiana de justificação.[113] Com o emprego de nomes mais específicos para designar os grupos de liberais ingleses, como *Great Tew Circle* e Platônicos de Cambridge, passou-se a utilizar 'latitudinariano' para indicar especificamente alguns clérigos anglicanos, em sua maioria jovens, cujas ideias se tornaram referência para a Igreja da Inglaterra depois de 1688. Gilbert Burnet, John Wilkins, John Tillotson, Edward Stillingfleet, Simon Patrick, Thomas Tenison, William Lloyd, Edward Fowler e Glanvill propunham uma Igreja militante, mas que deveria orientar-se de maneira racional e liberal, celebrando os artigos centrais da fé cristã e permitindo a diversidade em aspectos menos importantes da doutrina e da liturgia religiosa. Tal proposta diferenciava-se da iniciativa arminiana dos anos de 1630 de uniformizar a estrutura e o ritual da Igreja, porém os latitudinarianos foram acusados por tornarem a religião excessivamente racional, sustentarem noções inadequadas de graça e salvação e de serem muito relaxados com a organização da Igreja e da liturgia.[114]

---

111 COWARD, Barry. *Op. cit.*, p. 460-461.

112 "When the Cambridge Platonists fused Grace and free will into one unified experience they severed themselves not only from Calvinism but also from Plato and Plotinus. Calvinism was acceptable so far as it maintained Grace, but unacceptable so far as it denied free will; Plato and Plotinus were acceptable so far as they maintained free will, but unacceptable so far as they denied Grace. The Cambridge Platonists sought a more balanced view and found it, readily, in the writings of 'the primitive fathers, the Greek especially'" (PATRIDES, C. A. *Op. cit.*, p. 22-23).

113 GRIFFIN, Martin I. J. *Latitudinarianism in the seventeenth-century Church of England*. Leiden; Nova York; Colônia: E. J. Brill, 1992, p. 4.

114 "The basic theme of the accusations from the side of doctrinaire Calvinism was that the Latitudinarians gave too much to reason, not enough to revelation; too much to nature, not

Tais ideias foram apresentadas por Glanvill em diversas ocasiões. Numa delas, no sermão intitulado *Of Catholick Charity*, é possível identificar claramente seu compromisso com o latitudinarianismo. Nesse sermão, defendia que os cristãos deveriam amar uns aos outros, pois o conflito não seria nem uma coisa piedosa, nem mesmo algo natural. O amor é que asseguraria a paz e a unidade dos homens e do mundo natural.[115] A religião consistiria na devoção a algumas poucas verdades claras e simples, não sendo necessária uniformidade em todo e qualquer aspecto da adoração a Deus.[116] Ainda que não fosse condição indispensável para a salvação, Glanvill reconhecia que a uniformidade religiosa era um instrumento para a manutenção da ordem, mas sugeria que seria mais adequado instruir os homens para a moderação. A diversidade de opinião provavelmente persistiria até o Juízo Final,[117] sendo preciso, portanto, encontrar alguma maneira de lidar com ela e ao mesmo tempo preservar a ordem social. Tratava-se do mesmo espírito eclético do platonismo de Cambridge aplicado ao exercício da religião. Glanvill recomendava que se evitasse o apego por uma única opinião ou seita e criticava aqueles que se julgavam escolhidos por Deus. Também admoestava que fossem evitadas as disputas acaloradas e alertava para a defesa de opiniões incertas. Se cada um estivesse convicto de sua iluminação, surgiria um incêndio capaz de consumir a todos.[118] Dever-se-ia apenas evitar o zelo sobre o que não foi estabelecido como

---

enough to grace. From High Church Anglicans and Roman Catholics came the charge that they were but Presbyterians in Anglican surplices, and that they gave insufficient importance to the doctrinal teaching authority of the Church" (*ibidem*, p. 9).

115 "We see in Nature, the great Fabrick of the World is maintained by the mutual Friendship, and conspiracy of its parts; which should they universally fall out, and break the bond of Amity that is between them; should they act their Antipathies upon each other; yea, should they but cease to serve one another for the general good; the whole frame would be dissolved, and all things shuffled into their old Chaos, and Abyss. And the greatest evils that have, or can happen to the Church, have been the effects of the Decay of Charity, and those intestine Divisions that have grown up in it" (GLANVILL, Joseph. "Of Catholick Charity". In: *Some discourses, sermons and remains of the reverend Mr. Jos. Glanvil*. Londres: Printed for Henry Mortlock and James Collins, 1681, p. 108-109 (British philosophers and theologians of the 17th & 18th centuries)).

116 "Tis very true indeed, that the WAY to HEAVEN is but One, and to walk in that, is the one thing necessary: but then tath is not the particular Path of this Sect, or another: but the way of an Holy Life; which may be practised under very different Forms of Apprehension, and Belief. Though the way be not broad in respect of Practice, or sensual Indulgence; yet it hath a Latitude in respect of Judgement, and Circumstantial Opinion" (*ibidem*, p. 125).

117 *Ibidem*, p. 127.

118 "Gods Truth is the pretence of every Party, and being enlightned themselves, they all think they ought to enlighten all others; and these Lights meeting, and being infinitely reflected, beget a flame between

fundamental para a religião nem pelas Escrituras, nem pela Razão. Feito isso, seria possível conciliar os cristãos em torno de alguns poucos artigos de fé e liberalizar os demais aspectos da devoção, instaurando um estado de tolerância. Para alcançar esse estado, julgava Glanvill que se deveria praticar a tolerância em particular na esperança de que o governo a instituísse publicamente quando os homens estivessem prontos.[119] Evidenciava assim não apenas a necessidade de preservar-se de quaisquer suspeitas, mas ainda e principalmente a própria dialética que engendrou a crítica ilustrada.[120]

---

them, in which all of them are scorched, and Charity, and Peace are consumed" (*ibidem*, p. 142).

119 "[...] that all private person should Tolerate each other, and bear with their brothers Infirmities; That every man should allow another that Liberty, which he desires himself, in things wherein the Laws of God, and the Land, have left him Free; and permit him his own Opinion without Censure, or Displesure: Such a Toleration, I think, Christianity requires Private men; But as to the Publick, I do by no means think it Modest for Us to determine what the Government should do: And in This case, 'tis as unfit as in Any whatsoever; since this matter depends upon the Consideration of so many Things, that 'tis very Difficult to state the Bounds of Just Permission, and Restraint: Leaving That therefore to Their Prudence, whom Providence hath called to determine in It; I shall only say, that so much Toleration, as may consist with the Interests of Religion, and Publick Safety, may be Granted: But such a Liberty as is prejudicial to any of These, should not be expected: For Christianity, and all other Considerations, oblige the Government to provide for the Common Good. And were the Duty of Catholick Charity duly practised; and Private Christians once perswaded to Tolerate one another; it might then be safer for the Governmnet to give a Larger publick Toleration than possibly now is fit. In the mean while, without troubling our selves with fansies about the Duty of our Governours, Let us mind our Own; especially this great one, of Charity and Christian Love: And if we mind this, and practise sutably, God will be Glorified, and Religion Advanced; the Church will be Edified, and our Souls Comforted; Government will be Established, and the Peace of the world Promoted" (*ibidem*, p. 146-147).

120 KOSELLECK, Reinhardt. *Crítica e crise*: uma contribuição à patogênese do mundo burguês. Rio de Janeiro: Eduerj, 1999.

# Demonologia, ciência e religião: a controvérsia

Demonologia, ciência e religião: a controvérsia

# A NATUREZA DA BRUXARIA

Tendo identificado os principais problemas e compromissos intelectuais envolvidos na polêmica, retomo agora os dois primeiros tópicos da discussão demonológica, apresentados no primeiro capítulo, para organizar o conteúdo das opiniões de Glanvill e Webster e também para orientar a presente exposição – recorrerei ao terceiro tópico nas Considerações Finais. Nesta e na próxima seção do capítulo são expostas e discutidas as concepções de Webster e Glanvill sobre a natureza da bruxaria e os poderes dos demônios à luz da relação entre matéria e espírito no funcionamento do mundo. Na última seção são apresentadas as opiniões de ambos os autores a respeito do alcance da bruxaria, tendo em vista a implicação dessa crença para a definição dos milagres e a atuação de Deus.

Webster e Glanvill lidaram com um problema de séculos: o pacto diabólico e seus desdobramentos são concretos ou ilusórios? A síntese entre a realidade e o caráter ilusório da bruxaria, expressa no *Malleus maleficarum*, convencia, mas exigia diferenciar realidade, ilusão, natureza e sobrenatureza à luz de todas as fontes de conhecimento aceitas, a razão, a experiência e a revelação divina.

A partir da aceitação ou da rejeição do pacto diabólico como uma realidade concreta, Webster e Glanvill compuseram argumentações que se apropriaram de argumentos antigos e novos e que buscaram ser convincentes, metódicas e acessíveis, fosse pela organização do conteúdo, fosse pelo estilo da escrita. Ao mesmo tempo em que foram influenciadas pela demonologia de Weyer, Bodin e Scot, essas argumentações foram marcadas também pela busca por um método para interpretar a natureza e a revelação divina e pela importância crescente atribuída à experiência pela ciência moderna. Conciliar tais coisas permitiria superar a polêmica através de exposições mais consistentes e persuasivas e criar consenso entre os letrados, contribuindo, esperavam os autores, para o avanço do conhecimento e a preservação da ordem.

Tal empreendimento exigia apresentar de modo claro e preciso uma definição da bruxaria e da condição das bruxas, não apenas por ser este um tópico da demonologia, mas ainda porque permitia ele entrelaçar a bruxaria aos compromissos filosóficos e religiosos da época.

## Webster: a impostura e o delírio

Webster não negava a bruxaria, porém rejeitava a concepção corrente de[1]

> que a bruxa é aquela pessoa para quem o Diabo aparece em algum formato visível, com o qual a bruxa faz uma aliança ou contrato, algumas vezes selado com o sangue das bruxas, e então ele chupa o sangue delas por alguma parte do corpo, eles mantêm relações carnais e, em virtude dessa aliança, a bruxa pode ser transformada numa lebre, cachorro, gato, lobo ou outras criaturas análogas, elas podem voar, convocar chuvas e tempestades, matar homens ou o gado e realizar maravilhas semelhantes.[2]

Tal concepção era encontrada em numerosos autores, como Del Rio, Bodin, Sprenger e até mesmo entre conterrâneos de Webster, como Perkins, Balcombe, Gaule, Gifford e, evidentemente, Casaubon e Glanvill, "que lamberam um do outro o vômito do primeiro provocador que apresentou essa opinião vã e falsa e, sem

---

[1] O mesmo fizeram Weyer e Scot: "having declared in what sense and acceptation we allow of Witches, and in what notion we deny them, lest we be misunderstood we shall add thus much: That we do not (as the Schools speak) deny the existence of Witches absolutè and simpliciter, sed secundùm quid, and that they do not exist tali modo, that is, they do not make a visible Contract with the Devil, he doth not suck upon their bodies, they have not carnal Copulation with him, and the like recited before, and in these respects, and not otherwise, did Wierus, Gutierrius and Mr. Scot deny Witches, that is, that neither they nor their supposed Familiars could perform such things as are ascribed unto them" (WEBSTER, John. *The displaying of supposed witchcraft*. Londres: Printed by J. M., p. 37 [p. 51]).

[2] "That a Witch is such a person to whom the Devil doth appear in some visible shape, with whom the Witch maketh a League or Covenant, sometimes by Bond signed with the Witches blood, and that thereby he doth after suck upon some part of their bodies, and that they have carnal Copulation together, and that by virtue of that League the Witch can be changed into an Hare, Dog, Cat, Wolf, or such like Creatures; that they can flye in the air, raise storms and tempests, kill men or cattel, and such like wonders" (*ibidem*, p. 36 [p. 50]).

a devida consideração, trabalharam para impô-la aos outros".³ A oposição a essa opinião não era novidade. Webster apresentava-se como parte de uma tradição que negava a materialidade do pacto diabólico e restringia a ação dos demônios ao espiritual. Não escrevia para expressar algo novo, mas em resposta aos que se empenhavam em resgatar uma concepção pretensamente ameaçadora para a fé.

Para Webster, a bruxaria era uma impostura ou um delírio:

> colocamos em dois grupos os que são ou que podem ser considerados bruxas: 1) aqueles que foram e são enganadores [active deceivers], impostores tanto na prática quanto na intenção, mas que dissimulam suas mentiras e truques em performances diversas e variadas; [...] 2) e assim como há numerosos grupos de bruxas, cuja existência reconhecemos livremente, existem também um outro tipo, os que são iludidos [under a passive delusion] e não o sabem ou, ao menos, não percebem e não entendem que são ludibriados. Estes são aqueles que estão convictos de que viram, fizeram e experimentaram coisas estranhas e maravilhosas, as quais, na verdade, existem apenas nas fantasias degeneradas dessas pessoas e são somente ilusões da melancolia [melancholiae figmenta]. Mesmo assim, as confissões destes, apesar de absurdas, vazias, tolas, falsas e impossíveis, são aceitas como verdadeiras sem qualquer motivo e razão pelos perseguidores de bruxas [witchmongers], atribuídas falsamente aos demônios e consideradas suficientes para condenar o confesso à morte, quando tudo não passa de uma fantasia.⁴

---

3 *Ibidem*, p. 36 [p. 50].
4 "Those that are or may be accounted Witches we rank in these two orders. 1. Those that were and are active deceivers, and are both by practice and purpose notorious Impostors, though they shadow their delusive and cheating knaveries under divers and various pretences; [...] 2. And as there are a numerous crew of active Witches, whose existence we freely acknowledge; so there are another sort, that are under a passive delusion, and know not, or at least do not observe or understand, that they are deluded or imposed upon. These are those that confidently believe that they see, do, and suffer many strange, odd, and wonderful things, which have indeed no existence at all in them, but only in their depraved fancies, and are meerly melancholiæ figmenta. And yet the confessions of these, though absurd, idle, foolish, false, and impossible, are without all ground and reason by the common Witchmongers taken to be truths, and falsely

*The displaying of supposed witchcraft* era um esforço semântico, exegético e filosófico para demonstrar a inexistência do pacto diabólico e a condição natural da bruxaria. Para cumprir com esse objetivo, Webster restringiu as interpretações dos textos sagrados e profanos, ampliou as fronteiras da natureza através de hipóteses que explicassem os fenômenos atribuídos à bruxaria e colocou em dúvida a validade das evidências da realidade da bruxaria. Devido à sua condição preternatural, "as escrituras e a razão bem fundamentada são meios verdadeiros e adequados para provar as ações atribuídas às bruxas".[5]

Webster afirmava que os demais autores de demonologia trataram o assunto de maneira confusa. Não teriam definido e explicaram suas noções.[6] Sendo assim, buscava ele estabelecer uma concepção clara, aceitável e piedosa da bruxaria. Apropriando-se da escolástica[7] para tratar a terminologia envolvida na matéria, Webster desejava evitar que fosse atribuída uma condição ontológica ao que existiria apenas semanticamente.[8] O estudo semântico restringia as provas apresentadas pelos adversários e limitava a interpretação da Bíblia e dos textos clássicos. Weyer e Scot trilharam esse mesmo caminho; Scot, inclusive, dedicou sete dos 16 livros de seu tratado ao exame de palavras hebraicas. Segundo Webster, os termos usados em textos sagrados e profanos não poderiam ser empregados para sustentar a concretude do pacto diabólico. *Strix*, por exemplo, corresponderia a uma associação metafórica entre pássaro e mulher, significando, no máximo, de acordo com ele, uma mulher cujo hálito poderia causar doenças em crianças; *sortilegus*

---

ascribed unto Demons, and that they are sufficient grounds to proceed upon to condemn the Confessors to death, when all is but passive delusion" (*ibidem*, p. 25, 32 [p. 39, 46]).

5 A passagem acima corresponde ao título do quarto capítulo do tratado, intitulado "That the Scriptures and sound Reason are the true and proper Mediums to prove the Actions attributed unto Witches" (*ibidem*, p. 43 [p. 57]).

6 *Ibidem*, p. 20 [p. 34].

7 Apesar do conflito entre a filosofia experimental, da qual era entusiasta, e a escolástica, Webster reconhecia o valor de ambas: "Let Experimental Philosophy have its place and due honour; and let also the Logical, Methodical, and Formal ways of the Academies have its due praise and commendation, as being both exceedingly profitable, though in different respects; otherwise, in writing and arguing, nothing but disorder and confusion will bear sway" (*ibidem*, p. 20 [p. 34]).

8 Webster menciona o *Crátilo*, de Platão, ficando estabelecido que "words are but the making forth of those notions that we have of things, and ought to be subjected to things, and not things to words", então tem-se um precedente filosófico que explica, para além da exegese bíblica, a importância de lidar com a terminologia da bruxaria e afins nas controvérsias demonológicas. Para mais, conferir: *ibidem*, p. 21 [p. 35].

abrangeria várias práticas mágicas conhecidas como feitiçaria; *veneficus*, segundo o autor, designaria aquele capaz de ministrar compostos venenosos, os quais, ainda que mantidos em sigilo, teriam efeitos naturais.[9] Erros de tradução e de interpretação teriam comprometido a compreensão da literatura canônica, especialmente dos textos sagrados.

O primeiro tipo de bruxa apresentado por ele, os enganadores, ou *active deceivers*, existiriam desde a Antiguidade. Adviriam de todas as condições sociais e conheceriam diversas maneiras de ludibriar os homens e afastá-los da devoção a Deus. Webster sustentava a definição enunciada por Ady:

> a bruxa é um homem ou uma mulher que põe em prática artifícios diabólicos para seduzir as pessoas por algum ganho, para afastar do conhecimento, da adoração de Deus e da verdade e levar para a credulidade vã (ou a crença em mentiras) ou a adoração de ídolos.[10]

Dentre esses impostores existiriam: os que alegariam manipular a magia natural ou ter controle sobre um espírito familiar, aqueles que conseguiriam enxergar acontecimentos através de bolas de cristal e os que teriam o poder de conjurar espíritos e demônios.[11] Os oráculos, os magos e as bruxas mencionados na Bíblia seriam impostores que disseminariam a idolatria[12] e, por isso, deveriam ser tratados com severidade, já que "levam as pessoas à idolatria, aquilo que Deus mais odeia e contra o que proferiu o mais severo e terrível de todos os julgamentos",[13] pois a lei mosaica dizia "não deixarás viver a feiticeira"[14] e o primeiro mandamento, "não terá outros deuses diante de mim".[15]

---

9  Ibidem, p. 22-24 [p. 36-38].

10  "A Witch is a man or woman that practiseth Devillish crafts of seducing the people for gain; from the knowledge and worship of God, and from the truth, to vain credulity (or believing of lyes) or to the worshipping of Idols" (*ibidem*, p. 26 [p. 40]).

11  Ibidem, p. 25-26 [p. 39-40].

12  Ibidem, p. 25-31 [p. 39-45].

13  "Therefore the true and punctual reason why these persons (termed Witches or Diviners) are by the Law of God so severely to be punished, is, because they drew the people to Idolatry, the thing that God most hateth, and against which he hath pronounced the most severe and terriblest judgments of all" (*ibidem*, p. 27 [p. 41]).

14  Ex 22,17.

15  Ex 20,3.

Seria possível provar essa concepção por meio da Bíblia. Todavia, considerava ele, alguns cuidados eram necessários para uma leitura correta. As Reformas Religiosas colocaram a interpretação das escrituras sagradas na ordem do dia e da ampliação da leitura bíblica surgiram diversas confissões amparadas no texto sagrado. Diante dessa pluralidade confessional, eram buscadas maneiras de prevenir o surgimento de novos grupos religiosos e de estabelecer acordos entre aqueles já existentes. Webster apresentava alguns princípios para a leitura bíblica: comparar as diversas versões com os originais; estar atento para a sintaxe e o estilo do texto; comparar passagens; manter-se próximo do literal, tendo ciência de que as escrituras contêm parábolas, comparações e alegorias; evitar que a interpretação contradiga artigos de fé.[16]

As bruxas não figuravam no Novo Testamento. Webster considerava significativo esse silêncio. Para ele, as escrituras sagradas estabeleceriam a regra de fé e nela estariam prescritos todos os artigos necessários à religião, inclusive a configuração do mundo invisível, de modo que se não se falava de bruxas e de pacto diabólico, então deveria ser porque tais coisas não se misturariam com a religião. Glanvill respondia a esse argumento dizendo que as escrituras também não mencionavam a existência da América (e, por isso, não se poderia rejeitar a realidade da bruxaria por causa do silêncio da revelação).[17] Além disso, existiriam exemplos no Antigo Testamento que corroborariam a realidade da associação entre as bruxas e os demônios.

O embate entre Moisés, Aarão e os magos do faraó[18] e a visita de Saul a uma bruxa em Endor[19] foram episódios tratados em abundância pela literatura demonológica.

---

16  WEBSTER, John. *Op. cit.*, p. 137-142 [p. 151-156].

17  "To all which, I add this more general consideration, (3) That though the New Testament had mention'd nothing of this matter, yet its silence in such cases is not argumentative. Our Saviour spake as he had occasion, and the thousandth part of what he did, and said, is not recorded, as one of his Historians intimates. He said nothing of those large unknown Tracts of America, nor gave he any intimations of as much as the Existence of that numerous people; much less did he leave instructions about their conversion. He gives no account of the affairs and state of the other world, but only that general one of the happiness of some, and the misery of others. He made no discovery of the Magnalia of Art or Nature; no, not of those, whereby the propagation of the Gospel might have been much advanced, viz. the Mystery of Printing, and the Magnet; and yet no one useth his silence in these instances, as an argument against the being of things, which are evident objects of sense" (GLANVILL, Joseph. *Saducismus Triumphatus*. Londres: Printed for S. Lownds, 1688, p. 120 [p. 118]).

18  Ex 7,10-13.

19  1Sm 28,3-25.

Webster retomava Scot e dizia que os feitos atribuídos aos magos do faraó e à bruxa de Endor foram produzidos por meio de truques. Segundo ele, os feitos dos magos do faraó "foram realizados pelo poder da natureza e do artifício e o Diabo não foi causa eficiente na produção deles".[20] Magia natural e diabólica se diferenciariam apenas na finalidade, já que "ambas operam por agentes e meios naturais, tendo-se em vista que o Diabo não pode fazer nada acima ou contrário ao curso que Deus impôs à natureza".[21] Sendo assim, os magos do faraó, associados espiritualmente aos demônios, teriam recorrido à prestidigitação para transformar o cajado em serpente, talvez, supõe Webster, fazendo uso de um pedaço linho pintado na forma de uma cobra.[22] O mesmo teria feito a bruxa de Endor. Scot entendeu, a partir da tradução do termo hebraico 'ob',[23] que a mulher era uma pitonisa, uma ventríloqua, ou seja, uma enganadora que se aproveitara do desespero de Saul e fingiu estar em transe e comunicar-se com Samuel,[24] talvez fazendo uso de uma garrafa e truques de ventriloquismo.[25] Nem Samuel, nem o fantasma de Samuel, nem o Diabo teriam aparecido para Saul. Tudo não passaria de impostura,[26] pois o corpo de Samuel já estaria

---

20 "But as for the second particular, namely, the efficient causes and means of the producing of those thing that the Magicians did, we affirm they were performed by the power of nature and art, and that the Devil was no efficient cause of their production" (WEBSTER, John. *Op. cit.*, p. 142 [p. 165]).

21 "And therefore we can find no other ground or reason of dividing Magick into natural and Diabolical, but only that they differ in the end and use: for otherwise they both work by a natural agency and means, seeing the Devil can do nothing above or contrary to that course that God hath set in nature" (*ibidem*, p. 152 [p. 166]).

22 *Ibidem*, p. 154-155 [p. 168-169].

23 "This Word Ob, is translated Pytho, or Pythonicus spiritus: Deute.18. Isaie.19. I.Sam.28.2. Reg.23. &c.: sometime, though unproperlie, Magus as 2.Sam.33. But Ob signifieth most properlie a bottle, and is used in this place, bicause the Pythonists spake hollowe; as in the bottome of their bellies, whereby they are aptlie in Latine, called Ventriloqui: of which sort was Elizabeth Barton, the holie maid of Kent, &c" (SCOT, Reginald. *The discoverie of witchcraft*. Nova York: Dover Publications, 1972, p. 72).

24 *Ibidem*, p. 79-86.

25 "What she [a bruxa de Endor] there did, or pretended to do, was only by Ventriloquy, or casting her self into a feigned Trance lay groveling upon the earth with her face downwards, and so changing her voice did mutter and murmur, and peep and chirp like a bird coming forth of the shell, or that she spake in some hollow Cave or Vault, through some Pipe, or in a Bottle, and so amused and deceived poor timerous and despairing Saul, or had a confederate apparelled like Samuel to play his part, and that it was neither Samuels Body, Soul, nor no Ghost or Devil, but only the cunning and Imposture of the Woman alone, or assisted with a confederate" (WEBSTER, John. *Op. cit.*, p. 165-166 [p. 179-180]).

26 *Ibidem*, p. 171-177 [p. 185-191].

decomposto e seria necessário um poder onipotente para erguê-lo dos mortos; os espíritos abençoados ficariam junto de Deus depois da morte; e os demônios, atados à vontade divina, não poderiam manifestar-se a bel-prazer.

Casos recentes também comprovariam a farsa da bruxaria. Dentre os relatos desses episódios, Webster conta a história de Elizabeth Barton, mencionada anteriormente por Scot. Barton protagonizou uma farsa envolvendo monges, padres e estudiosos para impugnar o divórcio de Henrique VIII. Tal qual um oráculo, declarava ela "que se o rei desse prosseguimento ao seu divórcio e ao segundo casamento não deveria reinar sobre seu reino nem por um mês, nem descansar na graça de Deus por uma hora sequer", mas, dada a ameaça que isso representava, foi descoberta a verdade e "ela e sete de seus seguidores foram executados por traição em Tyburn e outros seis foram multados e presos".[27] Webster apresentava também o seu testemunho ocular da farsa da bruxaria. Quando era ministro em Kildwick, um garoto teria presenciado uma reunião de bruxas no condado vizinho e, desde então, ele e alguns acompanhantes dedicaram-se a revelá-las, conseguindo algum dinheiro com isso. Webster diz ter confrontado o menino, mas sem sucesso, devido à intromissão dos acompanhantes do garoto.[28] Porém, para a sorte dos acusados, o juiz do caso teria ficado insatisfeito com as evidências e recorreu às autoridades londrinas, as quais, ao separar o menino do pai, extraíram a confissão de que "ele foi ensinado e pago para ludibriar e reconhecer o que depunha contra eles [os culpados de bruxaria] e persistiu nessa perversidade aconselhado por seu pai e por alguns outros".[29] Assegurava ele a veracidade da história:

---

27  Ibidem, p. 272 [p. 286].

28  "And it came to pass that this said Boy was brought into the Church of Kildwick a large parish Church, where I (being then Curate there) was preaching in the afternoon, and was set upon a stall (he being but about ten or eleven years old) to look about him, which moved some little disturbance in the Congregation for a while. And after prayers I inquiring what the matter was, the people told me that it was the Boy that discovered Witches, upon which I went to the house where he was to stay all night, where I found him, and two very unlikely persons that did conduct him, and manage the business; I desired to have some discourse with the Boy in private, but that they utterly refused; then in the presence of a great many people, I took the Boy near me, and said: Good Boy tell me truly, and in earnest, did thou see and hear such strange things of the meeting of Witches, as is reported by many that thou dost relate, or did not some person teach thee to say such things of thy self? But the two men not giving the Boy leave to answer, did pluck him from me, and said he had been examined by two able Justices of the Peace, and they did never ask him such a question, to whom I replied, the persons accused had therefore the more wrong" (ibidem, p. 277 [p. 291]).

29  Ibidem, p. 277 [p. 291].

ainda existem muitas pessoas vivas, de suficiente reputação e integridade, que podem declarar e atestar o mesmo; além disso, o que eu escrevi é verdadeiro, segundo o meu próprio conhecimento e tudo aquilo que ouvi, mais de uma vez, da própria boca dele [do pai do menino].[30]

Webster considerou esse caso tão emblemático que anexou ao tratado, como síntese da obra, o exame feito pelos juízes de paz.[31]

O segundo tipo de bruxa reuniria aqueles iludidos, ou seja, *under a passive delusion*, cujas confissões eram as principais evidências do pacto diabólico e da materialidade da bruxaria. A partir desses testemunhos, defendia-se que as bruxas firmariam um pacto com o Diabo, que ele chuparia o sangue do corpo delas, que copularia com as mesmas e que elas poderiam se metamorfosear. Webster refutava essas proposições e indicava como teriam surgido tais fantasias.

Uma das causas desses delírios seria o aprendizado de opiniões vulgares e irreligiosas. A falta de instrução nas coisas divinas, morais e literárias permitiria que fossem aprendidas com as mães e amas de leite concepções absurdas e errôneas da gente comum, "que estão todas geralmente encantadas e enfeitiçadas pela crença em coisas estranhas relacionadas aos demônios, aparições, fadas, duendes, fantasmas, espíritos e afins".[32]

A limitação do conhecimento humano era tida como certa. A natureza preservaria os seus mistérios, não sendo possível afirmar com certeza que as causas de determinados fenômenos eram sobrenaturais: "homem algum pode determinar racionalmente onde começam os agentes e as ações sobrenaturais que não saiba com certeza onde terminam o poder e o funcionamento da natureza".[33] Mas essa

---

30 "And that this is a most certain truth, there are many persons yet living, of sufficient reputation and integrity, that can avouch and testifie the same; and besides, what I write is the most of it true, upon my own knowledge, and the whole I have had from his own mouth more than once" (*ibidem*, p. 278 [p. 292]).

31 *Ibidem*, p. 347-349 [p. 361-363].

32 *Ibidem*, p. 32 [p. 46]. Webster reafirma essa concepção em outra passagem dizendo: "the ignorance or mistaking of these things, joyned with the notions Men have imbibed from their infancy, together with irreligious education, are the true and proper causes, that make so many ascribe that power to Devils and Witches, that they neither have, or ever had, or can ever bring into act" (*ibidem*, p. 270 [p. 284]).

33 "And therefore those Men must needs be precipicious, and build upon a sandy foundation, that will ascribe corporeal effects unto Devils, and yet know not the extent of nature, for no Man can

precaução, segundo Webster, nem sempre foi respeitada. As descobertas recentes, feitas pelos membros da Royal Society, evidenciavam a ignorância a respeito da causa dos fenômenos naturais, porém, apesar disso, continuava-se a atribuí-la "à ação de maus espíritos, que foram na verdade engendrados pela natureza, e então ampliamos e fizemos avançar muito essa opinião grosseira e absurda do poder das bruxas".[34] De acordo com Webster, a preocupação com as generalidades filosóficas teria comprometido o conhecimento experimental da natureza, de modo que homens dedicados às artes mecânicas, como Roger Bacon, John Dee e Cornélio Agrippa, foram considerados conjuradores,[35] malabaristas, contorcionistas e impostores associados aos demônios.

A educação irreligiosa surgiria não apenas do aprendizado de crenças populares, mas ainda dos interesses da Igreja de Roma e dos magistrados, os quais seriam os grandes beneficiados pelas histórias de bruxas. Em defesa disso, Webster lembrava ao leitor que a concepção corrente da bruxaria foi elaborada por volta do século XIV pela Inquisição e que por meio dela as autoridades mataram milhares de pessoas e se apossaram dos bens delas. Del Rio, Bodin, Rémy, Sprenger etc. escreveram tais mentiras e falsidades porque seriam favorecidos pela caça às bruxas, acumulando espólios e disseminando as superstições católicas (o purgatório, o poder do sinal da cruz e da água-benta, por exemplo).[36] Sendo assim, para Webster, combater a noção corrente de bruxaria era, além de confrontar as opiniões de autores como Glanvill, enfrentar as crenças populares e católicas pela pregação da ciência moderna e da religião reformada.

Outra causa desse delírio das bruxas seria a melancolia. O argumento não era novo e a melancolia um assunto antigo. A medicina clássica prescrevia que a melancolia era um desequilíbrio humoral, no qual a bile negra era produzida em profusão e sobrepujava os demais humores. Embora rejeitasse que essa condição

---

rationally assign a beginning for supernatural agents and actions, that does not certainly know where the power and operation of nature ends" (*ibidem*, p. 267 [p. 281]).

34 "As is most evident in those many elucubrations, and continued discoveries of those learned and indefatigable persons that are of the Royal Society, which do plainly evince that hitherto we have been ignorant of almost all the true causes of things, and therefore through blindness have usually attributed those things to the operation of Cacodemons that were truely wrought by nature, and thereby not smally augmented and advanced this gross and absurd opinion of the power of Witches" (*ibidem*, p. 268 [p. 282]).

35 *Ibidem*, p. 268-269 [p. 282-283].

36 *Ibidem*, p. 57-58 [p. 71-72].

fosse somente uma patologia, Aristóteles dizia que a bile negra, quando muito fria, poderia causar apoplexias, torpores, atimias, terrores e, quando muito quente, eutimia, acessos de loucura e úlceras.[37] A melancolia era algo que estava entre a doença e o temperamento, em outras palavras, uma condição psicossomática. Robert Burton afirmava que "esta é uma enfermidade comum ao corpo e à alma, de tal modo que precisa tanto de cura espiritual quanto corporal", logo "um teólogo sozinho pouco pode fazer contra esta mazela composta, um médico contra alguns tipos de melancolia pode muito menos, mas juntos forjam uma cura absoluta".[38] Quando Weyer trouxe a melancolia para o centro da discussão demonológica, associou a condição doentia das acusadas aos propósitos diabólicos. Isto não era novidade. As acusadas de bruxaria eram em sua maioria velhas e pobres, cuja miséria do gênero e do lugar social facilitaria a profusão da bile negra. Tais mulheres teriam um aspecto deformado, pálidas, com pouco sangue, e enegrecidas pela bile. Ao invés de queimá-las, dever-se-ia alimentá-las adequadamente para pôr fim à doença.[39] As confissões de pacto diabólico e de outros feitos extraordinários resultariam dessa condição e não deveriam ser dignas de crédito, afinal, dizia Weyer, homens fortes raramente viam fantasmas enquanto as mulheres e crianças eram assombradas por eles.[40] Por detrás de tudo, estaria o Diabo, fazendo prodígios e enganando os homens para causar males e, principalmente, espalhar superstições.

O recurso à melancolia permitia a Webster contestar a validade dos testemunhos e explicar alguns dos fenômenos assombrosos atribuídos à bruxaria. Uma imaginação inflamada, afirmava ele, poderia moldar a matéria tal qual uma mulher grávida imprimiria mudanças no feto em decorrência de fortes emoções e desejos. Webster apresentava casos desse tipo, como, por exemplo, o da esposa de um comerciante da Antuérpia que teria visto um soldado que perdera a mão em batalha e que, por isso, deu à luz a uma filha maneta. Webster não estava ciente do lugar de destino do braço faltante, mas estava certo de que "o braço não foi levado ou arrancado por Satã".[41] Uma gestante poderia criar corpos es-

---

37  ARISTÓTELES. *O homem de gênio e a melancolia*: o problema XXX, 1. Rio de Janeiro: Lacerda Editores, 1998, p. 93.
38  BURTON, Robert. *A anatomia da melancolia*, v. 1. Curitiba: Editora UFPR, 2011, p. 83.
39  WEYER, Johann. *De prestigiis daemonum et incantationibus ac veneficiis apud* LEA, Henry Charles. *Materials toward a History of Witchcraft*. Londres; Nova York: University of Pennsylvania Press, 1957, p. 526.
40  *Ibidem*, p. 502.
41  WEBSTER, John. *Op. cit.*, p. 256-257 [p. 270-271].

tranhos dentro de si, os quais seriam expelidos posteriormente em episódios de pretensa possessão.⁴² Isso aconteceria porque, segundo Van Helmont, determinadas ideias seriam seminais e criariam corpos que ficariam dentro do homem até a extração.⁴³ Quando sujeitas ao delírio, as bruxas poderiam transmitir sua condição doentia através do olhar e conceber substâncias venenosas que interessariam aos demônios, pois eles seriam incapazes de produzi-las por si próprios. Afirmava-se, então, que a fascinação e o malefício eram causados pela geração e transmissão de substâncias venenosas, fosse de maneira natural, fosse através de algum artifício, no entanto a licantropia e a metamorfose não passariam de fantasias engendradas pela melancolia.⁴⁴ Em suma, os efeitos da bruxaria "são realizados ou por causas meramente naturais ou pela força da imaginação das bruxas e o desejo veemente de causar o mal a quem odeiam".⁴⁵

O grande problema da concepção corrente de bruxaria, para Webster, é que ela desprestigiaria o poder de Deus. Seria perigoso atribuir os fenômenos extraordinários aos demônios, pois, além da possibilidade de serem falsos ou meramente naturais, "a honra que é devida ao Criador, Conservador e Ordenador da Natureza não deve ser atribuída aos demônios", de modo que "os efeitos que pertencem à natureza devem ser atribuídos à natureza e os efeitos que os demônios produzem devem ser imputados a eles, não confundidos uns com os outros".⁴⁶

---

42  *Ibidem*, p. 255-256 [p. 269-270].

43  Webster cita Van Helmont: "man as far forth as he is the Image of God doth forth of nothing create certain Entia rationis, or non-Entities in their beginning, and that in the proper gift of the Phantastical virtue. Which are notwithstanding something more than meerly a privative or negative being. For first of all while these conceived Idea's do at length cloath themselves in the species or shape fabricated by the Imagination, they become Entities now subsisting in the middest of that Vestment, to which by the whole they are equally in them. And thus far they are made seminal and operative Entities: of which, to wit their assumed subjects are forthwith totally directed. But this power is given to man alone" (*ibidem*, p. 258-259 [p. 272-273]).

44  *Ibidem*, p. 32-35 [p. 46-49]. "So that from these examples it appeareth, that many persons, by reason of Melancholy in its several kinds, have been mentally and internally (as they thought, being depraved in their imaginations) changed into Wolves and other kind of Creatures, and have acted their parts, as though they had been really so, when the change was only in the qualities and conditions of the mind, and not otherwise" (*ibidem*, p. 95 [p. 109]).

45  *Ibidem*, p. 261 [p. 275].

46  "So that the honour that is due unto the Creator, Conserver, and Orderer of Nature ought not to be ascribed unto the Devils; for in doing this, the Witchmongers become guilty of Idolatry, and are themselves such Witches as are mentioned in the Old Testament, who by their lying Divinations led the people after them to follow Idols; therefore the effects that belong unto

O Diabo agiria de acordo com sua natureza, ou seja, de maneira sutil, espiritual, incapaz de realizar os feitos imputados a ele e, acima de tudo, limitado pela vontade de Deus. Se os demônios tivessem tais poderes, então nem mesmo as bruxas firmariam um acordo com eles, a não ser que estivessem completamente loucas.[47] Webster rejeitava a corporeidade do pacto diabólico, mas aceitava que essa sociedade fosse de natureza espiritual e ao espiritual estivesse restrita a ação dos demônios.[48] Não negava a bruxaria e, mesmo se o fizesse, não deveria ser acusado de saducismo ou ateísmo, pois defendia ele que a existência dos espíritos e a de Deus não estariam vinculadas à bruxaria.[49] Webster esforçava-se para desfazer uma conexão necessária, defendida por seus opositores, entre as bruxas e os espíritos, mas fazê-lo naquele momento, lembrando da insinuação de Camfield, era como negar os bispos sem rejeitar o poder do rei.

## Glanvill: o pacto diabólico

A bruxaria enquanto pacto diabólico concreto evidenciaria a existência das coisas espirituais, a imortalidade da alma humana e, em último, e mais importante, de Deus. Defender tal concepção seria, portanto, combater o saducismo. Na dedicatória de sua obra, Glanvill dizia que era seu dever zelar pelos fundamentos da

---

Nature, are to be attributed to Nature, and the effects that Devils produce, are to be ascribed unto them, and not one confounded with another" (*ibidem*, p. 18 [p. 32]).

47  *Ibidem*, p. 75-80 [p. 89-94].

48  "[...] we acknowledge an internal, mental, and spiritual League or Covenant betwixt the Devil and all wicked persons, such as are Thieves, Robbers, Murtherers, Impostors, and the like, whereby the temptations, suggestions, and allurements of Satan, spiritually darted, and cast into the mind, the persons so wrought upon, and prevailed withal, do assent and consent unto the motions and counsels of the evil Spirit, and so do make a League and Covenant with the said evil Spirit [...]. We acknowledge that this spiritual League in some respects and in some persons may be, and is an explicit League, that is, the persons that enter into it, are or may be conscious of it, and know it to be so. [...] And it is manifest, that in this League, and in no other, were all the Priests that belonged to the Oracles, who knew well enough that the Idols or false Gods they worshipped, did give no answers at all [...]. There are others that are under this spiritual League, though implicitly, as are all those that we have granted to be passively deluded Witches" (*ibidem*, p. 73-74 [p. 87-88]).

49  "So that even the denying of the Existence of Angels and Spirits, doth not infer the denying of a God; much less doth the denying the Existence of a Witch, infer the denial of the Being of Angels and Spirits; and therefore the charge of Atheism and Sadducism is false, injurious, and scandalous" (*ibidem*, p. 38-39 [p. 52-53]).

esperança depositada na existência de um outro mundo. Apesar de existirem evidências suficientes para comprovar a vida após a morte, os argumentos filosóficos a respeito dos atributos divinos, da providência e da natureza dos espíritos seriam demasiado sutis e profundos e acabariam confundindo os espíritos mais singelos, porém não menos orgulhosos, de modo que a melhor maneira para convencê-los seria apresentar-lhes evidências que fossem próximas dos sentidos.[50] Glanvill estava convencido de que a descrença e o ateísmo avançavam,[51] contestando a distinção entre corpo e alma, a existência dos espíritos e a imortalidade da alma, colocando a religião em xeque: "se nós perdermos esses artigos, toda a religião será reduzida a nada".[52]

Glanvill sustentava a concepção corrente da bruxaria:

> acredito que eu tenha descrito a bruxa ou a bruxaria em minhas considerações suficientemente para ser entendido, segundo a concepção que eu e, creio, a maioria dos homens têm de que uma bruxa é aquela que pode ou apenas aparenta fazer coisas incomuns, além

---

50 "For this reason, among some others, I appear thus much concerned for the justification of the belief of Witches, it suggesting palpable and current evidence of our Immortality" (GLANVILL, Joseph. *Op. cit.*, p. 57-58 [p. 56-57]).

51 Numa carta a Glanvill, More conta que o seu vizinho era um juiz e matemático tão inclinado para a evidência dos sentidos que rejeitava qualquer coisa que não fosse concreta e que dizia "ens is nothing till Sense sind it out: Sense ends in nothing, so nought goes about". Conta ter conversado com o sujeito acerca da imortalidade da alma e dos espíritos, mas nada, a não ser a experiência palpável, era capaz de convencê-lo. O homem teria tal afeição à experimentação que "he had used all the Magical Ceremonies of Conjuration he could to raise the Devil or a Spirit, and had a most earnest desire to meet with one, but never could do it". Contudo, enquanto o criado tirava suas botas, o homem sentiu o bater de algo nas costas, porém não viu ninguém. Como nenhum de seus argumentos conseguia persuadir o vizinho, More conta ter dito a ele: "do you remember the clap on your Back when your Servant was pulling off your Boots in the Hall? Assure your self, said I, Father L. that Goblin will be the first that will bid you welcome into the other World. Upon that his Countenance changed most sensibly, and he was more confounded with this rubbing up his memory, than with all the Rational or Philosophical Argumentations that I could produce" (*ibidem*, p. 23-25 [p. 22-24]).

52 "There is no one, that is not very much a stranger to the World but knows how Atheism and Infidelity have advanced in our days, and how openly they now dare to shew themselves in Asserting and Disputing their vile Cause. Particularly the distinction of the Soul from the Body, the Being of Spirits, and a Future Life are Assertions extremaly despised and opposed by the Men of this sort, and if we lose those Articles, all Religion comes to nothing". In: *Ibidem*, p. 267 [p. 259]).

do alcance da arte e da natureza ordinária, através da associação com espíritos malignos.[53]

Aceitava a existência de diversos significados para bruxaria nos diferentes idiomas e épocas. Todavia, segundo Glanvill, Webster (e outros, Ady, Wagstaffe, Scot) usava de má-fé para reduzir o termo à enganação, ao envenenamento etc. O uso corrente, e não a trajetória etimológica, deveria definir o sentido de uma palavra.[54] More tratou desse assunto extensamente no *post-scriptum* de uma carta a Glanvill, escrita em 1678, um ano depois da publicação do tratado de Webster, a qual integra o *Saducismus triumphatus*. Nela confrontava apenas aquilo que considerava a melhor parte do tratado de Webster, dado que, julgava More, a obra conteria tantos absurdos que exigiria tempo e paciência em demasia para refutá-la inteiramente.[55] More reconhecia que os termos 'wizard' e 'witch' indicavam uma pessoa astuta, já que proviriam do radical 'wit', mas esse sentido mais abrangente não contradiria o significado específico e atual da bruxaria. A bruxaria seria conhecida por muitos nomes, os quais, apesar de indicarem práticas diferentes, corresponderiam igualmente a coisas condenadas pela lei mosaica por se tratarem de transações entre homens e maus espíritos.[56]

O *Saducismus triumphatus* estava organizado em duas etapas. Na primeira confrontava as objeções mais comuns à bruxaria, estabelecendo-a como uma possibilidade. Na segunda apresentava histórias que comprovariam a bruxaria e a atuação dos espíritos como questões de fato. Tais evidências eram episódios bíblicos e casos recentes envolvendo bruxas e aparições.[57] Dentre os postulados que apresentava

---

53 "I think I have described a Witch or Witchcraft in my Considerations, sufficiently to be understood, and the Conception which I, and, I think, most Men have is, That a Witch is one, who can do or seems to do strange things, beyond the known Power of Art and ordinary Nature, by vertue of a Confederacy with Evil Spirits" (*ibidem*, p. 269 [p. 261]).

54 "Words signifie as they are used, and in common use, Witch and Witchcraft, do indeed imply these, but they imply more, viz. Deluding, Cheating and Hurting by the Power of an Evil Spirit in Covenant with a wicked Man or Woman: This is our Notion of a Witch" (*ibidem*, p. 271-272 [p. 263-264]).

55 *Ibidem*, p. 28 [p. 27].

56 *Ibidem*, p. 29-41 [p. 28-40]. Sintetiza More: "it was sufficient for Moses to name those ill sounding terms in general, which imply a Witch according to that general notion I have above delivered; which if it be prohibited, namely the having any thing to do with evil Spirits, their being suckt by them, or their having any lustful or venereous transactions with them, is much more prohibited" (*ibidem*, p. 39 [p. 38]).

57 "And in order to the proof that there have been, and are, unlawful Confederacies with evil Spirits, by vertue of which the hellish accomplices perform things above their natural powers:

aos opositores, Glanvill afirmava "que um fato pode apenas ser provado pelo sentido imediato ou o testemunho de outros, divino ou humano".[58]

Glanvill estava seguro da excepcionalidade de sua época. Muitas coisas foram descobertas e outras tantas poderiam ser trazidas à luz por esforços conjuntos em busca do entendimento da natureza e do aprimoramento da vida humana. Apesar das descobertas e das novas filosofias terem abalado ideias, teorias e métodos seculares, Glanvill achava admirável que diante de tantas maravilhas houvesse descrença com relação à bruxaria e às aparições.[59] Talvez o Diabo cultivasse tal descrença que camuflaria sua atuação no mundo. Essa possibilidade engrandecia a iniciativa de Glanvill e, numa época em que o pensamento se construía por oposição, lançava suspeitas sobre as intenções de Webster, Wagstaffe, Ady, Scot, Weyer etc.

Dentre as objeções à bruxaria como um pacto diabólico real destacam-se duas delas: as ações das bruxas seriam impossíveis e a bruxaria não passaria de farsa e de melancolia.

Dizia-se que o voo das bruxas até lugares ermos, a capacidade de se transformar em certas criaturas, a dor sentida por elas quando metamorfoseadas, a convocação de tempestades e a ligação com espíritos familiares seriam "ações inconsistentes com a natureza dos espíritos e acima dos poderes desses agentes pobres e miseráveis", de modo que "todo o mistério da bruxaria não passa de uma ilusão de uma imaginação enlouquecida".[60] Glanvill contrapunha-se a esse juízo, defendia a validade dos testemunhos, afirmando que, ao contrá-

---

I must premise, that this being matter of fact, is only capable of the evidence of authority and sense; and by both these the being of Witches and diabolical Contracts is most abundantly confirm'd. All Histories are full of the exploits of those Instruments of darkness; and the testimony of all ages, not only of the rude and barbarous, but of the most civiliz'd and polish'd World, brings tidings of their strange performances" (*ibidem*, p. 67 [p. 65]).

58 *Ibidem*, p. 273 [p. 265].

59 "In an Age of Wonders, not only of Nature, (which is a constant Prodigy) but of Men and Manners; it would be to me matter of astonishment, that Men, otherwise witty and ingenious are fallen into the conceit that there is no such thing as a Witch or Apparition, but that these are the creatures of Melancholy and Superstition, foster'd by ignorance and design; which comparing the confidence of their disbelief with the evidence of the things denied, and the weakness of their grounds, would almost suggest that themselves are an Argument of what they deny; and that so confident an opinion could not be held upon such inducements, but by some kind of Witchcraft and Fascination in the Fancy" (*ibidem*, p. 65-66 [p. 63-64]).

60 "These are presumed to be actions inconsistent with the nature of Spirits, and above the powers of those poor and miserable Agents. And therefore the Objection supposeth them performed

rio da ficção, eles não buscariam verossimilhança, e questionava o porquê da imaginação ter produzido os mesmos relatos em diferentes lugares e épocas.[61] Seria preciso ter em mente que

> os feitos estranhos atribuídos às bruxas, e presumidos impossíveis, não são causados pelos poderes delas, mas pela ação daqueles aliados nefastos que elas empregam. Afirmar que tais espíritos malignos não podem realizar aquilo que consideramos impossível é restringir com ousadia os poderes de criaturas cuja natureza e faculdades não conhecemos e mensurar o mundo dos espíritos pelas regras estreitas de nossa impotência.[62]

As bruxas não teriam capacidades estranhas aos homens em geral, mas receberiam dos demônios instrução e poder para realizar coisas extraordinárias. Como pouco se sabia sobre tais criaturas, não seria possível dizer com certeza o que elas poderiam ou não fazer. Um dos postulados de Glanvill estabelecia que "estamos na escuridão quanto à natureza e as espécies de espíritos e à condição específica do outro mundo".[63] A impossibilidade de determinar as causas de determinados fenômenos expressaria "a fragilidade e a imperfeição do nosso conhecimento e apreensões, não a impossibilidade dessas proezas".[64] Nessas condições, o sujeito deveria contentar-se em constatar a ocorrência desses fenôme-

---

only by the Fancy; and that the whole mystery of Witchcraft is but an illusion of crasie imagination" (*ibidem*, p. 71 [p. 69]).

61 *Ibidem*, p. 71-72 [p. 69-70].

62 "But again the strange Actions related of Witches, and presumed impossible, are not ascribed to their own powers; but to the Agency of those wicked Confederates they imploy. And to affirm, that those evil spirits cannot do that which we conceit impossible, is boldly to stint the powers of Creatures, whose natures and faculties we know not; and to measure the world of Spirits by the narrow rules of our own impotent beings" (*ibidem*, p. 72 [p. 70]).

63 "[...] we are much in the dark, as to the Nature and Kinds of Spirits, and the particular condition of the other World. The Angels, Devils, and Souls happiness and misery we know, but what kinds are under these generals, and what actions, circumstances and ways of Life under those States we little understand" (*ibidem*, p. 274 [p. 266]).

64 "So that the utmost that any mans reason in the world can amount to in this particular, is only this, That he cannot conceive how such things can be performed; which only argues the weakness and imperfection of our knowledge and apprehensions, not the impossibility of those performances" (*ibidem*, p. 72 [p. 70]).

nos, ao invés de rejeitá-los *a priori* como impossíveis, já que fazê-lo pressuporia conhecer o funcionamento da natureza,⁶⁵

> visto que, tratando de fenômenos naturais, podemos apenas indicar as causas prováveis, expondo como as coisas podem ser e não presumindo como elas são. Com relação aos pormenores sob nosso estudo, talvez possamos descrever como é possível, e não improvável, que essas coisas (embora divirjam de alguma maneira do curso ordinário da Natureza) possam ser realizadas.⁶⁶

Por isso, ao tratar dos poderes atribuídos às bruxas, Glanvill não os explica, apenas lança hipóteses, contentando-se, como adepto da filosofia baconiana, em estabelecê-los como fatos que poderão constituir uma história natural. Outro de seus postulados dizia "que o que é suficiente e indubitavelmente provado não deve ser negado porque não sabemos como se dá, isto é, porque existem dificuldades em concebê-lo".⁶⁷

O voo consistiria na separação do espírito em relação ao corpo, sem causar a morte, o que levava Glanvill a supor que os unguentos das bruxas serviriam para preservar a matéria incólume na ausência do espírito.⁶⁸ A metamorfose resultaria do poder da imaginação sobre a matéria, capaz de criar e de alterá-la tal qual uma gestante modificaria o corpo do feto, mas poderia tratar-se também de alguma ilusão plantada pelos demônios.⁶⁹ A dor poderia ser transmitida de um corpo para

---

65 "Briefly then, matters of fact well proved ought not to be denied, because we cannot conceive how they can be performed. Nor is it a reasonable method of inference, first to presume the thing impossible, and thence to conclude, that the fact cannot be proved. On the contrary, we should judge of the action by the evidence, and not the evidence by the measures of our fancies about the action" (*ibidem*, p. 69 [p. 71]).

66 "For in resolving natural Phænomena, we can only assign the probable causes, shewing how things may be, not presuming how they are. And in the particulars under our Examen, we may give an account how 'tis possible, and not unlikely, that such things (though somewhat varying from the common road of Nature) may be acted" (*ibidem*, p. 73 [p. 71]).

67 "[...] that which is sufficiently and undeniably proved, ought not to be denied, because we know not how it can be, that is, because there are difficulties in the conceiving of it" (*ibidem*, p. 274 [p. 266]).

68 *Ibidem*, p. 73-74 [p. 71-72].

69 "The Transformations of Witches into the shapes of other Animals, upon the same supposal is very conceivable, since then 'tis easie enough to imagine, that the power of imagination may

o outro da mesma maneira que uma doença tomaria a imaginação ou seria passada da mãe para o bebê. Já a convocação de tempestades seria obra exclusiva dos demônios, mas que, dada sua natureza enganadora, apreciariam ludibriar as bruxas para que realizassem cerimônias extravagantes e acreditassem ter elas algum poder.[70] Sobre a relação com os familiares, Glanvill supunha

> que o familiar não apenas chupa o sangue da bruxa, mas ao fazer isso introduz nela uma espécie de fermento venenoso, o qual dá à imaginação e ao espírito dela uma qualidade mágica, com a qual se tornam prejudicialmente influentes; a palavra 'venefica' indica algo do tipo. [...] é fácil conceber que o espírito maligno, tendo insuflado um tipo de vapor venenoso no corpo da bruxa, pode contaminar o sangue e o espírito dela com alguma qualidade nociva, por meio da qual a imaginação infectada, estimulada pela melancolia e por essa causa pior ainda, pode fazer muito mal aos corpos que são afetados por tais influências. E é muito provável que esse fermento direcione a imaginação da feiticeira para causar o mencionado ἀφαιρεσία [aphairesia; remoção], ou a separação entre a alma e o corpo, e talvez possa manter o corpo apto para a reentrada da alma, assim como pode facilitar a transformação, a qual, é possível, não poderia ser realizada por uma imaginação em estado normal e sem assistência.[71]

---

form those passive and pliable vehicles into those shapes, with more ease than the fancy of the Mother can the stubborn matter of the Fetus in the Womb, as we see it frequently doth in the instances that occur of Signatures and monstrous Singularities; and perhaps sometimes the confederate Spirit puts tricks upon the senses of the Spectators, and those shapes are only illusions" (*ibidem*, p. 74 [p. 72]).

70 *Ibidem*, p. 75 [p. 73].

71 "[...] That the Familiar doth not only suck the Witch, but in the action infuseth some poysonous ferment into her, which gives her Imaginations and Spirits a magical tincture, whereby they become mischievously influential; and the word venefica intimates some such matter. [...] 'tis plain to conceive that the evil spirit having breath'd some vile vapour into the body of the Witch, it may taint her blood and spirits with a noxious quality, by which her infected imagination, heightned by melancholy and this worse cause, may do much hurt upon bodies that are impressible by such influences. And 'tis very likely that this ferment disposeth the imagination of the Sorceress to cause the mentioned ἀφαιρεσία [aphairesia], or separation of the Soul from

Com relação à outra objeção ao pacto diabólico, Glanvill não negava a melancolia das bruxas. Sugeria que uma imaginação inflamada permitiria às bruxas fazer coisas assombrosas. Entretanto, enquanto para Webster isso corroboraria o caráter ilusório da bruxaria, para Glanvill tratava-se da expressão material dos demônios, que se aproveitariam da natureza humana. Dessa maneira, buscava Glanvill conciliar o argumento médico com a realidade da bruxaria e, com isso, advogava um determinado entendimento da matéria e do espírito.

Ainda que reconhecesse que a credulidade sujeitaria a maioria das pessoas à enganação e que a melancolia seria bastante persuasiva,[72] Glanvill rejeitava que a impostura e a doença fossem as causas da bruxaria como um todo.

A impostura não implicaria na inexistência da bruxaria e afins. Dever-se-ia, na verdade, tomar a impostura como incentivo para investigações mais diligentes, ao invés de recusar a bruxaria por causa de algumas farsas, pois

> concluir, porque as fantasias de uma velha enganaram-na, ou alguns comparsas desonestos ludibriaram os ignorantes e os temerosos, que, por isso, todos os tribunais tenham sido enganados milhares de vezes em julgamentos sobre questões de fato e numerosas pessoas de sobriedade tenham mentido sobre coisas cujo perjúrio não traria vantagem a elas, eu digo,

---

the Body, and may perhaps keep the Body in fit temper for its re-entry; as also it may facilitate transformation, which, it may be, could not be effected by ordinary and unassisted imagination" (*ibidem*, p. 75-76 [p. 73-74]).

72 Dentre as concessões feitas aos críticos da bruxaria, diz ele: "Thirdly, I allow that the great Body of Mankind is very credulous, and in this matter so, that they do believe vain impossible things in relation to it. That carnal Copulation with the Devil, and real Transmutation of Men and Women into other Creatures are such. That people are apt to impute the extraordinaries of Art, or Nature to Witchcraft, and that their Credulity is often abused by subtle and designing Knaves through these. That there are Ten thousand silly lying Stories of Witchcraft and Apparitions among the vulgar. That infinite such have been occasioned by Cheats and Popish Superstitions, and many invented and contrived by the Knavery of Popish Priests. Fourthly, I grant that Melancholy and Imagination have very great force, and can beget strange perswasions. And that many Stories of Witchcraft and Apparitions have been but Melancholy fancies" (*ibidem*, p. 272 [p. 264]).

inferências como essas são tão vazias de razão quanto o são de caridade e de boas maneiras.[73]

Os demônios poderiam usar da impostura para esconder sua atuação. A predominância de confissões e testemunhos de mulheres velhas e crianças em casos de bruxaria seria sugestiva para Glanvill. A credulidade preveniria que essas pessoas percebessem os artifícios dos demônios e seus agentes. Além disso, os demônios poderiam se aproveitar da imaginação humana, alimentando-a até que ela se impusesse sobre os mais fracos e ignorantes, pois "sem dúvida uma fantasia estimulada e obstinada tem uma grande influência sobre os espíritos mais impressionáveis". Glanvill dizia, por fim, "estou muito disposto a acreditar que existam tantos contatos e ligações entre nossos espíritos quanto entre agentes materiais",[74] de modo que

> as influências de um espírito possuído por uma imaginação ativa e desmedida podem ser malignas e fatais onde não seja oferecida resistência, especialmente quando acompanhadas por aqueles vapores venenosos que o espírito maligno insufla na feiticeira, os quais são expelidos, usados por uma fantasia intensa e aprontados pela melancolia e o desgosto.[75]

Os demônios estimulariam a imaginação por meio de superstições e tolices, por isso não seria casual que ignorantes e melancólicos estivessem ligados ao Diabo.

---

73 "But, to conclude, because that an old Woman's fancy abused her, or some knavish fellows put tricks upon the ignorant and timorous, that therefore whole Assises have been a thousand times deceived in judgments upon matters of fact, and numbers of sober persons have been forsworn in things wherein perjury could not advantage them; I say, such inferences are as void of reason, as they are of charity and good manners" (*ibidem*, p. 87 [p. 85]).

74 "Besides 'tis likely a strong imagination, that cannot be weakn'd or disturb'd by a busie and subtile ratiocination, is a necessary requisite to those wicked performances; and without doubt an heightned and obstinate fancy hath a great influence upon impressible spirits; yea, and as I have conjectur'd before, on the more passive and susceptible bodies. And I am very apt to believe, that there are as real communications and intercourses between our Spirits, as there are between material Agents" (*ibidem*, p. 85 [p. 83]).

75 "Which thing supposed, the influences of a Spirit possessed of an active and enormous imagination, may be malign and fatal where they cannot be resisted; especially when they are accompanied by those poysonous reaks that the evil spirit breaths into the Sorceress, which likely are shot out, and applied by a fancy heightned and prepared by melancholy and discontent" (*ibidem*, p. 85 [p. 83]).

A melancolia por si só não seria capaz de realizar prodígios ou produzir as evidências encontradas em casos de bruxaria, como, por exemplo, os pregos e agulhas expelidos pelos possessos. Atribuir a bruxaria apenas ao delírio depreciaria a qualidade do testemunho humano,

> pois não apenas as pessoas melancólicas e fantasiosas, mas também aquelas graves e sóbrias, cujo discernimento não temos motivo para suspeitar de que esteja estragado pela imaginação, fizeram relatos dessa natureza a partir de seus próprios conhecimentos e experiências.[76]

Glanvill esperava que seus leitores aceitassem que "os nossos sentidos as vezes percebem a verdade e a humanidade não tem apenas mentirosos, vigaristas e patifes",[77] pois estas, junto do entendimento, eram fontes de conhecimento certo para ele.

Seria possível, portanto, provar a realidade da bruxaria e suas implicações recorrendo a testemunhos confiáveis. Glanvill e More contrapuseram-se à opinião de Webster e Scot acerca dos magos do faraó e da bruxa de Endor e apresentaram também diversos relatos de bruxaria e de aparições. Na edição de 1688 do *Saducismus triumphatus* constam 28 relatos reunidos por Glanvill, seis acrescentados por More e a tradução de Anthony Horneck de alguns casos de bruxaria na Suécia entre 1669 e 1670 e também em 1678. Tendo respondido às objeções dos saduceus e estabelecido a bruxaria como uma possibilidade, Glanvill buscava agora torná-la um fato.

Provava ele pela revelação "que os espíritos mantiveram transações sensíveis com os homens e que alguns deles fizeram alianças tais com os espíritos que puderam realizar maravilhas".[78] Existiriam aparições de anjos, demônios e possessos em número suficiente no texto bíblico para corroborar essas transações entre os homens e as criaturas

---

[76] "For not only the melancholick and the fanciful, but the grave and the sober, whose judgments we have no reason to suspect to be tainted by their imaginations, have from their own knowledge and experience made reports of this nature" (*ibidem*, p. 84 [p. 82]).

[77] "[...] That some Humane Testimonies are credible and certain, viz. They may be so circumstantiated as to leave no reason of doubt. For our Senses sometimes report truth, and all Mankind are not Lyars, Cheats, and Knaves, at least they are not Lyars, when they have no Interest to be so" (*ibidem*, p. 274 [p. 266]).

[78] "The Proof I intend shall be of these two things, viz. That Spirits have sensibly transacted with Men, and that some have been in such Leagues with them, as to be enabled thereby to do

espirituais. Dentre essas aparições, Glanvill não poderia esquivar-se de tratar do episódio dos magos do faraó e da bruxa de Endor e, assim como Webster, aconselhava os seus leitores, antes de tudo, a evitar interpretar o texto bíblico de maneira alegórica.[79]

A respeito do episódio dos magos do faraó, Glanvill colocava dois problemas para a interpretação de Webster (e Scot): se as escrituras afirmam que esses homens teriam transformado seus cajados em serpentes, quando, na verdade, teriam feito um truque, então o relato bíblico careceria de confiabilidade; e se os magos do faraó enganaram a todos, tal suspeita poderia recair também sobre Moisés e Aarão.[80] Tendo isso em vista, seria mais simples aceitar que os magos do faraó fizeram aquilo que o texto diz terem eles feito. Os magos do faraó não eram meros impostores.[81] Glanvill fazia algumas suposições, optando por explicações mais simples, mas não descartava outras possibilidades. Acreditava que os magos e os demônios firmaram um pacto explícito, mas reconhece que não seria impossível que estivessem associados apenas de maneira implícita, como afirmava Webster. Apesar da possibilidade de que os prodígios tivessem sido ilusórios, Glanvill supunha ter mais razões para acreditar que os feitos foram reais e suspeitava de que os demônios substituíram os cajados dos magos do faraó pelas serpentes em um átimo.[82] Em suma, Glanvill atribuía aos demônios os subterfúgios que Webster imputava aos próprios magos, mas nenhum dos dois poderia aceitar uma explicação ainda mais econômica: os cajados dos magos do faraó foram simplesmente transformados em serpentes. Fazê-lo significaria aproximar em demasia os prodígios dos milagres.

O episódio da bruxa de Endor era talvez ainda mais interessante para o propósito apologético de Glanvill, pois evidenciaria o costume das bruxas de convocar espíritos e a vida após a morte.[83] Scot dizia que uma ventríloqua ludibriou Saul, fingindo conversar com Samuel enquanto o rei hebreu ouvia tudo de um outro

---

wonders. These sensible Transactions of Spirits with Men, are evident from Apparitions and Possessions" (*ibidem*, p. 275 [p. 267]).

79  "Thirdly, That the History of the Scripture is not all Allegory, but generally hath a plain literal and obvious meaning" (*ibidem*, p. 274 [p. 266]).

80  *Ibidem*, p. 293 [p. 285].

81  "There was something done that was extraordinary beyond Man's Art and Contrivance, or the effects of ordinary Nature. And therefore must have either God, or some Spirit or Dæmon" (*ibidem*, p. 294 [p. 286]).

82  "There is no difficulty in conceiving that Spirits might suddenly convey Serpents, with which Ægypt abounded, into the place of the Rods, which they might unperceivably snatch away after they were thrown down" (*ibidem*, p. 295 [p. 287]).

83  *Ibidem*, p. 317 [p. 309].

cômodo. Webster falava inclusive do uso de uma garrafa para enganar Saul. Para Glanvill, no entanto, Scot não oferecia uma interpretação, mas uma história alternativa para o episódio narrado.[84] Scot fundamentava a existência de outro cômodo na casa da bruxa no fato de Saul perguntar à mulher o que ela estaria vendo; se estivessem no mesmo lugar, não teria ele porquê indagá-la. Glanvill responde dizendo que seria comum que as aparições se revelassem somente aos olhos de algumas pessoas, como, por exemplo, no julgamento de Sharp e Walker, admitido como verdadeiro pelo próprio Webster, quando "a aparição surgiu no tribunal para o juiz, ou o primeiro jurado [...], mas os demais não viram nada".[85] Glanvill e More supunham que a própria alma de Samuel apareceu diante de Saul.[86] As almas conservariam a vida, os sentidos e o movimento e, assim como os anjos, poderiam ser utilizadas como mensageiras por Deus.[87] Também considerava possível que a alma de Samuel tivesse vindo até Saul por vontade própria,[88] afinal isso seria frequente até mesmo na época presente, como comprovariam as numerosas histórias de aparições.

Apesar de misteriosas, poder-se-ia dar alguns palpites sobre a natureza e os poderes dos espíritos a partir de alguns relatos confiáveis.

Os espíritos surgiriam diante dos vivos para exigir algo deles ou alertá-los de alguma coisa. Webster acreditava na existência de aparições e, dentre as histórias que apresentou como evidência disso, havia a de uma moça que, depois de morta, aparece para um homem e denuncia o seu assassinato, indica onde está o corpo, a arma do crime e a identidade dos envolvidos, Walker e Sharp, os quais foram considerados culpados pelo júri e executados.[89] More admitiu a credibilidade dessa história. Ele fez menção dela numa de suas obras e em carta a Glanvill apresentou o resultado da sua investigação sobre o episódio. Um amigo de More forneceu a ele o testemunho de dois homens que eram adultos na época do julgamento de

---

84 "And according to this way of interpreting, a Man may make what he will of all the Histories in the Bible, yea in the World" (*ibidem* p. 298 [p. 290]).

85 "In the Famous Story of Walker and Sharp, recited by him [Webster], p. 299, 300. which he confesseth to be of undoubted verity, he saith, it was reported, that the Apparition did appear in Court to the Judge, or Fore-man of the Jury (and I have from other hands very credible attestation that it was so) but the rest saw nothing" (*ibidem*, p. 300 [p. 292]).

86 *Ibidem*, p. 308 [p. 300].

87 *Ibidem*, p. 312 [p. 304].

88 *Ibidem*, p. 315 [p. 307].

89 WEBSTER, John. *Op. cit.*, p. 298-300 [p. 312-314].

Walker e Sharp. O relato dos homens diferiria daquele de Webster em alguns detalhes, mas "a concordância é tão precisa no principal que não se pode ter dúvida da veracidade da aparição". Com relação à hipótese de Webster de que a aparição corresponderia ao espírito astral da moça, dizia More, no entanto, "isto é apenas um conceito fantasioso de Webster e seus paracelsianos".[90] Existiriam numerosos casos como esse. Glanvill apresenta o *post-scriptum* de uma carta em que é relatada a aparição do fantasma de George Villiers, o pai do duque de Buckingham, a um criado chamando Parker para alertar do assassinato iminente de seu filho.[91] Noutras cartas são relatadas, entre outras, a aparição do major George Sydenham ao capitão William Dyke, ambos de Somersetshire, para contar como era o outro mundo,[92] e a de Edward Avon a Thomas Goddard, seu genro, do condado de Wilts, para quitar as pendências financeiras deixadas pelo falecido.[93]

Além disso, os espíritos prestariam auxílio às bruxas. As primeiras considerações de Glanvill sobre a bruxaria foram reforçadas pelos testemunhos coletados por Robert Hunt, quando juiz de paz em Somerset, no começo dos anos de 1660. Tais testemunhos foram reapresentados no *Saducismus triumphatus*, dentre os quais estão os depoimentos e a confissão de Elizabeth Styles.[94] A velha Styles foi acusada de enfeitiçar uma menina, Elizabeth Hill, causando convulsões e perfurando o corpo da jovem de alguma maneira invisível e misteriosa. Além disso, teria ela também matado Agnes Vining por meio de duas maçãs envenenadas. A acusada confessou ter firmado um pacto com o demônio, participado de reuniões diabólicas, recorrido a um familiar chamado Robin e, por fim, feito uso de imagens de cera e de outros objetos batizados pelo Diabo para causar diversos males. Contra uma objeção bastante pertinente, Hunt assegurava que "essa confissão de Styles foi livre e voluntária, sem qualquer tortura ou vigília".[95] Além

---

90 "But that this, for sooth, must not be the Soul of Anne Walker, but her Astral Spirit, this is but a fantastick conceit of Webster and his Paracelsians, which I have sufficiently shewn the folly of in the Scholia on my Immortality of the Soul, Volum. Philos. Tom. II. p. 384" (GLANVILL, Joseph. *Op. cit.*, p. 22 [p. 21]).
91 *Ibidem*, p. 410-411 [p. 402-403].
92 *Ibidem*, p. 406-409 [p. 398-401].
93 *Ibidem*, p. 399-406 [p. 391-398].
94 *Ibidem*, p. 345-358 [p. 337-350].
95 "This Confession of Styles was free and unforced, without any torturing or watching, drawn from her by a gentle Examination, meeting with the Convictions of a guilty Conscience" (*ibidem*, p. 355 [p. 347]).

desses testemunhos, são apresentados alguns outros relatos: o caso de Florence Newton, a bruxa de Youghall, na Irlanda, ocorrido por volta de 1660,[96] os episódios das bruxas escocesas de meados dos anos de 1670[97] e de 1590[98] e a tradução de acontecimentos dados na Suécia nos anos de 1670.[99] Embora a bruxaria fosse a principal matéria do tratado, os relatos envolvendo as bruxas não constituem metade do número total de testemunhos apresentados como provas da bruxaria e do mundo espiritual.

Dentre eles, prevaleciam os relatos de aparições e de assombrações. Além de fazerem exigências, alertarem os vivos e auxiliarem as bruxas, os espíritos dedicar-se-iam também a assombrar residências. O mais famoso caso desse tipo foi o do demônio de Tedworth.[100] A história era basicamente a seguinte. Depois de um senhorio chamado Mompesson ter prestado auxílio ao condestável na prisão de um sujeito que vagava pela região tocando um tambor, coisas estranhas passaram a acontecer em sua casa. No começo foram apenas algumas batidas misteriosas na parte de cima da casa, nas laterais e nas portas, mas depois surgiram algumas aparições e ao final a mobília era chacoalhada e as crianças atormentadas. Muitos acorreram à casa, inclusive Glanvill. Ele descreve a experiência com precisão, indicando os dias em que se passaram determinadas coisas e as pessoas que poderiam confirmá-las, e, no *Saducismus triumphatus*, são apresentadas correspondências para comprovar a veracidade do caso e a boa-fé dos envolvidos. Outros relatos foram reunidos na obra, como, por exemplo, o de James Shering sobre uma casa em Little Burton,[101] o de Andrew Paschall, *fellow* do Queen's College de Cambridge, a respeito da residência de seu pai em Londres,[102] e a transcrição de um livro de história natural sobre os acontecimentos estranhos em Woodstock.[103] Todos revelam o interesse dos letrados em episódios incomuns e a comunicação intensa entre eles.

---

96   *Ibidem*, p. 372-387 [p. 364-379].
97   *Ibidem*, p. 463-469 [p. 455-461].
98   *Ibidem*, p. 469-476 [p. 461-468].
99   *Ibidem*, p. 562-597 [p. 552-585].
100  *Ibidem*, p. 321-339 [p. 313-331].
101  *Ibidem*, p. 438-444 [p. 430-436].
102  *Ibidem*, p. 444-450 [p. 436-442].
103  *Ibidem*, p. 479-486 [p. 470-477].

## BRUXARIA, ESPÍRITO E MATÉRIA

A discordância entre Webster e Glanvill a respeito da natureza da bruxaria desdobrava-se em concepções acerca dos poderes e da atuação dos demônios que por si só eram levemente distintas, mas significativas à luz das controvérsias filosóficas do século XVII sobre a matéria e o funcionamento do mundo natural.

### A natureza e os poderes dos demônios

Fundamentalmente, a existência e a atuação dos anjos e dos demônios eram aceitas tanto por Glanvill quanto por Webster. Dada a grande quantidade de menções a essas criaturas no texto sagrado, dizer o contrário significaria provavelmente ser acusado de questionar a validade da revelação, chamado de materialista, saduceu, deísta e ateu. No entanto, Webster e Glanvill, apesar de aceitarem a existência e atuação dos seres espirituais, discordavam das implicações dessa premissa.

Glanvill defendia uma conexão necessária entre a bruxaria, os espíritos e Deus. A bruxaria seria definida pelo pacto diabólico, que comprovaria a existência dos espíritos e, consequentemente, de Deus. Negá-la, portanto, implicava rejeitar os seus elementos subsequentes. O saduceu moderno, de acordo com Glanvill, rejeitaria as bruxas, pois não teria coragem de atacar abertamente a existência dos espíritos e de Deus. Era uma lógica simples, inspirada no raciocínio de Jaime I: *no spirit, no God*, ou seja, sem espírito, sem Deus. Webster precisava desfazer essa conexão necessária para sustentar suas concepções e torná-las convincentes. Para ele, nem a negação da bruxaria, nem a dos seres espirituais implicava rejeitar a existência de Deus. Deus seria o termo antecedente a todos eles e, por isso, a sua existência não dependeria dos seres criados, de modo que

> negar a existência dos espíritos não implica negar a existência de Deus, porque na ordem de duração Deus existia quando os espíritos não, pois eles não são imortais antes de existir [a parte ante]. Então, do mesmo modo, negar a existência das bruxas não implica negar a existência dos espíritos, pois na ordem de duração os espíritos existem antes das bruxas.[104]

---

[104] "The denying of the Existence of Spirits, doth not infer the denying of the Being of a God, because in the priority of duration God was when Spirits were not, for they are not immortal *à parte anté*. So likewise the denying of the Existence of Witches, doth not infer the denial of the Being

Desfazer essa conexão necessária permitia a Webster rejeitar a realidade do pacto diabólico e defender uma noção mais restrita da natureza e dos poderes dos demônios do que aquela apresentada por Glanvill e More.

Para Glanvill, além dos numerosos testemunhos que provariam a existência e a atuação dos seres espirituais, as descobertas, as invenções e as novas teorias sobre o funcionamento do mundo teriam tornado ainda mais plausível a existência dessas criaturas,

> uma vez que constatamos que não existe coisa alguma tão desprezível e vil no mundo no qual vivemos em que não existam criaturas vivas que se nutram dela. A terra, a água, o ar, os corpos dos animais, a carne, a pele, as entranhas, as folhas, as raízes, o caule dos vegetais e todas as espécies de minérios nos subterrâneos, essas coisas todas, digo eu, têm seus próprios habitantes. Suponho que essa regra seja válida para todos os tipos de corpos do mundo, que esses têm seus animais próprios, e a certeza disso, acredito eu, será demonstrada pelo aprimoramento das observações microscópicas. A partir disso, infiro que uma vez que esta minúscula região é tão densamente povoada em cada um de seus átomos, é débil pensar que todos os vastos espaços superiores e os vazios subterrâneos são desertos e inabitados. E se ambos os continentes do universo, superior e inferior, têm também seus moradores, é extremamente improvável, supondo a partir dessa mesma analogia, que eles são todos de natureza meramente sensível, mas não que alguns são pelo menos pertencentes a ordens racionais e intelectuais.[105]

---

of Spirits, for in the priority of duration Spirits were existent before Witches" (WEBSTER, John. *Op. cit.*, p. 39 [p. 53]).

105 "And that all the upper Stories of the Vniverse are furnished with Inhabitants, 'tis infinitely reasonable to conclude, from the analogy of Nature: since we see there is nothing so contemptible and vile in the World we reside in, but hath its living Creatures that dwell upon it; the Earth, the Water, the inferiour Air, the bodies of Animals, the flesh, the skin, the entrails; the leaves, the roots, the stalks of Vegetables; yea, and all kind of Minerals in the subterraneous Regions. I say, all these have their proper Inhabitants; yea, I suppose this rule may hold in all distinct kinds of Bodies in the World. That they have their peculiar Animals, The certainty of which, I believe the improvement of microscopical Observations will discover. From whence I infer, That since

Quando Glanvill formulou essa hipótese, em 1666, tinham sido publicadas recentemente obras que davam prosseguimento aos questionamentos e descobertas da ciência seiscentista, como, por exemplo, *The skeptical chymist*, de Robert Boyle, em 1661, *Micrographia*, de Robert Hooke, em 1665, e *Mundus subterraneus*, de Athanasius Kircher, também em 1665. 1666, cabe lembrar, foi o *annus mirabilis* de Isaac Newton, no qual criou o cálculo infinitesimal e fez estudos fundamentais sobre a luz e as cores. A Revolução Científica desenvolvia-se rápida e intensamente, gerando experimentos, hipóteses e alimentando controvérsias. À luz desse contexto intelectual de descobertas e incertezas, a hipótese de Glanvill tornava-se plausível.

Diante de um mundo repleto de criaturas, não haveria porquê duvidar da existência dos seres espirituais mencionados nas escrituras e em numerosos relatos antigos e modernos. Glanvill definia o espírito como "uma criatura inteligente do mundo invisível, ou um dos anjos malignos, chamados de demônios, ou um *daemon* inferior ou espírito ou uma alma penada".[106] Para ele, e para More também, a criação estaria disposta numa cadeia de coisas, que iria das mais toscas e brutas até as mais complexas e sutis, ou seja, numa Grande Cadeia do Ser.[107] Essa concepção interligava as coisas criadas e as separava apenas por grau em função da materialidade, da vida e da consciência de cada uma. Sendo assim,

---

this little Spot is so thickly peopled in every Atome of it, 'tis weakness to think that all the vast spaces above, and hollows under ground, are desert and uninhabited. And if both the superiour and lower Continents of the Vniverse have their Inhabitants also, 'tis exceedingly improbable, arguing from the same analogy, that they are all of the meer sensible nature, but that they are at least some of the Rational and Intellectual Orders" (GLANVILL, Joseph. *Op. cit.*, p. 70 [p. 68]).

106 "A Spirit, viz. an Intelligent Creature of the Invisible World, whether one of the Evil Angels called Devils, or an Inferiour Dæmon or Spirit, or a wicked Soul departed; but one that is able and ready for mischief, and whether altogether Incorporeal or not, appertains not to this Question" (*ibidem*, p. 270 [p. 262]).

107 Associando-se dois princípios da filosofia grega, o princípio da plenitude, que estabelecia que um universo criado pelo Bem conteria a maior quantidade de coisas possível, e o princípio da continuidade, que assegurava que as coisas estariam dispostas em gradação, resultava "the conception of a plan and structure of the world which, through the Middle Ages and down to the late eighteenth century, many philosophers, most men of science, and, indeed, most educated men, were to accept without question – the conception of the universe as a 'Great Chain of Being', composed of an immense, or – by the strict but seldom rigorously applied logic of the principle of continuity – of an infinite, number of links ranging in hierarquical order from the meagerest kind of existents, which barely escape non-existence, through 'every possible' grade up to the *ens perfectissimum* – or, in a somewhat more orthodox version, to the highest possible kind of creature, between which and the Absolute Being the disparity was assumed to be infinite – every one of them differing from that immediately above and that immediately below it by the 'least

o homem ocuparia uma posição intermediária, na qual gozaria de uma alma imortal e de uma consciência racional, que permitiriam a ele aproximar-se das coisas inteligíveis, mas estaria preso a um corpo material que o afastaria delas. Essa proximidade relativa entre o homem e os seres espirituais, que estariam acima dele na hierarquia da criação, dava liberdade para Glanvill fazer conjeturas a respeito da organização dos demônios e dos seus interesses e também expressar sua concepção liberal de sociedade:

> o Diabo é o nome para um corpo político, no qual existem ordens e graus de espíritos muito diferentes e talvez com tanta variedade de lugares e condições quanto entre nós mesmos; portanto, não é uma única pessoa que firma todos os pactos com aquelas almas seduzidas e maltratadas, mas diversas, e aquelas da menor e mais baixa qualidade no Reino das Trevas [...], as quais, não tendo ninguém para controlar ou dominar dentro dos limites de sua própria natureza e governo, almejam um império altaneiro sobre nós (sendo o desejo de dominação e autoridade amplamente disseminado por toda a extensão da natureza degenerada, especialmente entre aqueles cujo orgulho foi o pecado original), então qualquer um desses aspira conseguir vassalos para lhes prestar homenagem e empregar como escravos a serviço de seus desejos e apetites. Para satisfazer tais aspirações, é muito provável que seja garantido e permitido pela Constituição do Estado e do Governo deles que cada espírito perverso mantenha aquelas almas que conseguir apanhar nesses pactos como sua propriedade, servos particulares e criados, da mesma maneira que aquelas bestas ferozes que podemos apanhar numa caçada são nossas pela permissão da Lei e aqueles escravos que um homem comprou são seus bens particulares e vassalos da sua vontade. Ou aqueles demônios enganadores são como os sujeitos astuciosos que chamamos de 'espíritos', os quais enganam as crianças com promessas falsas e encantadoras e as levam para as fazendas da

---

possible' degree of difference" (LOVEJOY, Arthur O. *The Great Chain of Being*: a study of the history of an idea. Cambridge; Londres: Harvard University Press, 1964, p. 59).

América para serem empregadas servilmente para o lucro e proveito dos mesmos.[108]

Supondo a existência de diversos tipos de seres espirituais, cujos poderes e liberdades seriam desconhecidas dos homens,[109] Glanvill contornava o argumento teológico de Webster, e de outros como Scot, de que o Diabo fora acorrentado por Deus no Abismo e que, por isso, não poderia vagar pelo mundo firmando pactos com bruxas e causando males ao seu bel-prazer.[110] Além disso, a concepção de uma Cadeia do Ser permitia explicar, ou, como é frequente na argumentação de Glanvill, lançar uma hipótese do porquê seria tão pouco comum a incursão de criaturas espirituais entre os homens e do porquê delas preferirem atuar espiritualmente:

> uma coisa muito difícil e dolorosa para eles é forçar seus corpos finos e tênues numa consistência visível e nos

---

108 "[...] the Devil is a name for a Body Politick, in which there are very different Orders and Degrees of Spirits, and perhaps in as much variety of place and state, as among our selves; so that 'tis not one and the same person that makes all the compacts with those abused and seduced Souls, but they are divers, and those 'tis like of the meanest and basest quality in the Kingdom of darkness [...] that having none to rule or tyrannize over within the circle of their own nature and government, they affect a proud Empire over us (the desire of Dominion and Authority being largely spread through the whole circumference of degenerated nature, especially among those, whose pride was their original transgression) every one of these then desires to get him Vassals to pay him homage, and to be employ'd like Slaves in the services of his Lusts and Appetites; to gratifie which desire, 'tis like enough to be provided and allowed by the constitution of their State and Government, that every wicked Spirit shall have those Souls as his property, and particular servants and attendants, whom he can catch in such compacts; as those wild Beasts that we can take in hunting, are by the allowance of the Law our own; and those Slaves that a man hath purchas'd, are his peculiar Goods, and the Vassals of his Will. Or rather those deluding Fiends are like the seducing fellows we call Spirits, who inveigle Children by their false and flattering Promises, and carry them away to the Plantations of America, to be servilely employed there in the works of their profit and advantage" (GLANVILL, Joseph. *Op. cit.*, p. 89 [p. 87]).

109 Respondendo a por que não se viveria atormentado pelos demônios se fossem eles capazes de fazer o que a eles é atribuído, diz Glanvill que "the Laws, Liberties, and Restraints of the Inhabitants of the other world are to us utterly unknown; and this way we can only argue our selves into confessions of our ignorance, which every man must acknowledge that is not as immodest as ignorant" (*ibidem*, p. 81 [p. 79]).

110 "[...] he [o Diabo] is kept in chains of darkness to be reserved unto judgment, and by those chains he is kept, that he cannot hurt or destroy, when and where he list, but as he is sent and appointed of God, either to tempt or afflict the godly, or to punish the wicked" (WEBSTER, John. *Op. cit.*, p. 77 [p. 91]).

moldes necessários para interagir com as bruxas. Para fazer isso, os corpos deles precisam ser comprimidos excessivamente, coisa que não pode ser desprovida de dor.[111]

Em suma, Horneck, tradutor do relato sobre as bruxas na Suécia, dizia que seria mais simples representar o espírito "sob a noção de um vento inteligente, ou uma ventania, formado por uma alma altamente racional".[112] A existência e atuação desse 'vento inteligente' estaria provada nas histórias do *Saducismus triumphatus*. Essas histórias falavam de aparições repentinas, de casas assombradas por portas batendo e janelas se fechando, móveis sendo chacoalhados e mudanças súbitas de cheiro e temperatura, além de doenças e dores infligidas em pessoas inocentes e a morte de animais, homens e mulheres. Glanvill, embora dispusesse de tais relatos, contentou-se em enunciar brevemente a sua concepção de espírito, tecendo apenas algumas hipóteses aqui e ali acerca dos poderes e dos propósitos dos demônios e aceitando a opinião consensual de que estariam eles restritos à manipulação da natureza. No *Saducismus triumphatus*, são os textos propriamente de More que orientam essa posição cética e experimental para a lógica e a metafísica.

Webster era menos relutante em tratar da natureza e poderes dos demônios. As escrituras sagradas permitiriam a ele estar certo de que os anjos, os demônios e as almas dos mortos estariam sempre sujeitos à providência divina, agindo apenas para enaltecer a Deus.[113] Assim,

---

111 "Or, it may with as great probability be supposed, that 'tis a very hard and painful thing for them, to force their thin and tenuous Bodies into a visible consistence, and such shapes as are necessary for their designs in their correspondencies with Witches. For in this action their Bodies must needs be exceedingly compress'd, which cannot well be without a painful sense. And this is perhaps a reason why there are so few Apparitions, and why appearing Spirits are commonly in such haste to be gone" (GLANVILL, Joseph. *Op. cit.*, p. 91 [p. 89]).

112 "And were I to make a person of a dull understanding, apprehend the nature of a Spirit, I would represent it to him under the Notion of an Intelligent Wind, or a strong Wind, informed by a highly Rational Soul; as a Man may be called an intelligent piece of Earth" (*ibidem*, p. 569 [p. 559]).

113 Para Glanvill, Jesus "gives no account of the affairs and state of the other world, but only that general one of the happiness of some, and the misery of others" (*ibidem*, p. 120 [p. 118]). A generalidade e a simplicidade do texto bíblico a respeito da constituição das coisas espirituais estaria de acordo com o intuito da revelação divina, segundo a interpretação latitudinariana, de apenas apresentar de maneira simples e acessível aquilo que seria necessário para a salvação, permitindo, portanto, à ciência indagar e, na medida do possível, conhecer o mundo espiritual.

e embora seja dito que o Diabo rodeia como um leão a rugir, procurando a quem devorar, ainda assim esse rodear deve ser apenas entendido (e é aceito por todos os intérpretes renomados) como a intenção má e perversa de sua vontade, segundo a qual ele está sempre pronto a procurar aqueles que possa devorar caso receba a ordem ou a permissão de Deus (a ordem e a permissão neste caso são ambas um ato de divina Vontade e Providência) e não de acordo com seu poder ou liberdade de agir ou realizar o que lhe agrada, quando e como deseja.[114]

A atuação do Diabo estaria restrita pelos propósitos da providência de Deus[115] e também pela própria natureza sutil e enganadora do demônio. Sua capacidade de agir seria bastante limitada e dúbia. O Diabo buscaria a corrupção dos homens e para isso firmaria com eles um acordo espiritual que os desviaria da salvação. O pacto diabólico concreto, além de impossível, seria simplesmente desnecessário.[116]

Os demônios, na verdade, pouco conheceriam e pouco poderiam fazer.

Até mesmo para os anjos em geral existiriam coisas desconhecidas. O conhecimento deles viria do saber inato, da revelação e do conhecimento sensível e da experiência.[117] Com relação ao conhecimento inato, os anjos em geral não seriam

---

114 "And though the Devil be said to walk about like a roaring lion, seeking whom he may devour, yet must that walking about be only understood (and is so taken by all sound Expositors) of the evil and wicked intention of his will, according to which he is always ready seeking whom he may devour, if he be so ordered or permitted of God (ordering and permission in this point, being but all one act of the divine Will and Providence) and not in regard of his power or liberty to act or execute what he please, and when and as he list" (WEBSTER, John. *Op. cit.*, p. 77 [p. 91]).

115 "God useth the evil Angels as his instruments, and that is in these particulars. 1. God useth him generally for temptation both of the good and the bad; [...] and these temptations are internal and spiritual, for we sight not against flesh and blood, but against spiritual wickedness in high places. [...] 2. God maketh use of him for the chastisement and affliction of the godly, as is most manifest in that of Job; but this only so far as he is limited, ordered and commanded from God and no further. 3. When Satan as a tormenting or punishing instrument is used of God, he hath his commission given him how far only he shall act and proceed, beyond which he cannot go one hairs breadth" (*ibidem*, p. 227-228 [p. 241-242]).

116 *Ibidem*, p. 76 [p. 90].

117 "We here may consider that the knowledge of Angels, is to be restrained into these three ranks; first either their innate and congenerate knowledge, or secondly their infused or revealed knowledge by God in his Son Jesus Christ, or thirdly their experimental knowledge that they gain by observation and experience" (*ibidem*, p. 216 [p. 230]).

capazes de perscrutar os pensamentos e os sentimentos dos homens, assim como não poderiam predizer as coisas contingentes ou geradas pelo livre-arbítrio.[118] Além disso, os anjos caídos, devido à sua rebelião, não teriam acesso direto à vontade de Deus, mas apenas à culpa e ao Mal. Afastados de Deus, ou seja, do Bem, estariam distantes também da Verdade:

> o conhecimento que os anjos caídos têm é obscuro e confuso, o que é certo, já que estão acorrentados na escuridão até o juízo no grande dia. Aqueles que são mantidos ou estão presos na escuridão devem necessariamente ter um conhecimento obscuro e, conseqüentemente, confuso; e também o Príncipe das Trevas, pai e autor das obras da escuridão, deve forçosamente, assim como seus filhos, ter o entendimento obscurecido.[119]

Tendo isso em vista, os demônios conheceriam de maneira confusa e obscura as coisas naturais e empregariam tal conhecimento para o mal. "O conhecimento dos demônios, seja natural ou adquirido, é espúrio, errôneo, falacioso, traiçoeiro e ilusório",[120] sendo absurdo, portanto, atribuir a eles alguma forma de ciência, dado que seriam inimigos da verdade e dedicados apenas à enganação.[121] Apesar dessa condição, os demônios saberiam das ações dos homens maus e tomariam conhecimento de algumas coisas dispersas enquanto vagariam pelo ar.[122]

Seus poderes também seriam reduzidos. Segundo Webster, comentando as considerações de Girolamo Zanchi, os demônios poderiam apenas, e com grande limitação, mover, transformar e alterar a aparência dos elementos naturais, incapazes de realizar coisas que exigiriam onipotência, como, por exemplo, criar,

---

118 *Ibidem*, p. 216-218 [p. 230-232].

119 "[...] the knowledge that the faln Angels have is dark and confused, which is plain because they are reserved in chains under darkness, unto the judgment of the great day. Now those that are kept or reserved in darkness, must of necessity have their knowledge dark, and consequently confused; and he also that is the Prince of darkness, and the Father and Author of the works of darkness, must needs like his children have his understanding darkned also" (*ibidem*, p. 219 [p. 233]).

120 "The knowledge of Devils whether natural or acquisitive is spurious, erroneous, fallacious, deceitful and delusive" (*ibidem*, p. 219 [p. 233]).

121 *Ibidem*, p. 220-221 [p. 234-235].

122 *Ibidem*, p. 220-221 [p. 234-235].

aniquilar, transubstanciar algo ou mudar a ordem natural.[123] Chegava-se a um estado de grande incapacidade: se os demônios fossem incorpóreos, não poderiam manipular objetos mundanos, mas se fossem corpóreos, seriam incapazes de mover essas coisas independentemente. Sendo assim, a eficácia deles no que diz respeito à bruxaria seria bastante limitada. O voo das bruxas seria impossível, pois não estaria de acordo com a sabedoria e a justiça divina.[124] Os demônios atuariam na natureza pela combinação entre princípios ativos e passivos,[125] mas o poder de causar tempestades, secas e pragas, atribuído à bruxaria, seria proveniente de Deus. Acreditar que o Diabo é "enviado para realizar truques ridículos, obscenos e perversos com as bruxas, como é afirmado comumente, não se adequa em nada à Sabedoria e Justiça ou à Glória de Deus".[126] Os demônios causariam doenças, mas apenas incentivando as bruxas a usar de venenos contra seus desafetos,[127] criados, em alguns casos, pela imaginação, dado que os homens, segundo Van Helmont, à semelhança de Deus e ao contrário dos demônios, teriam o poder de criar algumas coisas.[128] Já o poder diabólico de alterar a aparência dos corpos punha em questão a credibilidade dos milagres e exigia tanto de Webster quanto de Glanvill critérios para diferenciar os atos demoníacos dos divinos.

Em resumo, Webster recorria à lógica para desfazer a conexão necessária entre bruxas, espíritos e Deus, restringia a ação dos demônios a partir da revelação divina. Mas, feito isso, restava a ele, por fim, fornecer explicações para alguns outros feitos incomuns.

Nesses casos, fenômenos naturais foram confundidos com a ação dos demônios e das bruxas. Dizia-se que amuletos e encantamentos eram obras do Diabo, mas, segundo Webster, o funcionamento e o efeito dessas coisas poderiam ser causados

---

123 *Ibidem*, p. 223-224 [p. 237-238].

124 *Ibidem*, p. 228-229 [p. 242-243].

125 "As for example, the Devil may cause burning, by reason that there is a combustible subject, as also a fiery and burning agent in nature, and this agent being fire, being applyed to combustible matter would produce that effect which we call cremation, or burning: But if there were no combustible matter in nature, or that there were no igneous agent, then it is plain, the Devils could produce no burning at all" (*ibidem*, p. 241-242 [p. 255-256]).

126 "But for Devils to be sent to play such ludicrous, filthy and wicked tricks with Witches, as is commonly affirmed, suits not at all with the Wisdom and Justice or Glory of God, neither have we any such examples in holy Writ, no further, but that Devils only are Gods Executioners or Hangmen" (*ibidem*, p. 230 [p. 244]).

127 *Ibidem*, p. 231-233, 244-247 [p. 245-247, 258-261].

128 *Ibidem*, p. 258-259 [p. 272-273].

pela impostura, pelos poderes da imaginação ou também pelas associações entre palavras, objetos e influxos astrológicos.[129] Além disso, ter-se-ia confundido criaturas incomuns com demônios, tais quais os sátiros e as fadas, os quais provavelmente seriam espécies estranhas e diferentes de macacos,[130] enquanto os tritões e as sereias talvez corresponderiam a um tipo de peixe ou de foca semelhante ao homem tal qual um cavalo-marinho assemelha-se a um cavalo.[131] Para reforçar essa hipótese, Webster faz menção aos testemunhos de, entre outros, Tulpius, Bartholinus e Stow, este último que afirmava, inclusive, que no século XII um parente provavelmente distante de Glanvill, Bartholomew de Glanvile, teria hospedado no castelo de Oresord, em Suffolk, um peixe em forma de homem por cerca de seis meses.[132]

Para além dessas proposições curiosas, é preciso ter em vista o projeto geral de Webster de restringir a atuação espiritual, recorrendo, por um lado, à providência divina, que manteria os anjos e os demônios sob controle, e, por outro, atribuindo materialidade a uma gama maior de criaturas e fenômenos. Ao fazê-lo precisava, assim como seus opositores, tratar da constituição do corpo, do espírito e da relação entre ambos.

## Matéria e espírito

Katherine Mauss interpretou as controvérsias da literatura demonológica a partir do posicionamento dos letrados em torno de três eixos principais: a permeabilidade do corpo humano, que tornava plausível a possessão, o enfeitiçamento, a fascinação etc., por tornar porosas as fronteiras do organismo; a permeabilidade do corpo em relação ao espírito, os quais estariam hierarquizados de modo que o intelectual dominaria o material; e, enfim, a permeabilidade entre ilusão e realidade, cuja relação estabelecia um mundo dividido entre coisas reais e aparentes igualmente perigosas e verdadeiras, alimentando o temor tanto em torno das farsas quanto em relação à atuação concreta dos demônios. Segundo Mauss, enquanto os defensores da bruxaria enfatizariam tais tipos de permeabilidade, os céticos a esse

---

129 *Ibidem*, p. 321-346 [p. 335-360].

130 Tulpius falava de um sátiro das Índias, ou, segundo os nativos, um orangotango, trazido de Angola, cuja ousadia seria tal que atacaria homens armados e se apossaria das mulheres (o que sugeriria que as pretensas bruxas poderiam copular com animais semelhantes, e não com demônios). Para mais detalhes, conferir: *ibidem*, p. 282 [p. 296].

131 *Ibidem*, p. 285 [p. 299].

132 *Ibidem*, p. 287 [p. 301].

respeito reforçariam as fronteiras entre essas coisas, fortalecendo os limites entre o espiritual e o material, a ilusão e a realidade, e isolando cada indivíduo no seu corpo, fazendo da bruxa, por um lado, inofensiva e, por outro, aprisionada em sua própria doença.[133]

Apesar de atraente pela simplicidade e elegância, essa interpretação não é adequada à luz do que foi exposto. Tanto para Glanvill quanto para Webster, o mal da bruxaria ultrapassaria a fronteira do corpo humano. A condição melancólica das bruxas faria delas um perigo. Sua imaginação poderia moldar a matéria, gerar venenos e transmitir doenças, o que exigia de ambos pressupor que houvesse permeabilidade entre o espírito e o corpo da bruxa e também entre o corpo dela e o das demais pessoas. Além disso, fossem farsantes ou verdadeiras, eram consideradas igualmente perigosas por eles, já que se aceitava que o Diabo agiria tanto no plano da ilusão quanto no da realidade. Tais permeabilidades eram pressupostas ao tratar da fascinação, da transmissão de doenças ou dos malefícios e também da bruxaria em geral. Isso não era exclusividade dos defensores da realidade da bruxaria, mas algo que partilhavam com os seus opositores. A permeabilidade entre os corpos, entre o espírito e o corpo, a realidade e a ilusão faziam parte dos alicerces da demonologia, ou seja, eram constituintes do preternatural, cuja variada gama de fenômenos abarcados tornava plausível a interação entre causas naturais, artificiais, concretas, ilusórias, divinas, diabólicas etc., dificultando e, ao mesmo tempo, incentivando o esforço taxonômico dos autores dessa literatura. No entanto, estou em parte de acordo com a teoria de Mauss no que diz respeito ao segundo tipo de permeabilidade, pois na polêmica examinada houve por parte de Webster um esforço para reforçar as fronteiras entre o material e o espiritual em oposição à iniciativa de Glanvill e, principalmente, de More em justapor ambas as coisas.

Contribuir com a empreitada de Glanvill era tanto uma maneira de ajudar o colega a tratar de um assunto em voga quanto de disseminar uma concepção dualista de matéria e espírito. No *Saducismus triumphatus*, More incluiu dois apêndices traduzidos para o ingles do seu *Enchiridion metaphysicum*: *The easie, true, and genuine notion and consistent explication of the nature of a spirit* e *An answer to a letter of a learned psychopyrist concerning the true notion of a spirit.*

---

133 MAUS, Katherine E. "Sorcery and subjectivity in Early Modern discourses of witchcraft". In: MAZZIO, Carla; TREVOR, Douglas (ed.). *Historicism, psychoanalysis and Early Modern culture*. Nova York; Londres: Routledge, 2000, p. 325-348.

Para More, o corpo era uma "substância material, por si só destituída de toda percepção, vida e movimento", divisível e impenetrável, e o espírito, por oposição, "uma substância imaterial, dotada intrinsecamente de vida e da capacidade de movimento", indivisível e penetrável.[134] O espírito seria uma entidade, uma substância de natureza imaterial, capaz de penetrar os corpos materiais e se manter inteiro.[135] Segundo An answer to a letter..., o espírito seria "um ser uno por si e não por outro [ens unum per se & non per aliud] e tudo aquilo que não é um espírito é ente uno por outro [ens unum per aliud], algo cuja integridade é mantida pela virtude de uma outra coisa", podendo o corpo, em decorrência disso, ser separado em várias partes.[136] Os corpos materiais seriam penetrados, movidos e trazidos à vida pelos espíritos. Tinha-se uma noção simples e clara, resultante do emprego da lógica por oposição, esclarecendo a natureza do espírito a partir das características do corpo. Webster, no entanto, criticava essa valorização da simplicidade dizendo que se deveria buscar não concepções fáceis e demonstráveis, mas apenas

---

[134] GLANVILL, Joseph. Op. cit., [p. 158-159]. More representa a mesma definição em An answer to a letter..., "[...] Matter and Spirit, stand opposite one to another, specifically distinct, by their immediate, essential and inseparable Attributes, the one being really discerpible and impenetrable, the other penetrable, and indiscerpible" (ibidem, p. 196 [p. 191]).

[135] "[...] let us take notice through all the degrees of the Definitum, [...] a Spirit is Ens, or a Being, and from this very same that it is a Being that it is also One, that it is True, and that it is Good; which are the three acknowledged Properties of Ens in Metaphysicks, that it exists sometime, and somewhere, and is in some sort extended, [...] the second Essential degree of a Spirit is, that it is Substance. From whence it is understood to subsist by it self, [...] the third and last Essential degree is, that it is Immaterial, according to which it immediately belongs to it, that it be a Being not only One, but one by it self, or of its own intimate nature, and not by another; that is, That, though as it is a Being it is in some sort extended, yet it is utterly Indivisible and Indiscerpible into real Physical parts. And moreover, That it can penetrate the Matter, and (which the Matter cannot do) penetrate things of its own kind; [...] it is understood to have Life intrinsecally in it self, and the faculty of moving; [...] insomuch that every Spirit either moves it self by it self, or the Matter, or both, or at least the Matter either mediately or immediately; or lastly, both ways. For so all things moved are moved by God, he being the Fountain of all Life and Motion" (ibidem, p. 163-164 [p. 160-161]).

[136] "Thus therefore it is, that though we both agree in the Conceptus Fundamentalis of a Spirit in general, that it is substance, yet we differ in the Conceptus Formalis, in that you miss that part which is first and most immediate in the specification of it, which includes its Penetrability and Indiscerpibility, that which makes it Ens unum per se and non per aliud, which every thing, that is not a Spirit, is, viz. Ens unum per aliud, a thing held together in one by vertue of something else, not immediately of its own essence becoming one, and therefore is discerpible, and one part separable from another" (ibidem, p. 197 [p. 192]).

verdadeiras. Para ele, More apresentava somente uma suposição. Apropriando-se da acusação feita aos não conformistas, Webster insinuava que o filósofo de Cambridge norteava-se mais por um "entusiasmo especulativo e filosófico do que pela luz resplandecente de um entendimento seguro".[137]

A dedicação em esclarecer a natureza dos espíritos e da matéria era uma maneira de confrontar a disseminação da filosofia cartesiana e da descrença de caráter materialista. More acusava a filosofia cartesiana de contribuir para o ateísmo. Chamava ele os cartesianos de nulibistas, porque afirmavam que o espírito não estaria em lugar algum, dado que não possuiria extensão.[138] Esse incômodo com a relação entre corpo e espírito foi fundamental para o pensamento de More. Como sintetizou Koyré,

> como é possível a uma alma puramente espiritual, isto é, uma coisa que, segundo Descartes, não tem qualquer extensão, estar unida a um corpo puramente material, ou seja, uma coisa que é feita pura e simplesmente de extensão? Não é melhor supor que a alma, embora imaterial, seja também extensa, que tudo, até Deus, seja extenso? De outra forma, como ele pode estar presente no mundo?[139]

O corpo e o espírito possuiriam extensão, embora fossem opostos no que dizia respeito à penetrabilidade, divisibilidade, movimento e vida, pois tanto um quanto outro precisariam estar em algum lugar para agir. Retomando a meditação cartesiana, More desafiava o adepto dessa filosofia:

> quando tiver ele abstraído a si próprio de todo pensamento e de toda sensação de seu corpo, fixado sua mente apenas na idéia de uma extensão indefinida ou infinita e também entendendo-se como uma espécie de ser pensante [cogitant Being], deixe-o julgar, digo eu, se pode ele de alguma maneira evitar reconhecer que está ao mesmo

---

137 "And so he may be rather judged to be led by speculative and Philosophick Euthusiasm, than by the clear light of a sound understanding" (WEBSTER, John. *Op. cit.*, p. 200 [p. 214]).
138 *Ibidem*, p. 117 [p. 131].
139 KOYRÉ, Alexandre. *Do mundo fechado ao universo infinito*. Rio de Janeiro: Forense Universitária, 2001, p. 110.

tempo em um determinado lugar, a saber, dentro dessa imensa extensão, e que é rodeado por ela.[140]

More propunha um espaço absoluto e infinito que seria preenchido pela matéria e pelo espírito. Opunha-se ao mecanicismo cartesiano que rejeitava o vácuo e atribuía extensão indefinida ao universo. Embora a consciência e a percepção não subsistissem em todos os espíritos,[141] os espíritos em geral conseguiriam agir sobre os corpos materiais por serem capazes de se contrair para penetrar a matéria[142] e movimentá-la. Se Deus, sendo espiritual, foi o criador de toda a matéria, então os espíritos possuiriam alguma virtude que permitiria a eles atrelar-se aos corpos materiais e modificá-los. More chamou esse poder de 'hilopatia'.[143] Atribuir extensão aos espíritos era uma maneira tanto de preservar a atuação divina e diabólica no mundo material quanto propor uma hipótese que transpusesse as limitações do materialismo da mecânica e explicasse fenômenos misteriosos, como, por exemplo, a luz, a gravidade, o magnetismo e a transmutação de elementos.

Webster estava diante da mesma dificuldade com relação ao cartesianismo. No entanto, diferentemente de More, o médico inglês buscou preservar a diferença

---

140 "I will only desire by the bye, that he that thinks his Mind is nowhere, would make trial of his faculty of Thinking; and when he has abstracted himself from all thought or sense of his Body, and fixed his Mind only on an Idea of an indefinite or infinite Extension, and also perceives himself to be some particular cogitant Being, let him make trial, I say, whether he can any way avoid it, but he must at the same time perceive that he is somewhere, namely, within this immense Extension, and that he is environ'd round about with it" (GLANVILL, Joseph. *Op. cit.*, p. 148 [p. 145]).

141 A filosofia espiritualista de More propunha a existência de um 'espírito da natureza', que, diferentemente de Deus, da alma humana e dos seres espirituais, seria uma substância incorpórea, desprovida de sentido e consciência, que penetraria em toda a matéria do universo e exerceria sobre ela um poder plástico, funcionando como um princípio não mecânico que garantiria a integridade dos corpos materiais, ou seja, a coesão das partículas e expressando a vontade divina. Koyré aproxima More de Newton no que diz respeito ao espaço infinito, mas também é possível considerá-los em paralelo no que diz respeito à gravidade. Para mais detalhes, conferir: *ibidem*, p. 201-204 [p. 196-199].

142 "Although all Material things, considered in themselves, have three Dimensions only; yet there must be admitted in Nature a Fourth, which fitly enough, I think, may be called Essential Spissitude; Which, though it most properly appertains to those Spirits which can contract their Extension into a less Vbi; yet by an easie Analogy it may be referred also to Spirits penetrating as well the Matter as mutually one another" (*ibidem*, p. 169 [p. 166]).

143 *Ibidem*, p. 183 [p. 180].

entre corpo e espírito, baseado na extensão, e combateu a definição de tal noção de espírito por considerá-la uma afronta à filosofia e à religião.

A concepção de More não poderia ser verificada nem pelos sentidos e nem pela razão. As sensações, segundo Descartes, surgiriam do contato corpóreo e, por isso, uma substância imaterial não seria perceptível aos sentidos.[144] O próprio More reconhecia que não seria possível apreender o sentido de uma substância senão pelos seus atributos, porém a penetrabilidade, que ele considerava atributo das coisas espirituais, não poderia ser comprovada, concluía Webster.[145] A penetrabilidade atribuída aos espíritos não faria sentido: por um lado, não se poderia conceber que dois cubos ocupassem o mesmo espaço e, por outro, os corpos materiais, segundo Van Helmont e Francis Glisson, médico inglês da época, possuiriam algum tipo de penetrabilidade.[146] Webster contestava a Grande Cadeia do Ser, dizia que não seria possível identificar as gradações dela desconhecendo o incorpóreo.[147]

Além de inconsistentes, as concepções de More, segundo Webster, representariam um perigo à religião. A valorização das capacidades humanas de compreender e manipular a natureza poderia instituir uma idolatria da razão, incentivando especulações desrespeitosas sobre o sagrado. Webster cita Stillingfleet, o qual, apesar de latitudinariano, confrontava o deísmo da época:

> mas embora o cristianismo seja uma religião com o maior grau de credibilidade entre os homens, embora não estejamos fadados a acreditar em coisa alguma a não ser no que temos razão suficiente para supor ter sido revelado por Deus, ainda assim questionar se algo se trata da revelação de Deus apenas porque nossa razão está em busca de uma concepção plena e adequada disso é uma pretensão das mais absurdas e irracionais.[148]

---

144 WEBSTER, John. Op. cit., p. 198 [p. 212].

145 Ibidem, p. 199-200 [p. 213-214].

146 Ibidem, p. 204-205 [p. 218-219].

147 Nem mesmo uma imagem refletida no espelho poderia ser considerada incorpórea porque "if we have bodies of so great purity, and near approach unto the nature of spirit, we cannot tell where spirit must begin, because we know not where the purest bodies end" (ibidem, p. 204 [p. 218]).

148 "But although Christianity be a Religion which comes in the highest way of credibility to the minds of Men, although we are not bound to believe any thing but what we have sufficient reason to make it appear that it is revealed by God, yet that any thing should be questioned whether

A partir das escrituras sagradas e dos intérpretes canônicos, Webster estabeleceu que Deus "simples e absolutamente é o único e o mais simples dos espíritos, no qual não há qualquer corporeidade ou composição", e que os assim chamados espíritos, no caso, especificamente os anjos, "não são simples e absolutamente incorpóreos, mas se eles podem ser chamados de espíritos e considerados entre esses, é apenas em um sentido relativo e respectivo, porque são, no entanto, real e verdadeiramente corpóreos"[149] (sobre a alma humana não falava, pois julgava que ela estivesse propositalmente envolta em mistérios). A respeito dos anjos, a natureza deles não poderia ser imaterial, pois assim seriam idênticos a Deus, assim como incapazes de manipular as coisas materiais e não circunscritos a um lugar específico. Os corpos angelicais seriam feitos de uma substância mais nobre, supralunar, inalterável e indestrutível por agentes sublunares, sendo, portanto, etéreos, aéreos, segundo Tertuliano, capazes de se contrair e dilatar, modificando sua aparência.[150]

Webster não atribuía extensão aos corpos materiais através de uma demonstração cartesiana, mas por meio da interpretação bíblica, conferindo a Deus uma natureza espiritual totalmente distinta daquela das criaturas. Ele emprega inclusive o termo 'sublunar', o qual pressuporia a cosmologia ptolomaica, que estava sob ataque dos matemáticos, para enfatizar a diferença entre Deus e o mundo, misturando, dessa maneira, referências e ideias.

Tendo se apropriado de Descartes, Webster também recorreu a Paracelso para tratar da relação entre a matéria e o espírito. O médico inglês reconhecia a existência das aparições. Histórias bíblicas e relatos recentes comprovariam a ocorrência de fenômenos que "não podem ser esclarecidos pelos princípios hipotéticos da matéria e do movimento, mas que requerem necessariamente outras causas que estão acima e diferem do curso visível e ordinário da natureza".[151] Webster

---

it be of Divine revelation, meerly because our reason is to seek, as to the full and adequate conception of it, is a most absurd and unreasonable pretence" (*ibidem*, p. 201-202 [p. 215-216]).

149 "That Angels being created substances, are not simply and absolutely incorporeal, but if they be by any called or accounted spirits, it can but be in a relative and respective sense, but that really and truly they are corporeal" (*ibidem*, p. 202 [p. 216]).

150 *Ibidem*, p. 212-215 [p. 226-229].

151 "Though some of these last recited testimonies might sufficiently convince the most obstinate and incredulous, that there are Apparitions and some other such strange accidents that cannot be solved by the supposed principles of matter and motion, but that do necessarily require some other causes, that are above or different from the visible and ordinary course of nature; yet because it is a point dark and mystical, and of great concern and weight, we shall add some

apresentava histórias que evidenciariam a intervenção divina e a ação do espírito astral. Deus teria entrado em ação quando uma tal de Anne Waters deu consentimento para que seu amante estrangulasse o seu marido e depois enterrasse o morto debaixo de um estábulo. Um vizinho do falecido teria sonhado com o lugar em que o corpo estaria enterrado e a mulher acabou presa.[152] O espírito astral também poderia estar por detrás das aparições e do sangramento de cadáveres. Depois de transcrever episódios de sangramentos, Webster concluía que neles existiria algo de extraordinário[153] envolvendo o espírito astral ou corpo sideral, que

> sendo uma substância intermediária, estando entre a alma e o corpo, quando separado do corpo, vaga e paira próximo dele, carregando consigo propriedades irascíveis e concupiscentes por meio das quais, estando desperto para o ódio e a vingança, faz com que o sangue entre em ebulição e se movimente e que ele escorra sobre a arma e que se mexam de maneira assombrosa o corpo, as mãos, as narinas e os lábios para revelar o assassino e dar a ele a punição condizente.[154]

Apesar de sutil e fugidio, o espírito astral seria de natureza corpórea, uma espécie de alma sensitiva, formada, de acordo com a tradição hermética, por elementos superiores, ar e fogo, e de decomposição mais demorada.[155] A alma imortal, que

---

unquestionable testimonies, either from our own Annals, or matters of fact that we know to be true of our own certain knowledge, that thereby it may undoubtedly appear, that there are effects that exceed the ordinary power of natural causes, and may for ever convince all Atheistical minds, of which in this order" (*ibidem*, p. 293-294 [p. 307-308]).

152 *Ibidem*, p. 295-297 [p. 309-311].

153 *Ibidem*, p. 306 [p. 320].

154 "Some there are that ascribe these strange bleedings of murthered bodies, and of their strange motions, with the sweating of blood, as upon the Pedlars bended dagger or knife, mentioned in the eleventh History, unto the Astral or Sydereal spirit (and that not improbably;) that being a middle substance, betwixt the Soul and the Body doth, when separated from the Body, wander or hover near about it, bearing with it the irascible and concupiscible faculties, wherewith being stirred up to hatred and revenge, it causeth that ebullition and motion in the blood, that exudation of blood upon the weapon, and those other wonderful motions of the Body, Hands, Nostrils and Lips, thereby to discover the murtherer, and bring him to condign punishment". (*ibidem*, p. 308 [p. 322]).

155 *Ibidem*, p. 312-313 [p. 326-327].

seria pura e imaterial, não teria como conviver com um corpo material se não por meio de um intermediário que a aproximasse dele.[156] Sendo assim, portanto, na ocasião da morte, a alma retornaria a Deus e o corpo começaria a se decompor, enquanto o corpo sideral persistiria por algum tempo e, então, poderia realizar fenômenos incomuns.[157]

## Os paradigmas da bruxaria

Thomas Harmon Jobe equacionou a controvérsia entre Webster e Glanvill como um confronto entre respectivamente, de um lado, a ciência paracelso-helmontiana e o protestantismo radical e, de outro, a ciência mecânico-corpuscular e o anglicanismo latitudinariano.[158] Tratar-se-ia de uma continuação da controvérsia de meados do século XVII na qual protestantes radicais e ocultistas fizeram frente à religião natural dos Platônicos de Cambridge. Desde essa época, a química concentraria os interesses dos protestantes radicais por permitir afirmar a imanência de Deus nas coisas naturais, enquanto a mecânica estaria associada com a concepção de uma divindade transcendente, que governaria o mundo por uma hierarquia de espíritos. Tinha-se, de um lado, uma manifestação direta da divindade e, do outro, uma relação intermediada, ou seja, um embate figurado entre um modelo presbiteriano e outro episcopal de organização das coisas.

A síntese de Glanvill e More entre o mecanicismo e a atuação dos espíritos teria triunfado, pois

---

156 "So the Soul which (by the unanimous consent of all men) is a spiritual and pure, immaterial and incorporeal substance cannot be united to the body, which is a most gross, thick and corporeal substance, without the intervention of some middle nature, fit to conjoin and unite those extreams together, which is this sensitive and corporeal Soul or Astral Spirit, which in respect of the one extream is corporeal, yet of the most pure sort of bodies that are in nature, and that which approacheth most near to a spiritual and immaterial substance, and therefore most fit to be the immediate receptacle of the incorporeal Soul: And also it being truly body doth easily join with the gross body, as indeed being congenerate with it, and so becomes vinculum and nexus of the immaterial Soul and the more gross body, that without it could not be united" (*ibidem*, p. 318 [p. 332]).

157 *Ibidem*, p. 320 [p. 334].

158 JOBE, Thomas Harmon. "The Devil in Restoration Science: The Glanvill-Webster Witchcraft Debate". *Isis*, Chicago, v. 72, n. 03, set. 1981, p. 343-356. Disponível para consulta eletrônica; favor consultar a bibliografia.

enquanto um corpuscularismo interpretado mecanicamente assegurava um papel teórico para os espíritos no cosmos, a crença na bruxaria assegurava um papel empírico e experimental para a ação dos espíritos na terra. A união dessas duas doutrinas na obra de Glanvill e More provou-se irresistível pela vantagem que dava aos monarquistas anglicanos. Eis uma arma que poderia ser usada simultaneamente contra hobbistas, ocultistas e materialistas, também contra sectários, entusiastas e céticos, sem mencionar saduceus e panteístas. Eis um apelo ao experimentalismo que vinha em defesa da religião natural.[159]

    A demonologia experimental de Glanvill e More condizia com o compromisso institucional da Royal Society de tornar conciliáveis a ciência moderna e a religião. Estou de acordo com Harmon Jobe quando diz que a síntese estabelecida por ambos entre a concepção mecânica de mundo e a ação dos espíritos sobre as coisas materiais permitia confrontar materialistas, ocultistas e outros sectários em prol da unidade em torno da monarquia e da confissão anglicana. E também quando diz que a controvérsia entre Glanvill e Webster retomou a polêmica entre More e Vaughan, dos anos de 1650, e que ambas expressavam, em alguma medida, o esforço dos adeptos da magia natural para resistir à associação feita entre a magia e a ação diabólica. Webster reforçava o caráter natural e material dos feitos atribuídos às bruxas e, assim como outros afeiçoados à tradição hermética, fornecia explicações para os fenômenos preternaturais que eram diferentes daquelas dos apologistas da concretude do pacto diabólico. Sua opinião não era um prenúncio do Século das Luzes, mas um eco do Renascimento.

    Ainda que esteja de acordo com isso, tenho um entendimento diferente do de Harmon Jobe no que diz respeito ao entrelaçamento da demonologia com os compromissos intelectuais de Webster e Glanvill e ao significado religioso e histórico da polêmica entre ambos. A oposição entre química e mecânica e protestantismo radical e anglicanismo latitudinariano reduziu a controvérsia a tal disposição de forças, obscurecendo a apropriação diversificada e problemática de ideias cujo entrelaçamento e relação com as particularidades da demonologia fez surgir argumentações complexas e ecléticas. Acredito que uma atenção maior às especificidades do discurso demonológico e das posições dos autores dessa literatura

---

159 *Ibidem*, p. 356.

permita compreender mais adequada, profunda e significativamente o sentido da associação entre ciência, religião e momento histórico.

É preciso ter cuidado ao tratar as obras de demonologia como expressões desse ou daquele sistema intelectual. A literatura em torno da bruxaria apresentava concepções engendradas pela apropriação de problemáticas, argumentos e exemplos oriundos de um vasto universo de referências e organizados de acordo com tópicos da discussão demonológica. Além disso, os tratados constituíam-se com frequência de maneira *ad hoc* à medida que respondiam uns aos outros. Os autores de demonologia apropriavam-se de um conjunto heterogêneo de ideias proveniente da própria demonologia e de diferentes tradições filosóficas e teológicas, de modo que, embora estivessem mais comprometidos com esta ou aquela perspectiva intelectual, não se furtavam de relacioná-la com diversas outras concepções. A maior influência dessa ou daquela corrente de pensamento não faria de determinada obra de demonologia uma expressão apenas dessa tradição intelectual, mas do esforço do autor de aproximar os seus compromissos intelectuais mais proeminentes de concepções que poderiam ser estranhas ou até mesmo contraditórias a eles. Na literatura demonológica estiveram misturadas diferentes tradições intelectuais com o objetivo de fornecer explicações a um punhado de fenômenos preternaturais. A atribuição de um dado tratado a esse ou aquele conjunto de ideias pode obscurecer as associações inusitadas, as incongruências e a diversidade subjacente de um discurso que se pretendia bastante normativo.

A controvérsia entre Webster e Glanvill evidencia essa situação. Ambos eram sensíveis ao momento intelectual e faziam da discussão sobre a bruxaria uma maneira de fazer avançar seus compromissos intelectuais, mas não tornavam a demonologia um disfarce para concepções estranhas, buscavam pelo contrário, associar e adequar as suas posições à discussão demonológica.

Tendo isso em vista, é necessário avaliar a interpretação que Harmon Jobe faz da controvérsia, estando atento para a complexidade das apropriações intelectuais de Glanvill e Webster e a relação delas com o discurso demonológico. Farei isso de agora em diante e até o final do capítulo. Antes de tudo, Harmon Jobe dispõs em sua interpretação de um lado a ciência e de outro a religião. Tal separação permite não apenas uma exposição mais clara ao leitor atual, mas também é coerente com o momento intelectual e histórico, no qual, apesar da suposta complementariedade entre o entendimento, os sentidos e a fé, buscava-se afastar a investigação da natureza das doutrinas religiosas para então estabelecer uma relação benéfica para ambas. Por isso, mantenho essa distinção e a partir dela apresento agora considerações acerca das concepções filosóficas de Webster e Glanvill, para então relacioná-las, na última seção do capítulo, com as opiniões religiosas de cada um deles.

Webster e Glanvill tinham em comum o entusiasmo pela ciência moderna e se empenharam em lidar com dificuldades identificadas no modelo mecânico de funcionamento do mundo no que dizia respeito tanto à filosofia natural quanto à religião. No que tange à filosofia natural, a concepção de que os fenômenos naturais pudessem ser explicados por meio de modelos hipotéticos e geométricos, que expressariam relações entre corpúsculos materiais em movimento, encontrava dificuldades quando aplicada, por exemplo, aos fenômenos magnéticos, químicos e fisiológicos. A resistência dos ingleses ao mecanicismo materialista e dedutivo e o apego deles à experiência provinham não apenas da persistência de tradições particulares desde o final do medievo, que valorizaram a experiência e também as artes mecânicas, mas ainda das dificuldades epistemológicas do mecanicismo. A atração exercida pelo ímã sobre os metais, a transmutação dos elementos e a transmissão de doenças eram fenômenos que sugeriam a ação à distância e a existência de qualidades intrínsecas à matéria. Os feitos atribuídos às bruxas também eram um desafio ao paradigma mecanicista. Embora se pudesse rejeitar a maioria dos testemunhos, restavam ainda numerosas menções de diversas épocas e lugares que registravam coisas extraordinárias. A experiência apresentada nesses testemunhos asseguraria a ocorrência de tais eventos e exigiria a consideração dos letrados, pois entendia-se experiência não apenas como a experimentação que poderia ser realizada em um pequeno estúdio, mas ainda, e principalmente, o conteúdo factual de testemunhos confiáveis. O desafio de explicar esses fenômenos apresentava-se como uma oportunidade para considerar o modelo mecânico de funcionamento da natureza e propor alternativas a ele.

Webster detinha uma concepção vitalista da natureza fundada no entrelaçamento da alquimia e da iatroquímica, ou seja, de uma alquimia experimental voltada para a produção de fármacos, junto da certeza cartesiana da distinção entre a matéria e o espírito. Ao apropriar-se da alquimia experimental, podia recorrer a princípios materiais que explicassem fenômenos incomuns e também sustentar um mecanicismo cujas partículas estariam imbuídas de qualidades intrínsecas.

Para isso, fazia uso dos conceitos de *semina* e de espírito astral. *Semina* seriam qualidades generativas da matéria que permitiriam explicar transformações abruptas, nas quais não seria possível reverter um dado elemento ao estado anterior. A geração dos metais, algumas transformações materiais e a capacidade das bruxas de disseminar doenças, produzir venenos e moldar a matéria por meio da imaginação eram explicáveis pela difusão e atuação dos *semina* sobre as coisas materiais. A condição melancólica das bruxas permitia atribuir um caráter ilusório ao voo e à metamorfose e, ao mesmo tempo, aceitar a ocorrência dos malefícios, da fascinação e a realidade dos estranhos objetos expelidos pelos possessos. O recurso ao argumento da melancolia vinculava Webster a uma tradição de críticos do pacto diabólico e possibilitava a ele se apropriar de um conceito oriundo da fisiologia clássico-medieval para exemplificar os poderes generativos da matéria e a concepção helmontiana de que as doenças surgiriam da invasão do organismo pelos *semina* que disseminariam a condição doentia das bruxas. Webster também empregava a noção paracelsiana de espírito astral ou corpo sideral para explicar eventos incomuns, a saber, as aparições e os sangramentos de cadáveres. O espírito astral seria uma espécie de alma sensitiva constituída de elementos sutis e independente do corpo material e da alma imortal, apto a superar os limites da matéria e do movimento.

Os conceitos de *semina* e espírito astral eram empregados para preservar o dualismo cartesiano, porém contestam a homogeneidade atribuída pelo filósofo francês à matéria. Tais conceitos recheavam a matéria de qualidades, expressavam um vocabulário mais próximo da cosmologia ptolomaica, estabelecendo uma visão hierárquica da composição do mundo e, por fim, no que diz respeito à demonologia, não impediam a ação diabólica, dado que, talvez para a surpresa de Webster, o caráter corpóreo conferido aos anjos poderia ser razoavelmente estendido aos demônios. Essas e outras ideias eram reunidas para enrijecer a fronteira entre a matéria e o espírito, mas não liquidavam a permeabilidade entre corpo e espírito, enunciando apenas influências materiais bastante sutis, que poderiam contradizer a tese central.

Glanvill e More respondiam às dificuldades do mecanicismo enunciando princípios qualitativos extrínsecos aos corpos materiais. A matéria para eles seria homogênea por si própria e o que a levaria para além desses limites seria a ação espiritual. Ambas partilhavam de uma concepção dualista e apresentavam o espírito como um princípio externo à matéria e que permitiria explicar fenômenos incomuns. O espírito agiria sobre a matéria, estando vinculado a ela, mesmo sendo independente e imaterial, mas, para que isso fosse plausível, era preciso confrontar a dicotomia cartesiana entre matéria e espírito conferindo extensão a ambos. O comprometimento de Glanvill com o ceticismo e a experiência preservava-o da defesa veemente de proposições a respeito das propriedades dos espíritos. Aceitava ele que o universo estivesse disposto numa cadeia de seres, que os espíritos seriam imateriais, mas capazes de se contrair, condensado-se e agindo sobre a matéria, mas evitava discorrer extensamente sobre as coisas espirituais, dedicando-se a estabelecê-las como fato. More, por outro lado, tratou de caracterizar os espíritos pelo exercício da razão, aproximando o esforço dedutivo da experiência sensível ao enunciar as qualidades dos espíritos em oposição às características dos corpos materiais. Os espíritos possuiriam extensão, vida, percepção, movimento e a capacidade de penetrar os corpos materiais. Sustentava, assim, uma concepção pneumática da ordenação mecânica do mundo, na qual preservava a constituição corpuscular da matéria e conferia a agentes imateriais e independentes o poder de agir cotidianamente sobre os corpos materiais. Glanvill lançava mão dessa hipótese para explicar o voo, a metamorfose, a produção de venenos e o mau-olhado das bruxas; seriam expressões da relação dual e íntima entre o espírito e a matéria.

Webster e Glanvill aceitavam a disposição mecânica da natureza, mas buscavam modificar esse paradigma conferindo qualidades à matéria. À demonologia associavam respectivamente seus compromissos com a alquimia, a iatroquímica e uma filosofia espiritualista. Enquanto um propunha a existência de qualidades intrínsecas à matéria, o outro falava de um princípio externo a ela, tornando possível, nos dois casos, explicar fenômenos que estariam para além dos efeitos dos corpúsculos em movimento. Tais concepções foram expressas de maneira complexa e até mesmo contraditória nos tratados de demonologia, pois ideias de uma ou de outra filosofia foram transportadas e adequadas na medida do possível a um contexto intelectual diferente. O pacto diabólico, o voo, a metamorfose, o malefício, o mau-olhado, a possessão e afins não eram apenas assuntos correntes entre os autores de demonologia, mas se apresentavam também como desafios que, se vencidos, reforçariam esta ou aquela opinião sobre o funcionamento do mundo. A penetrabilidade dos corpos, por exemplo, surgia como uma explicação para os objetos estranhos expelidos pelos endemoninhados, tendo sido transplantada da fisiologia para a demonologia na esperança de que explicasse satisfatoriamente os fenômenos imputados à bruxaria. Se isso ocorresse, fortalecia-se não apenas a penetrabilidade dos corpos, cujo poder explicativo alcançaria o preternatural, mas ainda a restrição imposta aos demônios pela crítica demonológica, a qual apregoou por séculos o caráter natural da possessão. A apropriação de ideias como essa demonstra a permeabilidade da controvérsia demonológica a outros saberes. Eram entrelaçadas concepções diversas, as quais, como peças em um mosaico diabólico, poderiam ser arranjadas e rearranjadas cada vez de maneira distinta. O arranjo estabelecido por Webster procurava criar uma cisão abrupta entre espírito e matéria, orientando a religião para as coisas espirituais e a ciência para as materiais, ainda que pudessem ser sutis e estranhas. Salvaguardava, dessa maneira, a religião das exigências da razão e da experiência e a ciência moderna dos imperativos da doutrina revelada. Glanvill organizava o mosaico demonológico de um outro modo. Aceitava a separação entre ciência e religião, mas preservava a possibilidade do engenho humano conciliá-las ao atribuir extensão aos espíritos e situar a divindade no topo da cadeia do ser, permitindo a ela agir sobre o mundo diretamente, tornando-a reconhecível à razão e não apenas discernível pela revelação.

## BRUXARIA, MILAGRES E PROVIDÊNCIA DIVINA

A demonologia era em parte uma taxonomia dos fenômenos preternaturais, os quais poderiam ser considerados naturais, artificiais, reais, ilusórios, divinos ou diabólicos. Classificar tais fenômenos significava avaliá-los por si e em oposição a algo. Ao afirmar que um evento seria, por exemplo, real, dever-se-ia tentar explicar por que outros tantos seriam ilusórios. Defender a realidade da bruxaria implicava lidar também com os fenômenos ilusórios e diferenciar realidade e ilusão. A mesma exigência se impunha aos críticos do pacto diabólico, que deveriam separar a farsa da bruxaria da ocorrência de fenômenos incomuns.

Em seu esforço de classificar a bruxaria e a ação dos demônios, era fundamental, tanto para os defensores quanto para os opositores da bruxaria como um pacto diabólico concreto, que abordassem e preservassem o caráter divino dos milagres. Webster, por um lado, assumia uma posição na qual, se as coisas atribuídas às bruxas fossem aceitas como reais, então a credibilidade dos milagres narrados nas escrituras estaria sob suspeita, dado que os demônios poderiam realizar de fato coisas assombrosas. A ilusão da bruxaria reforçaria, portanto, a realidade dos milagres. Glanvill, por outro lado, fazia da estranheza da bruxaria a comprovação da veracidade das coisas narradas no texto bíblico. A tentativa de refutar a bruxaria descrevendo truques elaborados, como na interpretação do episódio dos magos do faraó ou da bruxa de Endor, colocava em risco a verdade bíblica. Ambos esbarravam na exigência de tratar e de diferenciar os milagres dos prodígios.

## Milagres e prodígios

Scot abordou a questão dos milagres à luz da bruxaria no final do século XVI e as reedições de sua obra na segunda metade do século XVII garantiram provavelmente grande notoriedade às suas opiniões. Citando Agostinho, dizia ele que os milagres cessaram:

> agora os olhos do cego não se abrem por um milagre de Deus, mas os olhos do nosso coração são abertos pela palavra de Deus. Agora a nossa carcaça morta não é mais erguida por um milagre, mas os nossos corpos permanecem mortos na sepultura e as nossas almas são trazidas à vida por Cristo. Agora os ouvidos do surdo não são mais destampados por um milagre, mas aqueles que tinham os ouvidos fechados até então agora os têm abertos para a salvação.[160]

Calvino também confirmaria essa doutrina. Não ocorreriam mais milagres e, por isso, feitos como a transubstanciação, realizada pretensamente na missa católica, seriam uma espécie de farsa travestida de superstição. Contudo, apesar da afirmação de Calvino, e também da de Agostinho, os defensores da realidade da bruxaria, segundo Scot, insistiriam na continuidade dos milagres e alguns afirmariam até mesmo que as bruxas poderiam realizá-los, ainda que os católicos não fossem capazes de fazê-los. Scot provocava, dizia que se uma bruxa afirmasse ser ela profeta e instrumento de Deus, então até mesmo os defensores da realidade da bruxaria e da ocorrência de milagres teriam que concordar que os milagres cessaram.

Era fundamental para o protestantismo dar cabo da ocorrência dos milagres para restringir a religião ao texto bíblico e suas interpretações, excluindo as decisões eclesiásticas e confrontando a autoridade da Igreja de Roma. O milagre era mais do que um fenômeno incomum, era também, e principalmente, uma marca de autoridade que conferia veracidade à doutrina professada pelo seu realizador,

---

160 "S. Augustine, among other reasons, whereby he prooveth the ceasing of miracles, saith: now blind flesh dooth not open the eies of the blind by the miracle of God, but the eies of our hart are opened by the word of God. Now is not our dead carcase raised any more up by miracle, but our dead bodies be still in the grave, and our soules are raised to life by Christ. Now the eares of the deafe are not opened by miracle, but they which had their eares shut before, have them now opened to their salvation" (SCOT, Reginald. *Op. cit.*, p. 89).

tendo sido comum, por exemplo, que protestantes confrontassem os exorcismos feitos por padres católicos. Os calvinistas ingleses frequentemente denunciavam as 'inovações' em matéria de religião para se preservarem de eventuais mudanças confessionais e políticas. Circunscrever os milagres aos tempos bíblicos era uma maneira de resguardar o caráter fortemente protestante das congregações calvinistas e protegê-las de quaisquer ataques baseados na autoridade que os milagres poderiam conferir. Provavelmente, não foi sem propósito que Scot e Webster professaram o fim dos milagres.

Webster conclui sobre a bruxaria como um todo:

> que todas essas coisas que hoje se supõe serem feitas por endemoninhados ou por aquelas pessoas que se pretendem possessas, assim como aquelas proezas estranhas que são atribuídas às bruxas ou à bruxaria, são todas realizadas igualmente por causas meramente naturais (pois é aceito em todos os lugares que os demônios na forma corpórea não podem fazer mais do que juntar ativos e passivos). E tendo os milagres cessado há muito tempo, segue necessariamente que os demônios não podem fazer nada que não apenas atrair os pensamentos dos homens e das mulheres para o pecado e a maldade e que, por isso, tornam-se enganadores, vigaristas e impostores notórios. Assim podemos concluir de maneira racional que quaisquer outras proezas e delírios não devem ser necessariamente melhores ou de outro tipo do que aquelas que indicamos, mas apenas que se pode mostrar terem sido realizados por meios naturais.[161]

---

161 "That all those things that are now adayes supposed to be done by Demoniacks or those that pretend possessions, as also all those strange feats pretended to be brought to pass by Witches or Witchcraft, are all either performed by meer natural causes (for it is granted upon all sides that Devils in corporeal matter can perform nothing but by applying fit actives to agreeable passives.) And miracles being long since ceased, it must needs follow, that Devils do nothing but only draw the minds of Men and Women unto sin and wickedness, and thereby they become deceivers, cheats and notorious impostours: so that we may rationally conclude that all other strange feats and delusions, must of necessity be no better, or of any other kind, than these we have recited, except they can shew that they are brought to pass by natural means" (WEBSTER, John. Op. cit., p. 278 [p. 292]).

O caráter ilusório da bruxaria estaria assegurado por testemunhos, pela filosofia e, principalmente, pela leitura bíblica, os quais restringiriam os poderes dos demônios e dos seus associados, permitindo diferenciar as ações deles dos milagres. Para Webster, supor, por exemplo, que seres espirituais pudessem mudar realmente de forma e ter corpos tangíveis era colocar em dúvida a ressurreição de Jesus.[162] Era preciso diferenciar o prodígio do milagre. Segundo ele, com a permissão de Deus, os demônios e os homens de má índole poderiam fazer coisas assombrosas, mas

> embora esses possam ser sinais grandiosos e maravilhas que assombram e entretêm os homens, e eventualmente acontecem, ainda assim não são verdadeiros milagres, mas diferenciados pelo fato de que os verdadeiros milagres ocorrem sempre para estabelecer e confirmar a doutrina verdadeira e a adoração do Cristo, enquanto os outros são falsas maravilhas, feitas apenas para testar os devotos ou para ludibriar e punir aqueles que não tiveram conhecimento da verdade.[163]

Os milagres teriam por finalidade corroborar a palavra de Deus e os diabos não poderiam ser empregados para espalhar a revelação divina, já que ela promoveria a salvação dos homens.[164] Deus faria uso dos demônios para expressar a sua ira e o seu julgamento, não passando o Diabo de um instrumento para realizar prodígios e ludibriar os homens. Como anunciado pelas escrituras sagradas, surgiriam muitos

---

162 E, por isso, acreditar que demônios "do appear in the shape of Dogs, Cats, and the like, and do carry the heavy bodies of Witches in the air, do suck upon their bodies, and have carnal copulation with them, must suppose them to have bodies as solid and tangible as flesh and bones: and so overthrow the main proof of our Saviours Resurrection, and consequently the very foundation of the Christian Religion" (*ibidem*, p. 105 [p. 119]).

163 "But though these may be great signs and wonders to amaze and amuse men, and likewise come to pass, yet are they no true miracles, but are distinguished in this, that true miracles are always for the establishing and confirmation of the true Doctrine and Worship of Christ, but the other are lying wonders, wrought only to try the godly, or for the deluding and punishing of those that received not the knowledge of the truth" (*ibidem*, p. 234-235 [p. 248-249]).

164 "Every true miracle is wrought above all for most good ends, and especially for the Salvation of Men, and the true Glory of God. By this particular therefore all those signs and wonders that are wrought by Devils, are excluded from the name of true miracles, because they are all wrought for evil ends, and contrary to the Glory of God, and for the deceiving and perdition of Men. And therefore all prodigies wrought by Devils, are called lies" (*ibidem*, p. 239 [p. 253]).

falsos profetas e o Anticristo se empenharia em afastar os homens da salvação, mas sempre limitado pela permissão de Deus. Deus seria a causa última e eficiente de todas as coisas, inclusive dos prodígios, e, por isso, pouparia os seus eleitos da enganação, condenando os demais à farsa promovida pelos demônios, pois tais pessoas não estariam comprometidas com a verdade.[165]

Além de inadequados para a finalidade dos milagres, os demônios seriam incapazes de realizá-los substancialmente. Webster divide o milagre entre finalidade e substância: a finalidade seria evidenciar o caráter divino da doutrina revelada; a substância, um fenômeno contrário ao curso ordinário da natureza. Desse modo,

> por mais que sejam grandiosos os sinais e maravilhas que os anjos malignos realizam, ainda assim são totalmente diferentes dos milagres verdadeiros, sendo estes feitos sempre para confirmar a verdadeira doutrina e adoração a Deus, enquanto aqueles têm por finalidade apenas estabelecer uma falsa doutrina, opiniões mentirosas e equivocadas ou adorações idólatras. Assim eles diferem em substância, pois os milagres que Deus apresenta para confirmar a sua verdade são sempre verdadeiros e reais, contrários e acima de todo o poder e curso da natureza, mas as maravilhas engendradas por Satã não passam de delírios, fraudes, malabarismos e imposturas, as quais, embora pareçam estranhas aos que ignoram as suas causas, são oriundas de causas naturais ou do artifício, da conspiração e afins. Portanto, podemos concluir que tanto quanto os milagres são delineados em todo caso por um poder divino, tendendo a arruinar o poder de Satã no mundo, os falsos milagres são feitos para manter o poder do reino de Satã sobre este mundo e dar continuidade às ilusões, mentiras e falsas doutrinas.[166]

---

165 "[...] and the reason why they are thus punished with the deceits and delusions of Satan, is because they received not the love of the truth, and therefore God doth send such strong delusion, that they might believe a lie, and this he doth rightly and justly" (*ibidem*, p. 235 [p. 249]).

166 "We may observe that how great soever these signs and wonders be, yet they are but lying ones, both in regard of the end for which they are done, and in respect of their substance. And therefore how great soever the signs and wonders be that evil Angels do perform, yet they are totally different from true miracles, those being always wrought for the confirming of the true Doctrine and Worship of God, but these have their end only to establish false doctrine, lies and erroneous

Somente Deus poderia alterar o curso da natureza. Fazê-lo exigiria um poder onipotente e, por isso, os demônios seriam incapazes, por exemplo, de criar alguma coisa ou modificá-la de fato. Segundo Webster, contrariar o curso ordinário da natureza consistiria em mudar as regras de funcionamento dela, ou seja, criar alguma coisa nova e isto o Diabo não poderia fazer. O milagre era exclusividade de Deus, e mesmo que fosse do seu intuito dividi-lo com alguma criatura, não escolheria os anjos caídos, pois eles não passariam de "executores da sua ira e desígnios para afligir e punir os homens".[167] Além de contrários ao curso da natureza, os milagres também seriam visíveis, mostrar-se-iam claramente aos sentidos, diferentemente dos feitos atribuídos as bruxas (ou seja, a cópula com os demônios, o relacionamento com familiares, o pacto diabólico, o voo e a metamorfose), os quais, além de todas as impossibilidades, nunca foram

> testemunhados ou provados por pessoa alguma que tivesse um juízo seguro, um entendimento verdadeiro ou uma razão perspicaz, mas sendo apenas obras das trevas, não têm existência em lugar algum, exceto na cabeça dos maníacos por bruxas [witchmongers] que são dominados pelo Príncipe das Trevas.[168]

---

opinions, or Idolatrous Worships. So they differ in their substance, for those miracles that God sheweth for the confirmation of his truth, are always true and real, being against and above the whole power and course of nature, but those wonders wrought by Satan are but delusions, cheats, juglings and impostures, which though they may seem strange to those that are ignorant of their causes, yet do but all arise from natural causes, or from artificial cunning, confederacy and the like. And therefore we may conclude that what miracles soever are wrought by a Divine Power, tend to the overthrow of Satans power in the world, but all false miracles are wrought to uphold the power of Satans Kingdom in the world, and following delusions, lies and false doctrines" (ibidem, p. 236 [p. 250]).

167 "[...] the wonders which are wrought by Satan, do tend to that end, that they might confirm lies against God and his glory. But God doth not accommodate his power, to confirm lies, contrary to his glory, and against himself. Therefore Satan by the power of God, as his Minister, doth not work true miracles, for God doth use the faln Angels as executioners of his wrath and judgments, for the afflicting and punishing of men, but when God worketh any thing for the good of mankind, either in Soul or Body, he doth not use Devils as his Ministers, but the good and blessed Angels, who are ministring spirits sent forth for the good of those that shall be heirs of Salvation" (ibidem, p. 237 [p. 251]).

168 "Then those great wonders that Witchmongers do affirm that the Devil worketh with and for Witches, as having carnal copulation with them, sucking upon their bodies, making a corporeal and oral league with them, carrying them in the air, changing them into Cats or Dogs, must of

Em suma, portanto, enquanto o milagre contrariaria o curso ordinário da natureza por ser proveniente da vontade de Deus, o prodígio, ainda que tivesse causas ocultas e fosse feito pelos demônios, seria fundamentalmente um engodo, pois a natureza dessas criaturas não permitiria a elas realizar nada contra a natureza e a favor da salvação dos homens.

Glanvill tinha uma opinião semelhante. No entanto, para ele era imperativo confrontar Scot e Webster e desfazer a conexão entre a realidade da bruxaria e a descrença com relação aos milagres.

Uma das objeções à bruxaria enquanto pacto diabólico indagava como era possível assegurar credibilidade aos milagres se as bruxas e demônios fossem capazes de realizar de fato as coisas que lhes eram atribuídas. Essa era uma questão crucial e Glanvill deixou para respondê-la ao final de suas considerações sobre o assunto. Concordava ele que os milagres fossem de exclusividade divina. Os milagres expressariam a natureza e a vida abençoada de Jesus e, por isso, seria impossível às bruxas e aos demônios realizá-los.[169] Da mesma maneira, dizia ele, que o brilho do Sol não vinha do Abismo, o Diabo seria incapaz de fazer milagres, pois eles iriam contra a sua natureza, o seu propósito de existir. Glanvill assegurava que a providência confirmaria a validade dos milagres de Jesus e fixava ele um limite para os seus críticos, afirmando que aquele que dissesse que "se as bruxas existem, então não há como provar que Jesus Cristo não foi um mágico, um impostor diabólico, põe uma arma letal nas mãos do infiel e está ele próprio a um passo de pecar contra o Espírito Santo".[170] A negação dos milagres de Jesus seria um pecado irremediável, pois

---

necessity be a meer figment and an impossibility: Because never yet seen, witnessed, or proved by any that were of sound judgment, right understanding or of clear reason, but are meerly the works of darkness, having existence no where, but in the minds and brains of the Witchmongers, who are ruled by the Prince of darkness" (*ibidem*, p. 238 [p. 252]).

169 "For, as to the Life and Temper of the blessed and adorable JESVS, we know there was an incomparable sweetness in his Nature, Humility in his Manners, Calmness in his Temper, Compassion in his Miracles, Modesty in his Expressions, Holiness in all his Actions, Hatred of Vice and Baseness, and Love to all the World; all which are essentially contrary to the Nature and Constitution of Apostate Spirits, who abound in Pride and Rancour, Insolence and Rudeness, Tyranny and Baseness, universal Malice, and Hatred of Men" (GLANVILL, Joseph. *Op. cit.*, p. 96 [p. 94]).

170 "For he that saith, That if there are WITCHES, there is no way to prove that Christ Jesus was not a Magician, and diabolical Impostor, puts a deadly Weapon into the hands of the Infidel, and is himself next door to the SIN AGAINST THE HOLY GHOST" (*ibidem*, p. 105 [p. 103]).

tornaria impossível a fé em Cristo.¹⁷¹ Sendo assim, ao tratar dos milagres e dos prodígios, os milagres de Jesus não deveriam estar em jogo.

Embora tivesse se dedicado por anos a confutar a descrença em torno da bruxaria, Glanvill dizia ao seu leitor que não encontrou nenhum crítico do pacto diabólico que "diz coisa alguma que convença uma cabeça minimamente instruída nos tipos liberais de filosofia e na natureza das coisas" e que, depois de examinada a obra de Scot, tornou-se evidente que

> seu raciocínio é frívolo e infantil e quando ele se aventura na filosofia é pouco menos do que absurdo. Será uma surpresa para mim se alguém, que não os jovens e os bufões, adquirir qualquer resistência a uma crença tão amplamente confirmada por causa das sugestões frouxas e impotentes de um orador tão fraco.¹⁷²

Apesar disso, Glanvill discutia duas das teses de Scot: a rejeição da realidade da bruxaria em decorrência do silêncio a respeito dela no Novo Testamento; e a associação entre o fim dos milagres e o caráter ilusório e enganoso da bruxaria. Já apresentei a resposta de Glanvill à primeira dessas teses, cabendo agora expor o que disse ele sobre a segunda delas.

Para isso, era imperativo definir o milagre. Segundo Glanvill, ele teria quatro características imprescindíveis, as quais deveriam figurar em conjunto em todas as ocasiões, sendo a quarta e última delas, no entanto, a mais importante

---

171 "[...] These clear and unquestionable Miracles which were wrought by the Spirit of God, and had eminently his Superscription on them, shall be ascribed to the Agency of evil Spirits, and Diabolical Compact, as they were by the malicious and spightful Pharisees in the periods above-mentioned; when those great and last Testimonies against Infidelity, shall be said to be but the tricks of Sorcery, and Complotment with Hellish Confederates, This is Blasphemy in the highest, against the Power and Spirit of God, and such as cuts off all means of Conviction, and puts the Unbeliever beyond all possibilities of Cure. For Miracles are God's Seal, and the great and last evidence of the truth of any Doctrine" (ibidem, p. 106 [p. 104]).

172 "So that I profess, for mine own part, I never yet heard any of the confident Declaimers against Witchcrast and Apparitions, speak any thing that might move a mind, in any degree instructed in the generous kinds of Philosophy and Nature of things. His [de Scot] Reasonings are trifling and Childish; and when He ventures at Philosophy, He is little better than absurd: So that 'twill be a wonder to me, if any but Boyes and Buffoons imbibe any prejudices against a Belief so infinitely confirmed, from the Loose and Impotent Suggestions of so weak a Discourser" (ibidem, p. 108 [p. 106]).

para o juízo dos homens. Assim como Webster, dizia ele que não seria a estranheza de um fenômeno que o definiria como milagroso, "pois, assim, deveríamos contar todas as obras maravilhosas da natureza e todos os mistérios das artes sérias que não entendemos", nem a possibilidade de se tratar de uma operação contraditória ao curso da natureza, dado que "desconhecemos a extensão e as fronteiras da esfera das coisas naturais e possíveis", pois "se fosse essa a característica e a essência de um milagre, não poderíamos saber o que seria o quê", muito menos seria o milagre identificado pela ação de agentes sobrenaturais, dado que, embora demônios pudessem realizar muitas coisas "para além do alcance na natureza", "essas coisas não devem ser chamadas de milagres, pois são eles maravilhas sagradas e presumem um poder divino".[173] A essas três coisas (a estranheza do fenômeno, a contrariedade à natureza e a ação de agentes sobrenaturais) era fundamental acrescentar uma última: o caráter do mensageiro de Deus, ou seja, daquele que faz o milagre. Já que o Abismo não reluz, então aqueles que realizam milagres, diferentemente dos que fazem prodígios, deveriam ser pessoas de "simplicidade, veracidade e santidade, desprovidas de ambição e quaisquer propósitos seculares", que perfazem maravilhas "não para causar admiração ou por vaidade, mas para selar e confirmar alguma doutrina divina ou incumbência em que o bem e a felicidade do mundo estão envolvidos".[174]

---

[173] "I think, (1.) THAT it is not the strangeness, or unaccountableness of the thing done simply, from whence we are to conclude a Miracle. For then, we are so to account of all the Magnalia of Nature, and all the Mysteries of those honest Arts, which we do not understand. Nor, (2.) is this the Criterion of a Miracle, That it is an action or event beyond all natural powers; for we are ignorant of the extent and bounds of Natures sphere, and possibilities: And if this were the character and essential mark of a Miracle, we could not know what was so; except we could determine the extent of natural causalities, and fix their bounds, and be able to say to Nature, Hitherto canst thou go, and no further. And he that makes this his measure whereby to judge a Miracle, is himself the greatest Miracle of knowledge, or immodesty. Besides, though an effect may transcend really all the powers of meer nature; yet there is a world of spirits that must be taken into our account. And as to them also I say, (3.) Every thing is not a Miracle, that is done by Agents supernatural. There is no doubt but that evil Spirits can make wonderful combinations of natural causes, and perhaps perform many things immediately which are prodigious, and beyond the longest line of Nature: but yet These are not therefore to be called Miracles; for, THEY are SACRED WONDERS, and suppose the POWER to be DIVINE" (*ibidem*, p. 124-125 [p. 122-123]).

[174] "Their mediate Authors [dos milagres] declare them to be so, and they are always persons of Simplicity, Truth, and Holiness, void of Ambition, and all secular Designs. They seldom use Ceremonies, or natural Applications, and yet surmount all the activities of known Nature. They work those wonders, not to raise admiration, or out of the vanity to be talkt of; but to seal and

Segundo essa lógica, respondia-se à provocação de Scot, dizendo que não seria possível às bruxas realizarem milagres e se colocarem como portadoras da verdade de Deus,

> que essas bruxas, por meio de seu aliado espiritual, façam coisas estranhas e assombrosas nós acreditamos, mas esses feitos não são milagres, existindo prova suficiente da vida pecaminosa das bruxas, das cerimônias ridículas que realizam, da malícia e dos propósitos nefastos que elas têm e de que a potência que realiza e a finalidade para qual essas coisas são feitas não é divina, mas diabólica. Pela Providência singular não são ordinariamente permitidas tanto para reclamar quaisquer novas descobertas em matéria de religião quanto para fazer qualquer coisa para confirmar imposturas doutrinais. Se os milagres cessaram ou não, essas coisas não o são.[175]

Por uma questão de lógica e de persuasão, Glanvill deixa em aberto o termo dos milagres, mas mostra-se convencido de que os homens bons continuariam sendo abençoados por Deus para realizarem coisas extraordinárias. Suas considerações sobre a bruxaria terminam com o depoimento de um reverendo, cujo nome foi resguardado por Glanvill, a respeito dos feitos de Valentine Greatrak, mais conhecido como *The Irish Stoker*, devido ao poder que teria ele de curar pelas mãos, tendo, por isso, estado próximo de Lady Conway e também do seu círculo de amigos.

São apresentadas duas cartas do reverendo, que se trata de George Rust, deão de Connor e parte do círculo dos Platônicos de Cambridge.[176] Na primeira, julga

---

confirm some Divine Doctrine, or Commission, in which the good and happiness of the World is concern'd" (*ibidem*, p. 125 [p. 123]).

175 "That tho' WITCHES by their Confederate Spirit do those odd, and astonishing things we believe of them; yet are they no Miracles, there being evidence enough from the badness of their Lives, and the ridiculous Ceremonies of their performances, from their malice and mischievous designs, that the POWER that works, and the end for which those things are done, is not Divine, but Diabolical. And by singular Providence they are not ordinarily permitted, as much as to pretend to any new sacred Discoveries in matters of Religion, or to act any thing for Confirmation of doctrinal Impostures. So that whether Miracles are ceased, or not, these are none" (*ibidem*, p. 125-126 [p. 123-124]).

176 A versão concisa do *The dictionary of national biography* diz apenas que George Rust estudou em Cambridge, no St. Catharine's Hall, tornou-se *fellow* do Christ's College entre 1649 e 1659, deão

ele o caráter do *Irish Stoker*: "confesso que acredito que o homem esteja livre de qualquer malícia, de conversa muito afável, não inclinado a nenhum vício, nem seita ou partido, mas é, acredito, um sincero protestante".[177] Afastado do vício e do radicalismo, Greatrak torna-se digno de atenção. Rust diz que conviveu com o curandeiro por três semanas e que pôde observar numerosas curas realizadas por ele. Da mesma maneira que Webster e Glanvill, apesar de reconhecer que o homem era capaz de realizar coisas extraordinárias, o reverendo rejeitava que as curas do *Irish Stoker* fossem milagrosas, explicando-as pela autoridade de More:

> mas ainda tenho muitas razões para estar persuadido de que nada disso é miraculoso: ele [Greatrak] não pretende dar testemunho de doutrina alguma, seu *modus operandi* aparenta ser natural, as curas raramente são bem-sucedidas sem reiterados toques, os pacientes muitas vezes têm recaídas, ele falha com freqüência, ele não pode fazer nada onde exista qualquer deterioração na natureza e muitas enfermidades não estão de forma alguma submetidas ao seu toque. Sendo assim, reconheço, atribuo toda a virtude dele ao seu temperamento e compleição particulares e tomo o seu espírito como uma espécie de elixir, um fermento universal, e que ele cura (como manifestou o Dr. M. [More]) através de um contágio salutar.[178]

Greatrak não dava testemunho da doutrina de Deus, não era infalível e nem capaz de contradizer a natureza, por isso suas curas seriam naturais, ainda que dizê-lo implicasse recorrer a uma hipótese.

---

de Connor em 1661, bispo de Dromore entre 1667 e 1670, quando faleceu, e escreveu tratados de teologia.

177 "I confess I think the man is free from all design, of a very agreeable Conversation, not addicted to any Vice, not to any Sect or Party; but is, I believe, a sincere Protestant" (*ibidem*, p. 126 [p. 124]).

178 "But yet I have many reasons to perswade me, that nothing of all this is Miraculous: He pretends not to give Testimony to any Doctrine, the manner of his Operation speaks it to be natural, the Cure seldom succeeds without reiterating touches, his Patients often relapse, he fails frequently, he can do nothing where there is any decay in Nature, and many Distempers are not at all obedient to his touch. So that, I confess, I refer all his vertue to his particular Temper and Complexion, and I take his Spirits to be a kind of Elixir, and universal Ferment; and that he cures as (Dr. M. expresseth it) by a sanative Contagion" (*ibidem*, p. 127 [p. 125]).

Já na segunda carta o reverendo muda de opinião. Nela conta a origem dos poderes do curandeiro segundo o que ouviu do próprio sujeito. O homem, a partir de uma dada ocasião, teria começado a sentir um impulso para curar as pessoas e tomou isso como um presente de Deus, uma conclusão que, aos olhos de Rust, não era inesperada, já que o homem não era um filósofo. Não obstante, o *Irish Stoker*, mesmo sendo um ignorante em matéria de filosofia, tinha dúvidas sobre a sua condição até um momento em que deixou de sentir uma de suas mãos, como se estivesse morta, e ao colocá-la sobre a outra voltou a senti-la. Isso teria se repetido por duas ou três noites e, por isso, o reverendo parecia convencer-se de que o poder de Greatrak viesse diretamente de Deus:

> dizer que esse impulso também não foi mais do que resultado do seu temperamento e que é não mais do que os sonhos que são comuns a pessoas de determinada constituição não parece ser uma explicação plausível para o fenômeno. Talvez alguns julguem ser mais adequado que um gênio que compreendesse a virtude salutar da compleição dele [de Greatrak], a vivacidade de sua mente e a habilidade do seu corpo para exercer tal impulso pudesse chamar a atenção do homem para isso, que, de outra maneira, permaneceria desconhecido para ele e o presente de Deus não teria qualquer propósito.[179]

Glanvill deixa a questão em aberto, não explora os meandros das curas de Greatrak, apenas diz ao leitor que esse caso foi investigado pela Royal Society e não foi constatada qualquer impostura.[180]

---

179 "To say that this Impulse too was but a Result of his Temper, and that it is but like Dreams that are usually according to mens Constitutions, doth not seem a probable account of the Phænomenon. Perhaps some may think it more likely, that some Genius who understood the sanative vertue of his Complexion, and the readiness of his Mind, and ability of his Body, to put it in execution, might give him notice of that, which otherwise might have been for ever unknown to him, and so the Gift of God had been to no purpose" (*ibidem*, p. 128 [p. 126]).

180 Robert Boyle acompanhou Greatrakes durante quase uma semana em abril de 1666 e registrou as curas realizadas pelo irlandês em um diário de trabalho, intitulado *Accounts of cures performed by Valentine Greatrakes during his visit to England in 1666, some witnessed by Boyle himself and some recounted to him by those healed*, o qual está disponível para consulta eletrônica; favor conferir a bibliografia.

Webster e Glanvill estavam substancialmente de acordo a respeito da incapacidade dos demônios operarem milagres e do vínculo entre tais fenômenos assombrosos e a revelação divina. Diferenciavam-se em matéria de ênfase e perspectiva envolvendo o fim dos milagres.

Webster estava certo de tratar-se o milagre de uma operação contranatural e o avaliava a partir de um ponto de vista divino. Já que o conhecimento humano não permitiria determinar com absoluta certeza se um fenômeno seria ou não contrário à natureza, era preciso recorrer às escrituras sagradas, e aos seus intérpretes, para delas extrair não apenas uma definição de milagre como proeza contranatural, mas ainda a garantia de que os eventos milagrosos cessaram depois da conversão aos evangelhos. Essa defesa da ocorrência praticamente impossível de verdadeiros milagres assegurava a primazia do texto bíblico e possibilitava salvaguardar a reforma em termos calvinistas do catolicismo e também de vertentes do protestantismo que poderiam fazer acréscimos à revelação a partir da autoridade conferida pelos seus pretensos milagres.

Glanvill também recorria aos livros sagrados e entendia o milagre de modo semelhante a Webster. Definia-o em parte como um fenômeno contrário ao curso ordinário da natureza, mas, ao enfatizar o milagre enquanto uma mensagem divina, fez do mensageiro um critério fundamental para avaliar o milagre numa perspectiva humana. Apesar de desconhecer os limites da natureza, o homem seria capaz de avaliar a qualidade moral de determinada pessoa e da doutrina transmitida por ela, tendo condições, portanto, de diferenciar milagres e prodígios. Para ele, não era necessário professar o fim dos milagres. Fazê-lo em nada contribuiria para a defesa da realidade da bruxaria e ainda seria pouco coerente em relação ao ceticismo que adotava e a concepção voluntarista que mantinha a respeito dos homens e de Deus. Junto de outros membros da Royal Society, Glanvill associava ciência e religião diferenciando uma ação providencial geral de uma outra especial, ou singular. Enquanto a primeira seria responsável pelo estabelecimento das leis naturais, a segunda consistiria na intervenção divina para preservar o funcionamento de tais leis, por exemplo, em termos newtonianos, como no caso da gravitação, o que, para Leibniz, faria de Deus uma espécie de relojoeiro que precisava constantemente dar corda na criação.[181]

---

[181] FORCE, James E. "Hume and the relation of Science to Religion among certain members of the Royal Society". *Journal of the History of Ideas*, Pennsylvania, v. 45, n. 4, out.-dez. 1984, p. 523. Disponível para consulta eletrônica; favor consultar a bibliografia.

Somente em meados do século XVIII essa concepção de milagre perderia hegemonia em prol de uma separação mais estrita entre ciência e religião. Hume tratava justamente dos milagres para confrontar a teologia racional, dizendo, entre outras coisas, que testemunhos não seriam suficientes para provar o milagre, entendido como uma violação necessária das leis da natureza, porque entre um testemunho dessa natureza, que nunca preencheria os requisitos básicos de confiabilidade, e um outro corriqueiro, estar-se-ia mais justificado em aceitar o último. Os homens deveriam saber que "nossa santíssima religião funda-se na fé, e não na razão; e um método seguro para fazê-la perigar consiste em submetê-la a uma prova para a qual não está de maneira nenhuma preparada para resistir".[182] Esse ataque à confiabilidade do testemunho é central para entender não apenas a concepção de Glanvill sobre os milagres, mas ainda, e mais importante do que isso, o porquê de sua demonologia não ter prosperado.

## A presença de Deus no mundo

Tratar de milagres e de bruxaria exigia que se supusesse algo a respeito dos desígnios e da atuação de Deus no mundo. Era preciso deter alguma concepção de providência divina que sustentasse ou rejeitasse que os demônios e as bruxas afligissem concretamente os homens sem contradizer a bondade de Deus.

Segundo o *Malleus maleficarum*,

> primeiro: o mundo é de tal forma subordinado à providência Divina que é o próprio Deus quem a todos provê. Segundo: Deus na Sua justiça permite a prevalência do pecado – que consiste na culpa, no castigo, e na perda – em virtude de Suas permissões primeiras: a queda dos Anjos e a dos nossos primeiros ancestrais.[183]

Deus seria o senhor de todas as coisas. Tendo conferido arbítrio aos anjos e aos homens, permitiria que pecassem e não tiraria deles o sopro da vida. A providência divina preservaria a natureza. O mal surgiria do pecado, viria do arbítrio, que fez

---

182 HUME, David. *Investigação acerca do entendimento humano*. São Paulo: Nova Cultural, 1999, p. 127-128 (Os Pensadores).
183 KRAMER, Heinrich; SPRENGER, James. *O martelo das feiticeiras*. São Paulo: Rosa dos Tempos, p. 159.

com que os demônios e os homens desafiassem a Deus, não podendo ser atribuído a Deus. Sendo assim, a bruxaria não contradiria os desígnios divinos. Deus toleraria o mal em prol de propósitos maiores e do engrandecimento de sua majestade.

> Deus, contudo, é o provedor universal do mundo inteiro e é capaz destarte de dos males particulares extrair um grande bem; pois que através da perseguição dos tiranos surgiu a paciência dos mártires, e através das obras das bruxas surgem a purgação e a provação da fé dos justos, conforme será demonstrado. Não é propósito de Deus, portanto, prevenir todo o mal, para que o mundo assim não careça da causa de tantos bens.[184]

Os homens sofreriam como Jó. A divindade expressaria o seu julgamento e promoveria o bem maior através dos agentes do mal. Com os males da bruxaria, por exemplo, Deus nutriria a piedade. Sendo ele capaz de converter o mal em bem, não haveria, portanto, em última instância, qualquer incompatibilidade entre a bondade de Deus e a maldade da bruxaria. Essa noção era paradigmática e presente nas concepções de Glanvill e Webster.

Para Glanvill, a questão dos milagres, e outras tantas, seria resolvida pela ação da providência divina. Diferentemente de Descartes, que fundava do ponto de vista metódico o conhecimento a partir da superação da dúvida radical, Glanvill postulava de pronto, aproximando-se da disposição ontológica do filósofo francês, uma providência divina que resguardava a verdade dos milagres e a capacidade humana de conhecer. Se não fosse assim,

> que possibilidade haveria então que nos assegurasse de que não estamos sendo sempre enganados? De que as nossas próprias faculdades não foram dadas apenas para nos iludir e humilhar? E, se for assim, a conclusão seguinte será a de que não há um Deus que administra a justiça na Terra e a melhor e mais provável hipótese será a de que o mundo está abandonado ao domínio do Diabo.[185]

---

184 *Ibidem*, p. 161.
185 "What possibility were there then for us to be assured, that we are not always deceived? yea, that our very faculties were not given us only to delude and abuse us? And if so, the next Conclusion is, That there is no God that judgeth in the Earth; and the best, and most likely Hypothesis will

No entanto, apesar de garantidor do funcionamento da natureza e do conhecimento, Deus teria desígnios misteriosos e não seria adequado falar seguramente do que estaria de acordo com a vontade divina. Glanvill sequer recorre à revelação para determinar o que seria ou não adequado à providência divina. Mostra-se incerto sobre ela, mas convicto de que não se deveria recusar a ocorrência de um fato por supor que não estaria de acordo com a providência. Sendo a bruxaria enquanto pacto diabólico concreto um fato comprovado, não seria adequado rejeitá-la por causa da incapacidade de explicá-la, muito menos por considerá-la incompatível com a providência divina, dado o quão pouco se saberia sobre os desígnios de Deus e a abundância do mal no mundo:

> a Providência é de profundidade insondável e se não devemos acreditar nos fenômenos de nossos sentidos até que possamos conciliá-los com as nossas noções sobre a Providência, então devemos ser os céticos mais grosseiros que já existiram. As misérias da vida atual, a distribuição desigual do bem e do mal, a ignorância e a selvageria da maior parte da humanidade, a condição fatal e desvantajosa a que estamos submetidos e o risco que corremos da miséria e da ruína eternas, tudo isso, digo eu, são coisas que dificilmente podem ser adequadas à Sabedoria e à Bondade das quais estamos certos de ter feito e se misturado a todas as coisas. Apesar disso, acreditamos na existência da beleza, da harmonia e da bondade na Providência, ainda que não possamos decifrá-la em suas particularidades, nem, por causa de nossa ignorância e imperfeição, remover aparentes contradições; conseqüentemente, não devemos negar a existência de bruxas e de aparições porque impõem algumas dificuldades aos nossos conceitos de Providência.[186]

---

be, That the world is given up to the government of the Devil" (GLANVILL, Joseph. *Op. cit.*, p. 103 [p. 101]).

[186] "Providence is an unfathomable Depth; and if we should not believe the Phænomena of our senses, before we can reconcile them to our notions of Providence, we must be grosser Scepticks than ever yet were extant. The miseries of the present life, the unequal distributions of good and evil, the ignorance and barbarity of the greatest part of Mankind, the fatal disadvantages we are all under, and the hazard we run of being eternally miserable and undone; these, I say, are things that can hardly be made consistent with that Wisdom and Goodness that we are sure hath made

Deus não poderia ser o autor do mal, seria necessariamente bom e as coisas seguiriam os seus desígnios em um universo ordenado e pleno de vida. Não obstante, Deus não protegeria os homens dos males causados por eles mesmos. Numa criação que expressaria a bondade divina, o mal surgiria da ação conflituosa entre as coisas criadas,[187] de modo que a bruxaria consistiria na realização do mal pela vontade tanto das próprias bruxas quanto dos demônios. Mas, sendo assim, por que não se viveria atormentado por demônios e bruxas? Glanvill responde de maneira negativa, dizendo que não se saberia quais leis restringiriam os demônios. Apesar dessa incerteza, poder-se-ia, no entanto, dizer que eles agiriam predominantemente sobre o espírito dos homens com o intuito de condenar as almas, mantendo-se incógnitos aos olhos dos homens e moderados aos de Deus, prevenindo que se dessem conta de sua presença e que a providência divina tomasse alguma medida drástica para proteger o gênero humano. A bruxaria camuflaria a ação dos demônios e recompensaria os desejos nefastos de pessoas miseráveis.[188] Glanvill buscava conciliar assim a bondade da providência divina com o mal que surgiria da ação das criaturas e também com o ceticismo que autorizava apenas lançar hipóteses sobre a atuação sobrenatural.

Para Webster, poderes em demasia foram conferidos às bruxas e aos demônios não apenas pela ignorância sobre o funcionamento da natureza, mas principalmente pelo desconhecimento da natureza da providência e pela admissão de uma noção passiva de permissão divina.[189] Webster dedicou um capítulo de *The displaying of supposed witchcraft* para atacar os arminianos, os quais teriam tornado Deus um espectador da criação.[190] Tanto a permissão quanto a providência de Deus seriam atos de vontade. Deus "governa todas as coisas de acordo com o poder e

---

and mingled it self with all things. And yet we believe there is a beauty and harmony, and goodness in that Providence, though we cannot unriddle it in particular instances; nor, by reason of our ignorance and imperfection, clear it from contradicting appearances; and consequently, we ought not deny the being of Witches and Apparitions, because they will create us some difficulties in our notions of Providence" (*ibidem*, p. 79 [p. 77]).

187 LOVEJOY, Arthur. *Op. cit.*, p. 77-78.
188 GLANVILL, Joseph. *Op. cit.*, p. 81-83 [p. 79-81].
189 WEBSTER, John. *Op. cit.*, p. 183 [p. 197].
190 "[...] it cometh to pass that not only the vulgar, but such as tread in the steps of Arminius, do hold a meer bare permission, and that God sits as a quiet beholder by his Prescience from the event of things to see what will be effected by Devils and wicked Men, who in the mean time run and rove about, acting what, when and how they please, and that God hath neither hook in their nostrils, nor bridle in their mouths, neither keeps them in any restraint, order or

a determinação de sua vontade positiva e atual",[191] mas, como era esperado, não se poderia imputar a ele o mal, pois seria ele um ente perfeito, e o pecado "uma imperfeição, um defeito e uma aberração diante de um decreto justo e perfeito". O pecado não teria causa eficiente, seria apenas ausência de perfeição.[192]

A permissão divina seria uma "suspensão de sua eficiência em prol de algumas ações permitidas às criaturas e para fins justos e bons".[193] Poder-se-ia definir providência como sendo "seu eterno, mais sábio, mais justo e imutável desígnio e decreto, por meio do qual ele [Deus] governa livremente todas as coisas criadas por ele para sua própria glória", e, acrescenta Webster, "a salvação de seus eleitos".[194] Por meio dela, Deus fixaria as leis da natureza, preservaria o seu funcionamento e eventualmente contradiria o curso ordinário das coisas,[195] sendo a providência, portanto, um ato volitivo. Já a permissão divina seria concedida às criaturas racionais e circunscrita às ações morais,[196] consistindo em um ato nolitivo, mas imbuído de vontade:

> a permissão deve estar referida e reduzida à vontade de Deus, já que a nolição é um ato de sua vontade, assim como a volição. Tratando correta e verdadeiramente,

government, and so we must needs have a mad rule in this World, during this permission and naked inspection" (*ibidem*, p. 183 [p. 197]).

[191] "[...] we shall here propose the state of the matter that we undertake to confute, which is this: That there is not in God a nude, passive permission, separate from the positive and active decree, order and will of his Divine Providence and Government, but that he doth rule all things according to the power and determination of his own positive and actual will" (*ibidem*, p. 183 [p. 197]).

[192] "He [Deus] is ens summè perfectum, & quicquid est in Deo, est Deus; but sin howsoever understood, or accepted, is an imperfection, defect and an aberration from a just and perfect rule, and therefore it is simply impossible that God can be the cause of any thing that is imperfect, sinful or evil, if sin be considered as malum culpæ" (*ibidem*, p. 184 [p. 198]).

[193] "Now concerning permission in God, being a suspension of his efficiency in regard of some acts permitted to the creatures, and that for just and good ends, the definition of it and its affections or properties are so darkly handled even by those that make most ado about it, that it would serve rather to divert Men from the right way than to guide them in it, or unto it" (*ibidem*, p. 185 [p. 199]).

[194] "But we shall chiefly insist on that definition that is given by learned Piscator in these words: 'The providence of God is his eternal, most wise, most just and immutable counsel or decree, whereby he doth most freely govern all things by him created to the glory of himself', and the Salvation of his elect" (*ibidem*, p. 193 [p. 207]).

[195] *Ibidem*, p. 186-187 [p. 200-201].

[196] *Ibidem*, p. 188 [p. 202].

> a permissão é um ato da vontade divina que não impede essas e aquelas ações particulares das criaturas. Conseqüentemente, as mesmas coisas sucederão de sua volição e de sua vontade de não impedir, do mesmo modo que de sua volição os atos dos agentes livres, nenhuma delas coagindo a vontade das criaturas para agir.[197]

Anjos e homens foram criados com a capacidade de evitar o pecado, mas usaram do seu livre-arbítrio para desafiar a Deus. Deus permitiu, então, que subsistissem, ao invés de suspender seu governo providencial da natureza e destruí-los. Teria feito isso para usá-los em prol da glória divina. Webster concordava com Glanvill e com o *Malleus maleficarum*, que Deus converteria os males em algum bem maior. Todavia, evitava conceder qualquer liberalidade aos anjos caídos, apregoando que essas criaturas estariam restritas à vontade de Deus e acorrentadas até o Juízo Final.[198] Se os demônios fizessem o que desejassem, então nenhum dos eleitos estaria vivo. Deus se faria presente no mundo de diversas maneiras, estando sempre próximo dos homens, direcionando a vontade, o interesse e o espírito deles, permitindo que agissem conforme seus desejos, mas evitando a prática de determinados atos malévolos. A noção da bruxaria como um pacto diabólico concreto, por isso, estaria incorreta, já que "Deus não ordena, nem permite aos anjos caídos fazer coisa alguma (especialmente corpórea), a não ser o que é para um fim justo, bom e sábio, o que não se pode ver nessas ações atribuídas às bruxas".[199]

---

197 "Permission must be referred and reduced to the will of God, for nolition is an act of his will as well as volition: and to speak properly and truly, permission is but an act of the Divine Will not to impede such or such particular actions of the creatures; and therefore the same things will follow from his volition or his will non impediendi, as from his volition to the acts of a free agent, seeing neither do put coaction upon the will of the Creature that is to act" (*ibidem*, p. 189 [p. 203]).

198 "Though those that ascribe so large a power unto Devils and Witches, do take it for granted that they are only under a bare passive permission, and that the faln Angels do act, what, when, where and how they list, yet is it a meer falsity, for they are under the rule of Gods Divine Will, decree and providence, and do act nothing, but as and so far as they are licensed, ordered and limited by his will and providence, and are under a punctual restraint, nay kept in the chains of everlasting darkness unto the judgment of the great day" (*ibidem*, p. 192 [p. 206]).

199 "Therefore we shall conclude this briefly here, having occasion to handle it more fully hereafter, to wit, that the Witchmongers can have no shelter for their opinion from the Doctrine of Gods permission (if rightly understood) because God doth neither order, nor permit faln Angels to act any thing(especially in corporeal things) but what is for just, good, and wise ends, which cannot be shewed in these actions attributed to Witches" (*ibidem*, p. 197 [p. 211]).

Tanto para Glanvill quanto para Webster era preciso preservar a atuação de Deus, pois nela estariam assentados em último o conhecimento humano, o funcionamento da natureza e a salvação das almas. Diminuir os poderes de Deus era uma afronta. Webster dizia confrontar a realidade da bruxaria porque essa concepção conferiria poderes demasiados aos demônios e desprestigiaria Deus. Glanvill fazia o oposto, mas com a mesma finalidade, recorrendo à realidade da bruxaria para preservar o lugar da ação espiritual e, conseqüentemente, a presença de Deus no mundo. A presença divina na criação era, para eles, não apenas um fato, mas também um problema, cujas respostas diferenciavam-se em função dos compromissos filosóficos e religiosos de cada um.

Tratar de fenômenos que estariam na fronteira do conhecimento humano exigia mobilizar todas as fontes de conhecimento, a experiência, a razão e a revelação, e conjugá-las. Harmon Jobe relacionou o interesse de Webster pela química com a concepção do protestantismo radical de uma divindade imanente e presente nas coisas naturais, enquanto a inclinação de Glanvill para com a mecânica foi associada ao anglicanismo latitudinariano, o qual professava uma hierarquia de espíritos que levaria a uma divindade transcendente. Acerca da interpretação de Harmon Jobe no que diz respeito aos compromissos filosóficos de Webster e Glanvill, é preciso reconhecer que o mecanicismo era uma referência importante e fundamental para ambos e que eles se propunham a ampliar o escopo explicativo desse paradigma, associando-o respectivamente com a iatroquímica e o neoplatonismo à moda de Cambridge. Além disso, e talvez mais importante até, Glanvill e Webster conferiam qualidade à matéria como uma maneira de confrontar o materialismo que poderia se fundir ao mecanicismo.

O combate travado por eles contra o materialismo não se restringia à filosofia e extrapolava para a religião. A natureza preternatural da bruxaria aproximava a filosofia natural das interpretações religiosas e permitia abordar um dos mais importantes problemas da Idade Moderna. A Revolução Científica e as Reformas Religiosas desfizeram o arranjo escolástico entre conhecimento humano e divino. A Revolução Científica promoveu a autonomia da investigação natural e a aplicação prática dos conhecimentos dessa natureza. As Reformas Religiosas tornaram públicas grandes discussões acerca das escrituras sagradas e reforçaram aproximações emotivas e fideístas para com Deus. A demonologia oferecia uma oportunidade de se posicionar em relação a tais mudanças intelectuais e históricas.

Tanto Webster quanto Glanvill reforçaram a transcendência divina para que a divindade não fosse confundida com as coisas que criou. Não obstante, era preciso mantê-lo no controle da criação e harmonizar os seus desígnios com o funcionamento do mundo. É a partir do imperativo de conciliar uma divindade transcendente com a ordem natural que ambos os autores diferenciaram-se e expressaram seus compromissos religiosos.

Webster reforçava a distinção entre espírito e matéria e estendia o domínio do material aos corpos sutis e etéreos. Deus teria uma natureza espiritual, diferentemente dos corpos das coisas por ele criadas. Ele não poderia estar na imanência das coisas, pois a sua natureza seria totalmente distinta e misteriosa à razão e aos sentidos. Sendo assim, apenas seria possível conhecer as coisas divinas e espirituais por meio da revelação e da graça. Apesar dessa distância com relação às coisas criadas, Deus manifestaria a sua vontade sustentando as leis naturais e limitando a ação das criaturas racionais segundo um plano maior. Webster professava um deus transcendente, mas cuja providência se manifestaria o tempo todo. Rejeitar a bruxaria como um pacto diabólico concreto e de efeitos nefastos reforçava esse entendimento. Ao explicar a bruxaria por meio de uma espécie de mecanicismo iatroquímico, Webster estendia a materialidade ao domínio do preternatural, resguardando a materialidade da ciência nova, mas, ao mesmo tempo, preservando o segredo em torno das coisas espirituais. A defesa da ciência e o zelo pelo caráter plenamente revelado da religião garantia a ela estabilidade e a protegeria de eventuais mudanças filosóficas e políticas. O recurso ao espírito astral, ou corpo sideral, e a constatação do fim dos milagres expunham e reforçavam o compromisso de Webster com o reformismo mais radical. O espírito astral permitia não apenas apresentar uma explicação natural e material para as aparições, mas ainda, e principalmente, contradizer a noção de que as aparições corresponderiam ao espírito dos mortos, confrontando aquilo que se entendia como um desdobramento da concepção católica de Purgatório. O calvinismo inglês, nas suas diferentes vertentes, denunciava de maneira incisiva os resquícios do catolicismo contidos na religião oficial do reino. Webster enfrentava Glanvill, More e Casaubon por considerar que eles representavam uma ameaça à busca pela pureza da Igreja reformada na Inglaterra. A religião deveria estar assentada na revelação e isso exigia, entre outras coisas, que se desse cabo da ocorrência dos milagres. Atestar o fim dessas maravilhas, restringir a ação dos demônios e achar explicações naturais para a bruxaria, ou seja, separar o espírito da matéria, fortaleceria a concepção de divindade transcendente, mas zelosa para com as criaturas, e o acesso ao divino dar-se-ia apenas pela palavra relevada e pela fé dos eleitos. Diante da diversidade religiosa e da restauração da Igreja oficial, Webster não falava em tolerância, mas retomava o esforço dos calvinistas elizabetanos por uma uniformidade religiosa abrangente e claramente protestante que inclinasse a Igreja da Inglaterra em direção a Genebra.

Glanvill promovia a ação espiritual sobre a matéria ao defender a realidade da bruxaria, o pacto diabólico, os efeitos nefastos, concretos e extraordinários do vínculo entre bruxas e demônios e a aparição dos espíritos. Para ele, Deus seria a causa transcendente do mundo, estando no topo da hierarquia das coisas e agindo sobre elas. A separação rígida e absoluta entre espírito e matéria criava dificuldades para explicar como um deus sumamente espiritual estaria presente no mundo. O apelo que fazia Glanvill ao preternatural ampliava o escopo do mecanicismo por meio da suscetibilidade da matéria a um princípio externo a ela, o espírito. O vínculo entre espírito e matéria asseguraria a ação divina sobre o mundo e incentivaria a observação das coisas espirituais. A plenitude atribuída ao mundo, estando ele cheio de vida, e as descobertas da ciência moderna, em especial da microscopia, tornavam bastante plausível a existência de seres espirituais e mantinham a possibilidade de conciliar ciência e religião, fortalecendo a ambas e aproximando a demonologia da orientação experimental e piedosa da Royal Society. O ceticismo tem lugar fundamental na associação entre ciência e religião e também na promoção da ordem, pois a dúvida mitigada permitiria identificar os aspectos essenciais de uma questão e evitar animosidades desnecessárias. Glanvill dava-se por satisfeito em convencer o seu leitor da realidade da bruxaria, da existência e atuação dos espíritos, da natureza espiritual e imortal da alma humana e da existência de um deus transcendente e regente do mundo. Talvez não fosse possível explicar os feitos atribuídos à bruxaria, as liberdades das bruxas e dos demônios, o destino da alma humana, os desígnios da providência e o fim dos milagres, mas essa incerteza não deveria comprometer a veracidade da ação divina e do valor da atuação humana.

O latitudinarianismo dava ênfase ao homem e às suas capacidades. Glanvill reconhecia o valor da razão e resguardava a confiabilidade dos sentidos. Seu ceticismo não se voltava contra o entendimento e os sentidos, mas contra as opiniões apressadas e dogmáticas. Além disso, valorizava o homem ao propor uma vida exemplar, centrada no amor, tolerante e dedicada às boas obras. Opunha-se à predestinação, pois ela, segundo Glanvill, tornaria os homens sectários, dividindo-os entre eleitos e condenados, insuflando o entusiasmo, alimentando a rebelião. Valorizar as capacidades humanas seria uma maneira de preservar a possibilidade dos homens melhorarem, tornarem-se mais conscientes do mundo, mais moderados, tolerantes e fiéis ao estado natural das coisas. Tendo em vista a situação religiosa da Inglaterra, na qual coexistiam uma Igreja oficial e diversas congregações dissidentes, a disposição de todas as coisas dentro de uma cadeia não era apenas expressão da filiação platônica de Glanvill, mas ainda um importante recurso intelectual na tarefa de reatar o homem a Deus, garantindo a ele algum acesso a uma divindade transcendente através da razão e da experiência. O esforço para compreender e dominar a natureza evidenciaria a ação providencial e, por isso, tornaria os homens mais piedosos, comprometidos com a harmonia do mundo, o amor e as boas obras, o que, embora não garantisse a salvação, seria fundamental para estabelecer uma religião mais tolerante e assim alcançar a paz social.

# Considerações finais: sobre o ocaso da demonologia

A demonologia na Idade Moderna era uma literatura pautada pelo problema da realidade da bruxaria enquanto um pacto diabólico concreto e permitia associar a alguns tópicos fundamentais da discussão diversas ideias e sujeitos, possuindo ela flexibilidade suficiente para expressar e reforçar diferentes compromissos intelectuais. A controvérsia entre Glanvill e Webster mostra que a demonologia não era alheia aos problemas especulativos, assim como não ignorava as dificuldades da prática persecutória, e é no âmbito desta, que corresponde ao terceiro tópico da discussão demonológica, que identifico a causa fundamental do desgaste dessa literatura.

## O TESTEMUNHO DO PRETERNATURAL

Para além do conceito da bruxaria, dos poderes de bruxas e demônios e da natureza dos milagres, a controvérsia entre Webster e Glanvill tratou também da qualidade dos testemunhos que envolviam os casos de bruxaria e de aparições. A atenção dedicada à confiabilidade dos testemunhos do preternatural talvez tenha sido a característica mais original da polêmica. A suspeita de que os casos de bruxaria não passassem de falcatruas ou de fantasias doentias e o crescente recurso à experiência na época fizeram da demonstração da bruxaria um esforço que superava o exercício exegético e lógico. Glanvill não estava equivocado quando dizia que era mais fácil convencer as pessoas das verdades da religião através de temas mais concretos como a bruxaria, mas não por serem elas ignorantes e viciosas, como queria qualificá-las. Desde o século anterior, os cânones da filosofia, da religião e da política eram contestados e reavaliados de maneira intensa, incentivando o questionamento e a busca por novos parâmetros para a verdade, a piedade e a ordem, de modo que a exigência por provas de uma determinada coisa tornou-se bastante imperativa.

Webster enumerou algumas precauções para a aceitação de uma opinião. Essas precauções não apenas favoreciam a sua posição, mas ainda serviam também para orientar o leitor de um modo geral. Segundo ele, uma opinião não deveria ser aceita em decorrência da quantidade de seus adeptos,[1] pois a maioria das pessoas não estaria qualificada para buscar e para compreender a verdade em decorrência da precariedade de sua educação. Levava ao absurdo, dizendo que se o número de adeptos de uma opinião fosse critério para aceitá-la como verdadeira, então, em matéria de religião, os cristãos deveriam tornar-se pagãos ou maometanos, já que existiriam mais seguidores dessas religiões do que do Cristo. Mas, prossegue Webster, mesmo se fossem levadas em consideração apenas as opiniões dos doutores cristãos, continuaria sendo inadequado aderir à opinião da maioria por si só, pois não seria correto deixar-se levar pela multidão, mas apenas pela verdade.[2] Também não seria adequado preferir uma opinião à outra por causa de sua antiguidade, pois qualquer opinião já foi jovem alguma vez. 'Antigo' e 'moderno' não passariam de qualificações humanas e a verdade existiria para além de tal adjetivação, não sendo ela nem velha, nem jovem.[3] Lembra ele ao leitor, citando Bacon, que os antigos saberiam menos coisas sobre o funcionamento da natureza do que os modernos e que, além disso, cometeram erros viciosos. Abandonar as opiniões dos antigos não deveria ser visto como um desrespeito, mas como um compromisso com a verdade.[4] Webster tornava assim sua opinião mais aceitável aos leitores e, pode-se dizer, incentivava o exame crítico das autoridades e dos relatos do passado, inclusive do texto bíblico, para o qual, cabe lembrar, indicou regras de leitura.

Era preciso também ter cuidado ao avaliar os testemunhos apresentados para corroborar a bruxaria ou a ocorrência de alguma aparição. Segundo Webster, dever-se-ia averiguar se as histórias dessa natureza foram testemunhadas pelo próprio autor do relato, se ele tomou ciência do episódio por meio de mero falatório ou da tradição escrita e, além disso, se haveria mais de um testemunho confiável da

---

1 WEBSTER, John. *The displaying of supposed witchcraft*. Londres: Printed by J. M., 1677, p. 13-14 [p. 27-28]. Disponível para consulta eletrônica; favor consultar a bibliografia.
2 *Ibidem*, p. 14 [p. 28].
3 *Ibidem*, p. 15 [p. 29].
4 "It is not safe nor rational to resolve to stick to our old imbibed opinions, nor wilfully to reject those that seem new, except we be fully satisfied, from indubitable grounds, that what we account old is certainly true, and what we reckon to be new is undoubtedly false" (*ibidem*, p. 15 [p. 29]).

ocorrência do fato em questão.⁵ As histórias de bruxaria seriam falsas por não se adequarem a esses critérios de confiabilidade. Elas seriam relatos de pessoas que careceriam de isenção, estariam baseadas no testemunho de um único indivíduo e teriam sido publicadas para a promoção de falsas doutrinas, como os relatos de bruxarias e exorcismos, disseminados pelos católicos. Webster acrescentava que seria preciso investigar o conteúdo dos depoimentos e o caráter dos envolvidos mesmo que um fato fosse testemunhado por diversas pessoas, visto que os homens poderiam estar enganados, mentir para algum ganho ou acreditarem em superstições.⁶ Para que um relato fosse considerado confiável, ele deveria ser atestado por testemunhas oculares, reconhecido por mais de um indivíduo e essas pessoas não deveriam ter obtido qualquer ganho divulgando a história, gozando elas do exercício normal das faculdades mentais, não sendo fantasiosas e melancólicas, livres das superstições do vulgo e não atribuindo a ação das bruxas e dos demônios a todas as coisas naturais e artificiais.⁷ Noutras palavras, a testemunha deveria ser algum distinto letrado protestante. Mesmo assim, sempre seria possível colocar em dúvida a idoneidade da testemunha, confrontando seu depoimento com outros e avaliando a vida pessoal dela.

Apesar dessas precauções, Webster recolheu relatos de terceiros extraídos de anais históricos e registros médicos dos séculos XVI e XVII, alguns até mesmo do medievo e da antiguidade clássica, para demonstrar a existência de criaturas como as sereias, a ocorrência de aparições, a evidência espectral e os efeitos de amuletos e encantos.⁸ Em *The displaying of supposed witchcraft* são apresentadas algumas histórias recentes, uma delas, inclusive, testemunhada pelo autor, aquela do garoto da Floresta de Pendle, mas a maioria dos episódios foi retirada de cronistas como Stow e Baker, fisiologistas como Camerarius, Hortius, Fernelius, Weyer e inclusive dos opositores de Webster, Casaubon e More. Essas histórias estavam fundamentadas frequentemente no testemunho do próprio autor e dificilmente seria possível verificá-las, já que se deram em lugares distantes e em épocas passadas. Talvez isso não fosse apenas um descuido de Webster, mas resultado de seu lugar social na Restauração. O passado radical e o isolamento no norte da Inglaterra podem tê-lo afastado de uma rede de correspondentes de destaque que

---

5   Ibidem, p. 54-56 [p. 68-70].
6   Ibidem, p. 56-57 [p. 70-71].
7   Ibidem, p. 60-62 [p. 74-76].
8   Ibidem, p. 289, 294-298, 302-306, 324-327 [p. 303, 308-312, 316-320, 338-341].

poderia fornecer-lhe relatos mais recentes e confiáveis. Restava a ele recolher evidências na literatura. Fazê-lo não era reprovável, muito menos difícil, dado que era usual o recurso aos lugares-comuns, ou seja, o costume dos letrados de reunir casos exemplares e citações, uma prática que, embora descontextualizasse as passagens e exemplos, permitia que se tomasse ciência com rapidez do estado da arte de uma questão ou literatura.[9]

No *Saducismus triumphatus*, havia maior sensibilidade à qualidade dos testemunhos, dado que era objetivo de Glanvill estabelecer a bruxaria como um fato aceitável pela maioria e que aguardaria explicações adequadas.[10] As histórias de bruxaria, de aparições e de assombrações eram fundamentais não apenas para convencer os descrentes, mas ainda para dar início a uma espécie de história natural dos eventos preternaturais, integrando a demonologia à ciência experimental através de uma casuística vasta que evidenciasse a natureza dos seres espirituais e as leis que eles obedeceriam.

Glanvill apresentou, em *A blow at modern sadducism*, em 1668, aquela que seria a mais conhecida e controversa de suas histórias de bruxaria e demônios, o episódio do Demônio de Tedworth, cuja recepção foi tal que exigiu reapresentação do caso e acréscimos feitos a ele no *Saducismus triumphatus*. Webster dizia ter informações confiáveis de que os eventos estranhos narrados por Glanvill foram apenas uma impostura.[11] Ele fazia coro aos que acusaram Glanvill de ter armado a coisa toda junto de Mompesson. Em um prefácio ao leitor, diz Lownds, editor do

---

9 BLAIR, Ann. "Bibliotecas portáteis: as coletâneas de lugares-comuns na Renascença tardia". In: BARATIN, Marc; JACOB, Christian (dir.). *O poder das bibliotecas*: a memória dos livros no Ocidente. Rio de Janeiro: Editora UFRJ, 2008, p. 74-93.

10 Declarava-se estar ciente de que mesmo assim alguns homens resolutos não se convenceriam, mostrando-se assim moderado e atribuindo a intransigência aos seus opositores: "I am assured before-hand, that no Evidence of Fact possible is sufficient to remove the obstinate prejudices of divers resolved Men, and therefore I know I must fall under their heavy censures; of which I have considered the worst, and am I hope pretty well prepared to bear the severest of them. But no Man would expose himself to all this for nothing, nor have I" (GLANVILL, Joseph. *Saducismus Triumphatus*. Londres: Printed for S. Lownds, 1688, p. 259 [p. 251]. Disponível para consulta eletrônica; favor consultar a bibliografia).

11 "Must not all persons that are of sound understanding judge and believe that all those strange tricks related by Mr. Glanvil of his Drummer at Mr. Mompessons house, whom he calls the Demon of Tedworth, were abominable cheats and impostures (as I am informed from persons of good quality they were discovered to be) for I am sure Mr. Glanvil can shew no agents in nature, that the Demon applying them to fit patients, could produce any such effects by, and therefore we must conclude all such to be impostures" (WEBSTER, John. *Op. cit.*, p. 278 [p. 292]).

*Saducismus triumphatus*, que depois dos eventos ocorridos na casa de Mompesson, os quais foram presenciados e examinados por muitas pessoas,

> a verdade dessa história sendo tão indigesta para aqueles que têm repugnância por tais coisas [que] eles apareceram com um relato (quando nenhum deles, nem os mais diligentes e curiosos conseguiram descobrir qualquer truque ou fraude por si próprios) em que ambos, o próprio Sr. Glanvill, que publicou a narrativa, e o Sr. Mompesson, em cuja casa aconteceram essas coisas espantosas, confessaram que o episódio todo era uma fraude e uma impostura. Eles foram tão diligentes em espalhar amplamente essa mentira grosseira que ela se tornou corrente nos reinos da Inglaterra, Escócia e Irlanda.[12]

Reagiu-se a esses questionamentos e suspeitas disponibilizando ao leitor o relato integral dos acontecimentos na casa de Mompesson, junto de duas cartas do próprio senhorio atestando a veracidade dos acontecimentos e de uma breve resposta de Glanvill aos críticos do episódio. Mompesson garantia a veracidade da história[13] e indicava, numa carta a Collins, também editor de Glanvill, os nomes daqueles que testemunharam junto dele contra o tocador de tambor que teria infernizado a vida de sua família.[14] Glanvill responde brevemente as dúvidas sobre esse episódio no começo de *A whip for the droll fidler to the atheist*. De acordo com ele, não haveria porquê dizer que os fenômenos ocorridos na casa tinham por objetivo reduzir o custo da locação do imóvel ou conseguir algum dinheiro

---

12 "[...] some few years after the Stirs had ceased, the truth of this story lying so uneasie in the minds of the disgusters of such things, they raised a Report, (when none of them, no not the most diligent and curious could detect any trick or fraud themselves in the matter) that both Mr. Glanvil himself, who published the Narrative, and Mr. Mompesson, in whose House these wonderful things happened, had confessed the whole matter to be a Cheat and Imposture. And they were so diligent in spreading abroad this gross untruth, that it went current in all the three Kingdoms of England, Scotland, and Ireland" (GLANVILL, Joseph. *Op. cit.*, p. 5 [p. 4]).

13 "I must bely my self, and perjure my self also to acknowledge a Cheat in a thing where I am sure there was nor could be any, as I, the Minister of the Place, and two other Honest Gentlemen deposed at the Assizes, upon my Impleading the Drummer. If the World will not believe it, it shall be indifferent to me, praying God to keep me from the same, or the like affliction" (*ibidem*, p. 263 [p. 255]).

14 *Ibidem*, p. 264-266 [p. 256-258].

dos curiosos. A residência era propriedade de Mompesson e nada foi cobrado dos interessados em observar os acontecimentos assombrosos. Também não seria possível explicar as batidas estranhas que se ouvia pela casa dizendo que se tratariam do ressoar de um martelo no madeiramento lateral do edifício ou duvidar dos fenômenos em decorrência das condições em que foram observados. As batidas foram ouvidas no meio e acima dos cômodos, e não na lateral da casa, e os eventos prodigiosos observados com luz abundante. Não haveria, enfim, razão para duvidar da qualidade dos envolvidos:

> agora este cavalheiro não pode ser considerado um ignorante, quer o que relata seja verdadeiro ou não, tendo tudo se passado na sua casa, sendo ele mesmo uma testemunha e não de uma ou outra circunstância, mas uma centena, não apenas em uma ou duas ocasiões, mas durante alguns anos, no decorrer dos quais foi um observador interessado e inquisitivo. Não se pode supor com qualquer fundamento que algum dos criados o ludibriou, já que nesse tempo todo ele teria descoberto a fraude. E que interesse poderia ter um membro de sua família (se fosse possível manter isso em segredo) em continuar por tanto tempo com tão incômoda e injuriosa impostura? Não se pode conjecturar ser possível que a melancolia o tenha enganado, já que (além de não ser ele louco ou uma pessoa imaginativa) tal humor não seria tão duradouro e perseverante. Ou, estando enfermo, podemos supor que infectou toda a sua família e a multidão de vizinhos e de outras pessoas que com tanta freqüência foram testemunhas do que se passou? Tais suposições são grosseiras e provavelmente não tentarão ninguém, a não ser aqueles cuja vontade é igual à razão.[15]

---

15  "Now this Gentleman cannot be thought ignorant, whether that he relates be true or no, the Scene of all being his own House, himself a witness, and that not of a circumstance or two, but of an hundred, nor for once or twice only, but for the space of some years, during which he was a concerned, and inquisitive Observer. So that it cannot with any shew of reason be supposed that any of his Servants abused him, since in all that time he must needs have detected the deceit. And what interest could any of his Family have had (if it had been possible to have managed without discovery) to continue so long so troublesome, and so injurious an Imposture? Nor can it with any whit of more probability be imagined, that his own melancholy deluded him, since

Sendo assim, dever-se-ia estar atento para as coisas estranhas que aconteceram na casa de Mompesson e examiná-las com cuidado. A assombração já era conhecida quando Glanvill e um colega, chamado apenas de Hill, foram visitar a casa em 1662. Os estranhos eventos começaram em meados de abril de 1661, depois do bailio ter enviado à casa de Mompesson o tambor que foi apreendido com o miserável que atormentara a vizinhança. Sobrevieram sons de batidas nas portas, nas camas etc., arranhados debaixo da cama das crianças, um cheiro sulfuroso, móveis se movendo, cachorros amedrontados, luzes misteriosas, portas se abrindo e fechando, mudanças súbitas de temperatura e afins. Glanvill presenciou um desses fenômenos e agiu com cuidado ao avaliá-lo:

> elas [as crianças] foram para a cama na noite em que eu estava lá por volta das oito horas, mas logo uma empregada desceu as escadas e nos disse que a coisa tinha voltado. Os vizinhos e dois clérigos que estavam ali foram embora, mas o senhor Mompesson e eu, assim como um cavalheiro que tinha vindo comigo, subimos. [...] Lá estavam duas garotinhas ainda na cama, entre sete e onze anos de idade, suponho. Vi que elas tinham as mãos à mostra e não poderiam produzir o barulho que vinha da cabeceira da cama. [...] Estando ali, enfiei a minha mão no travesseiro, dirigindo-a para onde parecia vir o barulho. Mas, ao mesmo tempo em que o barulho cessava ali, passava a ser ouvido em outra parte da cama. Quando tirei minha mão do travesseiro, o barulho voltou para o mesmo lugar em que estava. Disseram-me para imitar os ruídos e arranhar algumas vezes o lençol, cinco, sete e dez vezes, o que foi seguido e sustado no número que tinha escolhido. Procurei debaixo e atrás da cama, revirei-a até o estrado, apertei o travesseiro, testei a parede detrás da mesma e fiz todo o possível para descobrir se existia um truque ou alguma outra causa para isso; o mesmo fez o meu amigo,

---

(besides that he is no crazy nor imaginative person) that humour could not have been so lasting and pertinacious. Or if it were so in him, can we think he infected his whole Family, and those multitudes of Neighbours and others, who had so often been Witnesses of those passages? such Supposals are wild, and not like to tempt any, but those whose Wills are their Reasons" (*ibidem*, p. 335 [p. 327]).

mas nós não conseguimos descobrir nada. Sendo assim, fui e ainda estou realmente persuadido de que aquele barulho fora feito por algum demônio ou espírito.[16]

Diante de um acontecimento estranho, era preciso averiguar que não se tratava de algum evento ordinário ou de uma farsa. Esse cuidado não era exclusividade de Glanvill. Numa das histórias apresentadas no *Saducismus triumphatus*, o 20° relato, a respeito de uma casa assombrada nas cercanias de Londres, é descrita a averiguação que um cavalheiro teria feito ao estar de passagem pelo lugar e deparar-se com um fenômeno assombroso.[17] As histórias do *Saducismus triumphatus* mostram o cuidado de

---

16  "At this time it used to haunt the Children, and that as soon as they were laid. They went to Bed that night I was there, about Eight of the Clock, when a Maid-servant coming down from them, told us it was come. The neighbours that were there, and two Ministers who had seen and heard divers times, went away, but Mr. Mompesson and I, and a Gentleman that came with me went up. I heard a strange scratching as I went up the Stairs, and when we came into the Room, I perceived it was just behind the Bolster of the Childrens Bed, and seemed to be against the Tick. It was as loud a scratching, as one with long Nails could make upon a Bolster. There were two little modest Girls in the Bed, between Seven and Eleven years old as I guest. I saw their hands out of the Cloaths, and they could not contribute to the noise that was behind their heads. They had been used to it, and had still some body or other in the Chamber with them, and therefore seemed not to be much affrighted. I standing at the Beds-head, thrust my hand behind the Boster, directing it to the place whence the noise seemed to come. Whereupon the noise ceased there, and was heard in another part of the Bed. But when I had taken out my hand it returned, and was heard in the same place as before. I had been told that it would imitate noises, and made trial by scratching several times upon the Sheet, as 5, and 7, and 10, which it followed and still stopt at my number. I searcht under and behind the Bed, turned up the Cloaths to the Bed-cords, graspt the Bolster, sounded the Wall behind, and made all the search that possibly I could to find if there were any trick, contrivance, or common cause of it; the like did my Friend, but we could discover nothing. So that I was then verily perswaded, and am so still, that the noise was made by some Dæmon or Spirit" (*ibidem*, p. 328-329 [p. 320-321]).

17  Estando na rua conversando com a mulher da casa, a janela de um quarto no andar superior abriu e fechou sozinha e isso fez com que o homem resolvesse subir e averiguar a situação: "But none present durst accompany him. Yet the keen desire of discovering the Cheat, made him adventure by himself alone into that Room. Into which when he was come, he saw the Bedding, Chairs and Stools, and Candlesticks, and Bedstaves, and all the Furniture rudely scattered on the Floor, but upon search found no mortal in the Room. Well! he stays there a while to try conclusions, anon a Bedstaff begins to move, and turn it self round a good while together upon its Toe, and at last fairly to lay it self down again. The curious Spectator, when he had observed it to lie still a while, steps out to it, views it whether any small String or Hair were tied to it, or whether there were any hole or button to fasten any such String to, or any hole or string in the Ceiling above; but after search, he found not the least suspicion of any such thing. He retires to the Window

avaliar os acontecimentos e os testemunhos e o esforço de diversos letrados, inclusive figuras de prestígio, de coletar e narrar de maneira metódica histórias de bruxaria e aparições. Na narrativa do Demônio de Tedworth, Glanvill indica ao leitor a data aproximada de alguns eventos, o nome de um ou outro envolvido, mencionando o ministro Cragg e um tal de Compton, o qual, inclusive, envolveu-se na investigação das bruxarias de Elizabeth Style, uma das condenadas pelo juiz Robert Hunt. Tratou também de selecionar aqueles episódios que julgou confiáveis, evitando apresentar ao leitor como evidência da atuação sobrenatural, por exemplo, o estranho cansaço de seu cavalo, porque apenas ele teria presenciado o episódio e porque poderiam existir outras explicações para o acontecimento.[18] Glanvill estava persuadido de que os eventos que testemunhou eram sobrenaturais, não julgando crível que as crianças estivessem envolvidas numa farsa.[19] O episódio todo decorreria da bruxaria e da ação de alguma criatura espiritual. Apesar da casa ter se mantido quieta e nada de estranho tivesse acontecido durante a visita de alguns cavalheiros do rei, dizia Glanvill que não se deveria duvidar do caso:

> é de uma lógica ruim concluir em questões de fato a partir de uma única negativa, e apenas uma contra tantas outras afirmativas, afirmando que coisa nunca aconteceu porque naquele momento particular ninguém viu o que se diz ter visto.[20]

---

again, and observes a little longer what may fall out. Anon, another Bedstaff rises off from the ground of its own accord, higher into the air, and seems to make towards him. He now begins to think there was something more than ordinary in the business, and presently makes to the door with all speed, and for better caution shuts it after him. Which was presently opened again, and such a clatter of Chairs, and Stools, and Candlesticks, and Bedstaves, sent after him down Stairs, as if they intended to have maimed him, but their motion was so moderated, that he received no harm; but by this time he was abundantly assured, that it was not meer Womanish fear or superstition that so affrighted the Mistress of the House" (*ibidem*, p. 430-431 [p. 422-423]).

18  *Ibidem*, p. 331 [p. 323].

19  "The Children were in Bed when the Scratching and Panting was, but I am sure did not contribute to those noises. I saw their hands above the Cloths during the Scraping, and searched the place whence the noise came. To which I might add, That they were little harmless modest Girls that could not well have been suspected guilty of the confidence of such a Juggle, had it been possible they could have acted in it" (*ibidem*, p. 533 [p. 523]).

20  "Tis true, that when the Gentlemen the King sent were there, the House was quiet, and nothing seen nor heard that night, which was confidently and with triumph urged by many, as a confutation of the story. But 'twas bad Logick to conclude in matters of Fact from a single Negative, and

O episódio do Demônio de Tedworth estaria suficientemente provado. Seria ele um fato atestado por diversos testemunhos confiáveis, os quais não poderiam ser rejeitados apenas por não se ter explicações aceitáveis para os eventos descritos,[21] e, por isso, poderia ser apresentado como evidência da realidade da bruxaria e da atuação concreta de agentes espirituais. A narrativa supriria todas as condições estipuladas para a confiabilidade de um testemunho dessa natureza:

> pois essas coisas não aconteceram há muito tempo ou em algum lugar distante, numa época ignorante ou entre povos bárbaros, elas não foram vistas por apenas duas ou três pessoas melancólicas e supersticiosas e relatadas por aqueles que usaram delas para a vantagem e interesse de algum partido. Essas coisas não foram ocorrências de um dia ou de uma noite, nem a visão bruxuleante de uma aparição, mas elas ocorreram nas proximidades e recentemente, foram públicas, freqüentes, contínuas durante anos, testemunhadas por multidões de pessoas idôneas e imparciais, e se deram numa época diligente e incrédula. Argumentos suficientes alguém pensaria para convencer qualquer espírito modesto e racional.[22]

---

such a one against numerous Affirmatives, and so affirm, that a thing was never done, because not at such a particular time, and that no body ever saw what this Man or that did not. By the same way of reasoning, I may infer that there were never any Robberies done on Salisbury Plain, Hounslow Heath, or the other noted places, because I have often Travelled all those ways, and yet was never Robbed; and the Spaniard inferred well that said, There was no Sun in England, because he had been six weeks here, and never saw it" (*ibidem*, p. 337 [p. 329]).

21 "Now the credit of matters of Fact depends much upon the Relators, who, if they cannot be deceived themselves nor supposed any ways interested to impose upon others, ought to be credited. For upon these circumstances, all humane Faith is grounded, and matter of Fact is not capable of any proof besides, but that of immediate sensible evidence" (*ibidem*, p. 334-335 [p. 326-327]).

22 "For these things were not done long ago, or at far distance, in an ignorant age, or among a barbarous people, they were not seen by two or three only of the Melancholick and superstitious, and reported by those that made them serve the advantage and interest of a party. They were not the passages of a Day or Night, nor the vanishing glances of an Apparition; but these Transactions were near and late, publick, frequent, and of divers years continuance, witnessed by multitudes of competent and unbyassed Attestors, and acted in a searching incredulous Age: Arguments enough one would think to convince any modest and capable reason" (*ibidem*, p. 338 [p. 330]).

Existiriam outras histórias como essa. Para Glanvill, ainda que fossem muitos os casos de impostura, apenas um relato, uma única história confiável, bastaria para comprovar a bruxaria e a ação dos seres espirituais.[23] Glanvill e More fizeram uso de uma rede de correspondentes que permitiu a eles reunir a maior parte das histórias apresentadas no *Saducismus triumphatus*. Nessa rede de cartas existiam letrados das universidades, membros da *gentry* e da aristocracia interessados em conhecer, examinar e divulgar eventos preternaturais, como Ralph Cudworth, Edward Fowler e Anne Conway. Fowler, James Douch e Ezekias Burton foram as principais fontes de Glanvill, referências respectivamente para os relatos XIII, XVI, XVII, XVIII, também para os X, XI e para os de número XII, XIV, XV, dentre as 28 narrativas apresentadas. A boa colocação social de Glanvill e, principalmente, de More fez com que chegassem a ambos narrativas de bruxaria e aparições e permitiu examiná-las. Além de correspondências, Glanvill recorria aos autos judiciais, os quais contariam com a autoridade dos juízes e a confiabilidade das testemunhas envolvidas, as quais estariam sob juramento e, por isso, não poderiam mentir. Tais histórias foram auferidas das anotações de Robert Hunt, os relatos de número II, III, IV, V e VI, de um escrivão, o de número VIII, e de arquivos judiciais, os de número VII, da bruxa de Youghall, na Irlanda, e XXVIII, que apresenta a confissão de bruxas escocesas no tempo do rei Jaime.

Assegurar a autenticidade do documento era fundamental para a credibilidade da história. Acerca do caso de Florence Newton, a bruxa irlandesa, era acrescentado ao final da narrativa que o relato da história se tratava de uma cópia de um documento autêntico e que os episódios eram bastante conhecidos, ou seja, que

---

23  Glanvill aborda a confiabilidade dos testemunhos da bruxaria para responder à descrença dos saduceus. Diz ele 1) "THAT a single relation for an Affirmative, sufficiently confirmed and attested, is worth a thousand tales of forgery and imposture, form whence an universal Negative cannot be concluded. So that, though all the Objectors stories be true, and an hundred times as many more such deceptions; yet one relation, wherein no fallacy or fraud could be suspected for our Affirmative, would spoil any Conclusion could be erected on them"; 2) que seria ousadia demais aceitar que todos os relatos de farsas seriam farsas de fato; 3) que se inferiria de maneira muito apressada a partir de algumas histórias que tudo seria falso: "Indeed frequency of deceit and fallacy will warrant a greater care and caution in examining, and scrupulosity and shiness of assent to things wherein fraud hath been practised, or may in the least degree be suspected: But, to conclude, because that an old Woman's fancy abused her, or some knavish fellows put tricks upon the ignorant and timorous, that therefore whole Assises have been a thousand times deceived in judgments upon matters of fact, and numbers of sober persons have been forsworn in things wherein perjury could not advantage them; I say, such inferences are as void of reason, as they are of charity and good manners" (*ibidem*, p. 87 [p. 85]).

poderiam ser conhecidos pelos leitores através de outras fontes.²⁴ Às vezes era preciso examinar a história contida em um documento autêntico. Na narrativa de número VIII, acerca do caso de Julian Cox, transcrito no caderno de anotações de Robert Hunt, tinha-se o cuidado de dizer que a história era uma cópia autêntica, que era conhecida, que não haveria porque duvidar dela,²⁵ mas, em decorrência de suspeitas em torno da credibilidade do magistrado,²⁶ More pedia através de uma carta que Glanvill confirmasse a história. De acordo com o editor, Glanvill teria escrito a Hunt para que atestasse a narrativa e o juiz respondeu "que uma evidência principal foi omitida na narrativa, mas que não há nada contra a verdade nas demais. Mas ele acrescenta também que algumas coisas eram falsas", não obstante "isso não compromete em nada o resto da narrativa, a qual foi feita sob juramento no tribunal ao ouvido de todos".²⁷ As discrepâncias entre os testemunhos eram ignoradas quando os depoimentos concordavam na matéria principal.

Era adequado que uma história indicasse o lugar, a época e quem testemunhou o fato. Na história de número XXIII, referente à assombração numa casa em Little Burton, narrada por um tal de James Shering, dizia-se que "esta é uma história digna de muita consideração, suficientemente circunstanciada no tempo e no espaço, com exceção do condado, que não é indicado. Considero que o motivo é que isso

---

24  "This Relation is taken out of a Copy of an Authentick Record, as I conceive, every half sheet having W. Aston writ in the Margin, and then again W. Aston at the end of all, who in all likelihood must be some publick Notary, or Record-Keeper. But this Witch of Youghall is so famous, that I have heard Mr. Greatrix speak of her at my Lord Conway's at Ragley, and remember very well be told the story of the Awl to me there" (*ibidem*, p. 386 [p. 378]).

25  "This is a Copy of the Narrative sent by Mr. Pool, Oct, 24. 1672. to Mr. Archer of Emmanuel Colledge, Nephew to the Judge, upon the desire of Dr. Bright. But I remember here at Cambridge, I heard the main passage, of this Narrative, when they first were spread abroad after the Assizes, and particularly by G. Rust, after Bishop of Dromore in Ireland. Nor do I doubt but it is a true account of what was attested before Judge Archer at the Assizes. For it is a thing to me altogether incredible, that he that was an Officer, or Servant of the Judge, and present in the Court at the Examination and Trial, and there took Notes, should write a Narrative, when there were so many Ear-witnesses besides himself of the same things, that would be obnoxious to the disproof of those who were present as well as himself" (*ibidem*, p. 392 [p. 384]).

26  "This Narrative, says he, hath the most Authentick confirmation that human affairs are capable of, Sense and the sacredness of an Oath. But yet I confess, I heard that Judge Archer has been taxed by some of over-much credulity, for sentencing Julian Cox to death upon those Evidences. But to deal freely, I suspect by such, as out of their ignorance mis-interpreted several passages in the Evidence, or were of such a dull stupid Sadducean temper, that they believe there are no Spirits nor Witches" (*ibidem*, p. 392-393 [p. 384-385]).

27  *Ibidem*, p. 395 [p. 387].

aconteceu no próprio condado em que o senhor Glanvill viveu", ou seja, o condado de Somerset, acrescentando-se que "o estilo da narrativa é tão simples, claro e rústico que contraria toda a suspeita de fraude ou impostura do relator".[28] Se esses dados estivessem ausentes, a notoriedade do episódio e a qualidade de uma testemunha poderiam ser consideradas suficientes para estabelecer a ocorrência de um evento, como no relato de número XX, a respeito do qual o editor diz lembrar-se do caso e de um panfleto publicado sobre ele e afirma ter encontrado entre as anotações de More o nome da pessoa que relatou a história, um tal de Gibbs, "prebendeiro de Westminster e uma pessoa sóbria e inteligente".[29]

Dispondo de referências mínimas, era possível investigar uma determinada história, criticá-la e corrigi-la. More submeteu ao escrutínio a história da aparição de Anne Walker, narrada por Webster, de Edward Avon, a IX história apresentada no *Saducismus triumphatus* e a narrativa de Andrew Paschal sobre os eventos em uma casa assombrada, o relado de número XXIV da obra de Glanvill. No prefácio da segunda edição do *Saducismus triumphatus*, reimpresso na terceira edição, More corrigiu essas histórias. Acerca da aparição de Anne Walker, dizia ele que um tal de Party teria transmitido um testemunho inadequado ao pedido de Sherpherdson, o amigo de More que confirmou a história narrada por Webster. Um colega de More, o doutor J. Davis, estando no norte da Inglaterra, descobriu que o depoimento de um tal de Smart a respeito do caso não poderia ser aceito, porque o homem era apenas uma criança na época do julgamento dos assassinos da jovem Anne. No entanto, segundo More, Davis assegurou a veracidade do testemunho de um tal de Lumley e, por isso, a história não estaria comprometida.[30] No caso da narrativa da casa assombrada, More descobriu que Andrew Paschal não foi testemunha ocular dos eventos, mas apenas o relator do caso. A testemunha teria sido um tal de J. Newberrie, um colega de faculdade de Paschal. More teria encontrado essa narração entre os seus papéis e, como estava escrita com a letra de Paschal e sem qualquer menção a Newberrie, supôs tratar-se de uma experiência direta com o sobrenatural. Apesar disso, neste caso seria necessário apenas corrigir

---

28  "A Very considerable Story this is, and sufficiently circumstantiated for Time and Place, saving that the County is not named. The reason whereof I conceive to be, that it was in the very County in which Mr. Glanvil lived, to whom the Information was sent, namely in Somersetshire. [...] And the manner of the Narrative is so simple, plain, and rural, that it prevents all Suspicion of Fraud or Imposture in the Relator" (*ibidem*, p. 442-443 [p. 434-435]).

29  *Ibidem*, p. 432 [p. 424].

30  *Ibidem*, p. 10-11 [p. 9-11].

o título, mantendo intacta a credibilidade da história.³¹ Ante as suspeitas em torno da aparição de Edward Avon a Thomas Goddard, More atestava a história exigindo que se explicasse, por exemplo, como teria sido possível existir alguém tão semelhante ao falecido, capaz de encontrar as mesmas roupas do morto, de imitar a voz dele e, acima de tudo, como tal pessoa saberia da dívida que Avon não pudera saldar com Edward Lawrence?³² Apesar dos esforços de More para salvaguardar a credibilidade dessas narrativas, tem-se, em suma, uma história assegurada por apenas uma testemunha, a não ser que se considere Webster uma referência no caso Walker, outra em que o autor não foi testemunha ocular das ocorrências na casa assombrada e uma terceira cuja confiabilidade reside na incapacidade dos críticos de explicar a aparição.

## O DECLÍNIO DA PERSEGUIÇÃO ÀS BRUXAS E O CETICISMO JURÍDICO

A perseguição institucional às bruxas estava próxima do fim quando se deu a controvérsia entre Webster e Glanvill. O número de condenados por esse crime durante o reinado de Carlos II foi baixo e diminuiria até a bruxaria desaparecer dos tribunais. Em 1685, poucos anos depois da morte de Glanvill e Webster, foi executada em Exeter a última bruxa na Inglaterra, Alice Molland. Em 1712, em Hertford, ocorreu a última condenação por bruxaria. Jane Wenhan foi considerada culpada pelo júri, no entanto o magistrado suspendeu a aplicação da pena. O último julgamento de bruxaria aconteceu em 1717, em Leicester. Os tribunais não mais aceitavam acusações de bruxaria e a lei de 1604 acabou revogada em 1736. A lei de 1736 proibia acusações de bruxaria e feitiçaria como tais e prescrevia a prisão e o pelourinho para aqueles que dissessem empregar a magia, ler a sorte e achar bens perdidos.³³ Entre os séculos XVII e XVIII, ocorreu em diversos lugares da Europa uma espécie de redimensionamento do crime de bruxaria. Termos abrangentes como *hexerei*, *sorcellerie*, *brujeria* etc. foram deixados de lado em busca de maior precisão terminológica e isso evitou que os tribunais tratassem acusações de bruxaria como sinônimos de associação diabólica. A diferenciação entre

---

31 *Ibidem*, p. 12-13 [p. 11-12].

32 *Ibidem*, p. 13-14 [p. 12-13].

33 THOMAS, Keith. *Religião e o declínio da magia*: crenças populares na Inglaterra séculos XVI e XVII. São Paulo: Companhia das Letras, 1991, p. 365-367.

o malefício e o pacto diabólico e seus desdobramentos permitiu que os tribunais evitassem acusações de bruxaria e indiciassem os acusados por envenenamento, infanticídio, charlatanismo etc.[34] Assim, o crime da bruxaria perdia seu caráter de exceção e era exigido dele as formalidades jurídicas convencionais e a apresentação de provas convincentes.

A prova exigida da bruxaria extrapolava a demonstração especulativa. A controvérsia entre Glanvill e Webster foi bastante sensível a essa questão. Webster recorria a anais históricos, tratados de fisiologia e panfletos, enquanto Glanvill lançava mão de registros judiciais, correspondências e também de panfletos. Usavam dessas fontes não para estabelecer determinados episódios como exemplos, mas para constituir uma casuística, ou seja, um repertório de casos concretos que sustentasse empiricamente um dado entendimento sobre a bruxaria e afins. A elaboração dessa casuística exigia indicar critérios que deveriam nortear a coleta e a avaliação dos acontecimentos referentes a ela. Webster e Glanvill preocuparam-se em orientar os seus leitores a respeito de como interpretar as escrituras sagradas, como avaliar as opiniões, os acontecimentos assombrosos e os relatos de bruxas e aparições. Em todos esses casos, era fundamental discutir a qualidade do testemunho. Essa preocupação era expressão não apenas retórica, mas também, e o mais importante, da incerteza intelectual que exigia a reavaliação dos cânones filosóficos e religiosos.

Tratar da qualidade do testemunho humano era da maior importância. Sobre esse testemunho estavam assentadas a religião e a filosofia. A revelação divina estaria contida nas escrituras sagradas, mas eram os homens que davam testemunho da palavra de Deus. Os evangelhos, por exemplo, fundamentavam-se no testemunho dos apóstolos e a partir dele teve-se conhecimento da religião cristã. Mas, não se poderia esquecer, os apóstolos partilhavam da mesma condição dos demais homens, eram falíveis por natureza, apesar de tocados pelo espírito de Deus. Recorrer à providência divina era uma maneira de preservar a confiabilidade do relato bíblico. Deus garantiria a veracidade do testemunho dos evangelhos e dos demais livros da Bíblia. No entanto, essa garantia era pouco adequada do ponto de vista prático e cotidiano, por exigir demasiada confiança na fé e por colocar sob suspeita quaisquer testemunhos humanos. O recurso à providência salvaguardava

---

34 "Rather than being simply descriminalized, witchcraft was being transformed into a number of discrete offenses, real, imagined, and 'pretended'" (GIJSWIT-HOFSTRA, Marijke; LEVACK, Brian P.; PORTER, Roy. *Witchcraft and magic in Europe*: the Eighteenth and Nineteenth Centuries. Londres: The Athlone Press, 1999, p. 82 (Witchcraft and Magic in Europe, v. 5)).

fundamentalmente a revelação divina, mas, embora fosse possível recorrer a ela para conferir credibilidade ao testemunho humano em geral, era mais econômico e prático estabelecer critérios e métodos para avaliar a qualidade dos conhecimentos profanos e para administrar a justiça.

O testemunho era a principal evidência nos tribunais e até hoje tem um lugar importantíssimo nos julgamentos.[35] Confissões e depoimentos eram usados pelos defensores da realidade da bruxaria para convencer de sua opinião. As confissões poderiam ser obtidas sob tortura, mas, em locais como a Inglaterra, em que o uso da tortura era proibido, era possível usar da admoestação, do jejum e da privação de sono para fazer o acusado falar. Tais evidências poderiam surgir também dos interrogatórios, nos quais os acusados acabavam respondendo de um modo pré--estabelecido às dúvidas do inquisidor. Confissões eram obtidas pelo uso da força e da astúcia. Os críticos da bruxaria estavam atentos a isso e buscavam desqualificar as evidências apresentadas em favor do pacto diabólico. A tortura era denunciada, suspeitava-se dos interesses dos caçadores de bruxas e aqueles que teriam confessado espontaneamente eram considerados doentes e fantasiosos. As duas primeiras críticas eram inadequadas ao contexto inglês. A tortura era proibida e eram preservados os bens dos acusados (se é que tinham algum bem de valor). A última dessas acusações servia para colocar em dúvida não apenas as confissões, mas também os testemunhos dos demais envolvidos nos casos. Os depoimentos de terceiros permitiam estabelecer o motivo da bruxaria, a natureza da associação diabólica, a presença em eventos diabólicos e a ligação de uma dada pessoa a acontecimentos estranhos e nefastos. Mas tais testemunhos deveriam ser rejeitados se viessem de inimigos da pessoa acusada, se fossem feitos por indivíduos de pouca credibilidade e se o conteúdo deles não estivesse de acordo. Tendo em vista as poucas provas materiais da bruxaria, em especial quando entendida como associação diabólica, o testemunho se tornava praticamente a única evidência do crime, especialmente nos tribunais ingleses que não poderiam recorrer à tortura e estavam impedidos de realizar investigações por sua própria iniciativa.

A dificuldade de julgar o crime de bruxaria costumava vir à tona em casos célebres. Os episódios notórios de demonolatria, possessão, assombração etc. costumavam gerar controvérsias e tornar as autoridades mais zelosas para com as formalidades processuais. A perseguição promovida por inquisidores no País Basco,

---

35 VAN DÜLMEN, Richard. *Theatre of horror*: crime and punishment in Early Modern Germany. Cambridge, Mass.: Polity Press/B. Blackwell, 1990.

no começo do século XVII, tomou tal proporção que atraiu a atenção da cúpula da Inquisição espanhola. A intervenção desta provou-se fatal para a perseguição às bruxas na Espanha, ao exigir maior atenção aos procedimentos prescritos e fortalecer o controle central sobre os tribunais locais.[36] Os casos de possessão em Aix-en-Provence, Loudun e Louviers, na primeira metade do século XVII, agitaram a opinião pública e promoveram controvérsias ferozes que tornaram tão evidentes as dificuldades de perseguir a bruxaria que os magistrados parisienses passaram a rejeitar tais denúncias.[37] A confissão de centenas de crianças de que as bruxas as estariam levando para um lugar chamado Blakulla colocou as autoridades suecas de sobressalto e fez com que condenassem muitas pessoas por esse crime. Porém, quando os julgamentos passaram a ocorrer em Estocolmo, algumas crianças confessaram a farsa e o caso foi encerrado abruptamente. O episódio não deu cabo da caça às bruxas na Suécia, mas se tornou exemplar, incentivando a precaução (e, cabe lembrar, parte dele foi apresentada no *Saducismus triumphatus*).[38] O mais célebre caso de perseguição na Inglaterra foi promovido pelo caçador de bruxas Matthew Hopkins, o qual levou centenas de pessoas à morte entre 1645 e 1647. O caso se deu em anos de Guerra Civil, o que ajuda a explicar a proporção e a longa duração do episódio, quando se tem em vista o padrão da caça às bruxas na Inglaterra. Contudo, o episódio mais famoso da caça às bruxas foi o de Salem. As acusações feitas por algumas garotas pretensamente possuídas levaram rapidamente à prisão de centenas de pessoas que estariam associadas aos demônios. A proporção do caso foi tal que surgiram dúvidas a respeito da capacidade dos tribunais de apresentarem provas suficientes do crime e sobre as acusações que atingiam pessoas notórias.[39]

Webster dedicou o seu tratado aos magistrados do norte da Inglaterra e lembrou a eles que a palavra de Deus orientava a não liberar o culpado, nem condenar o inocente. Essa era uma determinação bíblica nada fácil de seguir. Glanvill aceitava que a justiça pudesse ter se enganado em casos dessa natureza e que inocentes teriam sido condenados, mas rejeitava que todos os juízes, todos os júris em todas as épocas e lugares tivessem sido enganados. Para ele, nem os juízes, nem os

---

36 HENNINGSEN, Gustav. *The witche's advocate*: basque witchcraft and the Spanish Inquisition (1609-1614). Nevada: University of Nevada Press, 1980.
37 MANDROU, Robert. *Magistrados e feiticeiros na França do século XVII*: uma análise de psicologia histórica. São Paulo: Perspectiva, 1976.
38 GIJSWIT-HOFSTRA, Marijke; LEVACK, Brian P.; PORTER, Roy. *Op. cit.*, p. 9.
39 *Ibidem*, p. 11-12.

jurados estariam isentos de erros e por isso era preciso estar atento para a qualidade dos testemunhos. Desde o final da Idade Média, a administração da justiça tornou-se mais racional e burocrática e a presença do sobrenatural foi sendo afastada dos tribunais, de modo que não bastava mais afirmar que o inocente contaria com a proteção divina, recorrendo a ordálios para indicar a culpa ou a inocência de uma dada pessoa. Glanvill dedicou-se muito pouco a esse assunto especificamente, estando mais preocupado em defender a bruxaria contra o avanço da descrença e do materialismo do que em admoestar as autoridades para que perseguissem as bruxas. Expressava ele, inclusive, o ceticismo jurídico da época ao reconhecer que a maioria dos casos de bruxaria eram fraudulentos, que a melancolia poderia estar por detrás de muitas das confissões, que os tribunais possivelmente erraram alguma vez e, enfim, ao se dispor a reunir histórias que estivessem à altura dessas objeções.

O ceticismo jurídico cresceu em resposta aos excessos da caça às bruxas.[40] Entre os séculos XVII e XVIII, colocou-se em dúvida a possibilidade de provar a bruxaria criminalmente.[41] Exigia-se, então, desse *crimen exceptum* que fornecesse evidências confiáveis que evitassem a disseminação do pânico e a condenação de inocentes. Foram diversas as dificuldades envolvidas na apreciação judicial do crime de bruxaria. Tratava-se de um crime secreto, cujos elementos demonolátricos, ou seja, o pacto diabólico, o voo e a presença no sabá, poderiam apenas ser provados por meio da confissão do acusado ou do depoimento de terceiros, exigindo, portanto, que se tomassem diversos cuidados antes de aceitar esses testemunhos. Quando abordada através de seus elementos maléficos, a bruxaria não se mostrava mais fácil. A aflição por uma doença, a morte dos animais de uma fazenda, a tempestade e a geada repentina teriam a mesma aparência fossem causadas por bruxas e demônios ou pela natureza. Como atribuir, desse modo, este e não aquele fenômeno às bruxas? Essa dificuldade crescente de provar a bruxaria acabou dando cabo da perseguição às bruxas. Frequentemente a perseguição às bruxas terminava décadas antes da revogação da legislação que a amparava,[42] provavelmente porque as autoridades já estavam convencidas da impossibilidade de provar a bruxaria nos tribunais.[43] Na opinião de Levack, a redução no número de julgamentos de bruxas

---

40 *Ibidem*, p. 7.
41 THOMAS, Keith. *Op. cit.*, p. 368.
42 GIJSWIT-HOFSTRA, Marijke; LEVACK, Brian P.; PORTER, Roy. *Op. cit.*, p. 77.
43 "By the late seventeenth century judges were willing to accept confessions to witchcraft (or any other crime) only if such confessions were in no way extorted, if they contained nothing

estaria vinculada a um controle mais estrito das cortes locais pelas cortes superiores, a restrição e até mesmo proibição da tortura, a adesão dos juízes a padrões mais elevados de provas e a admissão de mais advogados para representar as bruxas.[44]

Esse ceticismo não significou o fim da crença letrada na bruxaria, mas foi um duro golpe na capacidade de adaptação da demonologia. Tal desconfiança jurídica cresceu na Inglaterra durante o século XVII. Casos exemplares de perseguição, como o de Lancashire, em 1612 e em 1633, e o de Hopkins, entre 1645 e 1647, admoestavam as autoridades para que fossem mais cuidadosas. A farsa da Floresta de Pendle e as centenas de pessoas condenadas por Hopkins alertavam os magistrados do perigo de ceder à pressão popular e ao conhecimento dos pretensos caçadores de bruxas. A relevância dessas figuras que ofereciam suas habilidades para identificar bruxas parece indicar que, tendo predominado a bruxaria enquanto malefício entre os ingleses, era preciso encontrar um corpo de delito que convencesse as autoridades e os jurados da associação das bruxas com os demônios. Identificar a marca diabólica no corpo de uma acusada, descobrir o seu familiar ou a natureza de estranhos compostos e objetos na casa dela dava materialidade ao caso; o testemunho mantinha sua primazia e dele se exigia maior consistência. Não obstante, o número de absolvições aumentava, e não porque os tribunais rejeitassem a existência da bruxaria, mas porque não se conseguia obter provas suficientes desse crime, de modo que

> quanto mais os demonologistas insistiam na necessidade de provas seguras, maiores eram as dificuldades lógicas que encontravam. O paradoxo era que a opinião mais severa da bruxaria como demonolatria levou, em última instância, a uma elevação da taxa de absolvições, pois, sem as torturas do tipo utilizado na Europa continental, as confissões desse tipo de crime eram amiúde impossíveis de obter.[45]

Glanvill aceitava o desafio de apresentar provas consistentes da bruxaria, todavia sua tarefa era impossível de cumprir, pois exigia testemunhos confiáveis,

---

that was impossible or improbable, and if the person confessing was not either melancholic or suicidal" (*ibidem*, p. 27).

44  *Ibidem*, p. 13.
45  THOMAS, Keith. *Op. cit.*, p. 464.

numerosos e contemporâneos sobre a bruxaria numa época em que os julgamentos de bruxas ficavam cada vez mais raros e discutíveis.

## O SUCESSO E A IMPOSSIBILIDADE DA DEMONOLOGIA DE GLANVILL

A demonologia na Idade Moderna foi entendida neste trabalho como um espaço de controvérsias que deu origem a uma literatura diversificada de tratados, panfletos e sermões. As controvérsias se davam em torno da bruxaria, a qual poderia ser entendida ou como uma realidade definida pelo pacto diabólico ou uma fantasia engendrada pelos demônios ou pelas pretensas bruxas, o que não excluía, cabe ressaltar, a possibilidade do malefício. No final do século XV, o *Malleus maleficarum* buscou reduzir a ilusão à realidade do pacto diabólico e forjou uma síntese que, embora muito convincente, não foi menos problemática. Ainda que fosse possível dizer em princípio que os demônios ora agiam concretamente, ora apenas criavam uma ilusão de sua presença e atuação, na prática era bastante difícil, senão impossível, distinguir uma coisa da outra, de modo que o confronto entre a realidade e o caráter ilusório da bruxaria manteve-se intenso em diversas controvérsias. À medida que a caça às bruxas se espalhava pelos domínios europeus, a demonologia se tornava mais relevante, não por ser um espelho ou um guia da perseguição, mas porque nela eram expressas as dificuldades especulativas e práticas envolvidas na bruxaria e afins.

A demonologia não era uma especialidade obscura da teologia. Pelo contrário, apresentava-se como um campo atraente para discussões em decorrência da importância que assumia a perseguição às bruxas e da possibilidade de tratar de questões relevantes à filosofia, teologia, direito etc. Dedicada àquela zona cinzenta que existia entre as operações da natureza, as capacidades do artifício e os mistérios do sobrenatural, ou seja, o preternatural, a demonologia estava voltada para eventos assombrosos, buscava classificá-los em diversas categorias (eventos naturais, artificiais, sobrenaturais, milagrosos, prodigiosos, concretos, ilusórios) e, por causa disso, recorria a argumentos, ideias e teorias provenientes de diferentes áreas do conhecimento divino e humano, assim como a episódios da caça às bruxas, tudo reunido em torno de tópicos de discussão correntes e constituintes da demonologia. A demonologia possuía uma dimensão erudita, abrangente, e outra social, particular. O discurso demonológico poderia estar associado a diferentes contextos de enunciação e de recepção, de modo que uma obra de demonologia era produzida em um determinado lugar e recebida em tantos outros, e lida, com frequência, à luz da prática persecutória. Enquanto a dimensão erudita tratava dos desafios intelectuais envolvidos na realidade da bruxaria, como a natureza da matéria e do movimento, o funcionamento do corpo humano, a ação providencial, a dimensão social trazia para dentro do discurso demonológico as exigências do contexto persecutório e histórico em que uma dada obra era produzida ou recebida, como a maneira que as bruxas teriam de atuar e o modo de julgá-las. A interação entre essas duas dimensões permitia ao discurso demonológico apropriar-se de problemas práticos e teóricos da caça às bruxas.

A controvérsia entre Webster e Glanvill demonstra que a demonologia não estava alheia às mudanças políticas, intelectuais e nem ao ceticismo jurídico, característico da perseguição às bruxas na Inglaterra seiscentista.

Ambos os polemistas mostravam-se ao leitor da mesma maneira. Desejavam passar-se pelo sábio piedoso, por aquele cujo zelo pela religião obrigava a sair em defesa de uma causa boa e verdadeira, mas que o faria de maneira moderada, ainda que confrontasse inimigos empedernidos. Tal zelo e moderação eram atributos bastante desejáveis em um momento no qual parecia imperativo enfrentar ameaças e estabelecer consensos para pacificar a sociedade inglesa na sua relação com as instituições de poder.

Além de atentos à situação política da Restauração, Webster e Glanvill estavam cientes das dificuldades do paradigma mecânico e faziam delas uma oportunidade para combater uma noção materialista do mundo. Os materialistas eram seus inimigos em comum, ameaçariam tanto a estabilidade política quanto a ciência e a religião. Tratar de bruxas e afins permitiu a ambos advogar qualidades para a matéria que estivessem para além da massa e do movimento dos corpúsculos. Porém, enquanto Webster recorria ao hermetismo paracelso-helmontiano para defender a existência de qualidades intrínsecas aos corpos materiais, Glanvill junto a More, voltava-se para o platonismo e fazia um apelo à experiência para sustentar a atuação de princípios extrínsecos e espirituais sobre a matéria.

A demonologia era também uma maneira de tratar da relação entre a religião e a ciência moderna. A negação da bruxaria feita por Webster reforçava a separação entre matéria e espírito, diferenciando radicalmente Deus da criação, salvaguardando a transcendência divina e o acesso ao criador exclusivamente por meio da fé na revelação, mas protegendo também a ciência nova. Para isso, julgava necessário reduzir ao natural os feitos assombrosos atribuídos às bruxas, aos demônios e aparições. Glanvill responde à redefinição da relação entre religião e ciência de outro modo, buscando torná-las conciliáveis, demonstrando aos críticos da filosofia experimental que a ciência nova poderia ser aliada poderosa da religião. Sendo assim, defender a bruxaria como um pacto diabólico concreto era guarnecer a plausibilidade da ação espiritual e da ação direta da divindade sobre o mundo, garantindo a possibilidade de algum tipo de acesso a Deus por meio das capacidades humanas, o que permitiria reduzir a religião aos seus artigos fundamentais e solucionar o problema da diversidade religiosa.

A controvérsia entre ambos também foi sensível ao ceticismo jurídico. As críticas de Webster à confiabilidade das histórias de bruxas e o esforço de Glanvill para apresentar um único relato que comprovasse a coisa toda parecem expressar a dificuldade que se encontrava para provar a ocorrência da bruxaria tanto nos tribunais quanto nos círculos letrados ingleses. A tentativa de Glanvill de fortalecer a crença na realidade da bruxaria, aceitando o desafio de prová-la de acordo com elevados critérios de evidência, demonstra justamente o desgaste do discurso demonológico.

O declínio da caça às bruxas e da crença letrada na realidade da bruxaria como um pacto diabólico é um assunto pouco explorado pela historiografia. O fim da perseguição institucional às bruxas e a rejeição da demonologia na maioria dos círculos letrados são fenômenos distintos, porém relacionados. A perseguição às bruxas e a demonologia constituíram-se de maneira diferente e apresentaram padrões históricos distintos, de modo que, por exemplo, quando as obras de Webster, Glanvill e de outros letrados como Casaubon, Ady, More, Wagstaffe conseguiam a atenção do público, a caça às bruxas estava próxima do fim na Inglaterra. A demonologia sobreviveu ao final da perseguição, todavia tornou-se irrelevante para a opinião pública.

Na década de 1960, Hugh Trevor-Roper afirmou que as crenças eruditas sobre a bruxaria deixaram de ser aceitas porque os seus fundamentos intelectuais foram corroídos por uma revolução filosófica que substituiu a cosmovisão medieval.[46] O

---

46 "It was the new philosophy, a philosophical revolution which changed the whole concept of Nature and its operations. That revolution did not occur within the narrow field of demonology, and therefore we cannot usefully trace it by a study which is confined to that field. It occurred in a far wider filed, and the men who made it did not launch their attack on so marginal an area of Nature as demonology. Demonology, after all, was but an appendix of medieval thought, a later refinement of scholastic philosophy. The attack was directed at the centre; and when it had prevailed at the centre, there was no need to struggle for the outworks: they had been turned" (TREVOR-ROPER, Hugh. *The European witch-craze of the sixteenth and seventeenth centuries*. Hamondsworth: Penguin, 1990, p. 109).

desmoronamento da demonologia foi silencioso. O discurso demonológico teria reapresentado inúmeras vezes os mesmos argumentos até que foi, enfim, abandonado. A partir do estudo das obras de Webster e Glanvill, é possível dizer que, embora a demonologia estivesse fundamentada em pressupostos oriundos do medievo e existissem tópicos e argumentos consagrados, ela possuía flexibilidade suficiente para adequar diferentes compromissos intelectuais e históricos à investigação do preternatural, atraindo, assim, o interesse dos letrados modernos não apenas por causa da caça às bruxas, mas ainda por permitir tratar das dificuldades de compreender a natureza e a revelação.

Posteriormente, no final dos anos de 1980, Brian Levack encarou o declínio das crenças letradas em bruxas e afins tendo em vista a complexidade envolvida nos cerca de 300 anos de caça às bruxas. Sugeriu ele que mudanças judiciais, filosóficas, religiosas, sociais e econômicas teriam estado por detrás da rejeição da bruxaria enquanto um pacto diabólico concreto, como o crescente ceticismo em torno do crime de bruxaria, o desenvolvimento do mecanicismo e da convicção de que a natureza operaria por leis fixas, o desgaste do entusiasmo religioso, o crescimento das cidades e a melhoria das condições de vida.[47] Todas essas dimensões são pertinentes. No que está ao alcance deste trabalho, parece-me que o ceticismo a respeito do crime de bruxaria foi provavelmente uma das contestações mais efetivas à realidade da bruxaria, enquanto o mecanicismo e a convicção de um mundo ordenado por leis fixas, ainda que controversos, poderiam ser ainda adequados à demonologia, fosse pela atribuição de princípios à matéria, fosse pela prescrição de leis naturais e morais aos demônios.

Por fim, alguns anos depois, no final dos anos de 1990, Stuart Clark dedicou-se ao estudo da demonologia numa perspectiva linguística. Concebeu a demonologia como um discurso capaz de integrar termos de natureza científica, religiosa, política e histórica, cuja principal característica seria conhecer as coisas *a contrariis*, ou seja, o mal pelo bem, o alto pelo baixo etc., tornando instáveis os enunciados do discurso demonológico.[48] Sendo assim, a demonologia teria entrado em decadência mais em decorrência da instabilidade e polaridade dos seus enunciados do que pela sujeição deles à empiria. Webster e Glanvill estiveram preocupados em classificar uma série de fenômenos assombrosos e, para isso, recorreram a tais categorias

---

47 LEVACK, Brian. *A caça às bruxas na Europa Moderna*. Rio de Janeiro: Campus, 1988, p. 227-242.
48 CLARK, Stuart. *Pensando com demônios*: a ideia de bruxaria no princípio da Idade Moderna. São Paulo: Edusp, 2006, p. 75-105.

polarizadas e instáveis. Afirmar que um determinado acontecimento era natural exigia mostrar porque outro seria sobrenatural, do mesmo modo que ao dizer que algo era real já estava previsto tratar das coisas ilusórias. O discurso demonológico pretendia uma totalidade que não poderia alcançar na Idade Moderna. Glanvill expressava essa limitação quando evitava classificar e fornecer explicações para todos os eventos, contentando-se apenas em estabelecê-los como fatos. Havia uma certa inadequação da demonologia a esse novo momento intelectual, e a relação entre o discurso demonológico e o empírico parece confirmar isso, não porque a realidade simplesmente denunciou a falsidade e o absurdo da bruxaria, dos demônios e afins, mas pela demonologia não ter sido capaz de satisfazer os critérios para a evidência empírica.

Glanvill saiu vencedor da controvérsia. Seu sucesso parece assegurado pelas diversas edições de seus escritos. O estilo de Glanvill era mais limpo, claro e moderno, suas ideias estavam mais ao gosto do ceticismo da época, adequavam-se melhor às finalidades da Royal Society e, acima de tudo, como afirmou Harmon Jobe, a sua concepção a respeito da bruxaria permitia conciliar o modelo mecânico à existência e atuação dos espíritos, tornando-se uma arma preciosa nas mãos do anglicanismo monárquico. No entanto, ainda que bem aceito pela opinião pública e oportuno ao momento político e histórico, Glanvill sustentava uma posição impossível. Sua tentativa de estabelecer a demonologia sobre bases modernas e experimentais encontrava dificuldades intransponíveis.

A primeira dificuldade era o fato de que os julgamentos de bruxas tornaram-se mais escassos na Inglaterra e no restante da Europa. O declínio da caça às bruxas esgotava a maior fonte de relatos confiáveis e verossímeis, que contariam com a credibilidade dos tribunais, das testemunhas e dos magistrados. A demonologia experimental de Glanvill dependia de casos recentes e testemunhados por diversas pessoas, mas eles se tornavam cada vez mais raros, quando não revelaram, ao contrário do desejado, a farsa envolvendo os episódios dessa natureza, comprometendo irremediavelmente o projeto de converter a demonologia numa história natural da atuação dos espíritos. O estudo do preternatural precisaria desvincular-se da bruxaria para sobreviver e abandonar os tópicos e os argumentos da demonologia. Constituir-se-ia posteriormente a parapsicologia, propondo-se justamente ao estudo científico de fantasmas e afins, assemelhando-se, nalguma maneira, àquilo que Glanvill esboçava. Durante o século XVII, os requisitos de prova tornaram-se mais exigentes, poucas evidências poderiam ser encontradas e, por fim, o próprio esforço de avaliá-las não dissipava o ceticismo jurídico, mas, pelo contrário, apenas o reforçava. Tornou-se mais fácil e justificado simplesmente rejeitar as acusações de bruxaria do que entrar nos seus pormenores.

A segunda dificuldade encontrada por Glanvill era que a prova proposta por ele, e também por Webster, era de natureza testemunhal e jurídica e pressupunha a experiência como a observação de um determinado fato. Essa observação não era contínua e replicável. O preternatural poderia ser experimentado, porém não estaria sujeito à experimentação e muito menos à matematização, a qual se tornou paradigmática para o estudo dos fenômenos naturais com Descartes e Newton. Glanvill dizia que era um exercício ruim de lógica concluir que algo não existiria por nem sempre mostrar-se ao observador, no entanto, para a ciência que surgia, instaurada sobre a experimentação, isso seria considerado rigoroso e justificado do ponto de vista metodológico.

# Referências

## OBRAS DE REFERÊNCIA E BASES DE DADOS

A CAMBRIDGE Alumni Database. Disponível em: <http://venn.lib.cam.ac.uk>. Acesso em: maio 2012.

BAILEY, Michael D. *Historical Dictionary of Witchcraft*. Lanham; Maryland; Oxford: The Scarecrow Press, 2003.

BÍBLIA *de Jerusalém*. São Paulo: Paulus, 2002.

BLUTEAU, Raphael. *Vocabulário Portuguez & Latino*. Coimbra: Collegio das Artes da Companhia de Jesus. Disponível em: <http://www.brasiliana.usp.br/dicionario/edicao/1>. Acesso em: out. 2013.

BURKE, John; BURKE, John Bernard. *A genealogical and heraldic dictionary of the landed gentry of Great Britain & Ireland*. 2 vols. Londres: Henry Colburn, Publisher, 1847. Disponíveis respectivamente em: <http://books.google.co.uk/books?id=YdIKAAAAYAAJ&printsec=frontcover&dq=Burke%27s+landed+gentry&ei=4oXtR6ygEJXOywSIorSbBg#v=onepage&q&f=false>. Acesso em: out. 2013; <http://books.google.co.uk/books?id=0NEKAAAAYAAJ&pg=PA986&dq=burke+genealogical+vol+2&hl=pt-BR&sa=X&ei=QJqzT9GLLomo8ASp-pn_BQ&ved=0CDkQ6AEwAQ#v=onepage&q&f=false>. Acesso em: out. 2013.

CORNELL University Library. *Witchcraft Collection*. Disponível em: <http://ebooks.library.cornell.edu/w/witch/digital.html>. Acesso em: out. 2012.

DE PLANCY, J. Collin. *Dictionnaire infernal, ou Répertoire universel des êtres, des personnages, des livres, des faits et des choses qui tiennent aux apparitions, à la magie, au commerce de l'enfer, aux démons, aux sorciers, aux sciences occultes....*

3e édition entièrement refondue. Paris: Paul Mellier, 1844. Disponível em: <http://gallica.bnf.fr/ark:/12148/bpt6k56036043>. Acesso em: out. 2013.

DICTIONAIRE de L'Académie Française. Disponível em: <http://artfl.atilf.fr/dictionnaires/onelook.htm>. Acesso em: out. 2013.

EARLY English Books Online (EEBO). Disponível para acesso restrito em: <http://eebo.chadwyck.com/home>. Acesso em: out. 2013.

EIGHTEENTH Century Collections Online. Disponível para acesso restrito em: <find.galegroup.com/ecco>. Acesso em: out. 2013.

HOUAISS, Antônio (dir.). *Dicionário eletrônico Houaiss da Língua Portuguesa.* Versão 2.0a, digital. Rio de Janeiro: Objetiva, 2007.

JOHNSON, Samuel. *A dictionary of the English language.* 6ª ed. Londres: J. F. and C. Rivingtion et alii, 1785. Disponível em: <http://www.archive.org/stream/dictionaryofengl01johnuoft#page/n0/mode/2up>. Acesso em: out. 2013.

LIDDEL, Henry George; SCOTT, Robert. *A greek-english lexicon.* 8ª ed. Nova York: Harper & Brothers, 1897. Disponível em: <http://www.archive.org/stream/cu31924012909697#page/n7/mode/2up>. Acesso em: out. 2013.

LITTRE, Emile. *Dictionnaire de la Langue Française.* 1872-1877. Disponível em: <http://artfl-project.uchicago.edu/node/17>. Acesso em: out. 2013.

MORGAN, Kenneth O. *The Oxford Illustrated History of Britain.* Oxford: Oxford University Press, 1997.

NIERMEYER, J. F. *Mediae Latinatis Lexicon Minus.* Leiden: 1976. Disponível em: <http://www.archive.org/details/LatinLexicon1976>. Acesso em Outubro de 2013.

NUNEZ DE TABOADA, M. *Diccionario de la Lengua Castellana.* Paris: La Libreria de Seguin, 1822. Disponível em: <http://www.cervantesvirtual.com/servlet/SirveObras/05813955366837973232268/index.htm>. Acesso em: out. 2013.

OXFORD Latin Dictionary. Oxford: Clarendon Press, 1968.

PINTO, Luiz Maria da Silva. *Diccionario de la Língua Brasileira.* Ouro Preto: Typographia de Silva, 1832. Disponível em: <http://www.brasiliana.usp.br/dicionario/edicao/3>. Acesso em: out. 2013.

SILVA, Antônio de Moraes. *Diccionario da Língua Portugueza*. Lisboa: Typographica Lacerdina, 1813. Disponível em: <http://www.brasiliana.usp.br/dicionario/edicao/2>. Acesso em: out. 2012.

SMITH, George. *The Dictionary of National Biography*: the concise dictionary, part I, from the begginings to 1900. Oxford; Londres: Oxford University Press, Geoffrey Cumberlege, 1948.

WOODHOUSE, S. C. *English-Greek Dictionary*: a vocabulary of the Attic language. London: George Routledge & Sons, 1932. Disponível em: <http://www.archive.org/details/englishgreekdict027453mbp>. Acesso em: out. 2013.

ZALTA, Edward N. (ed.). *The Stanford Encyclopedia of Philosophy*. Disponível em: <http://plato.stanford.edu/>. Acesso em: out. 2013.

## DOCUMENTOS E COLETÂNEAS DE DOCUMENTOS

A LIST *of the Royal Society*. Londres: Printed for John Martyn and James Allestry, 1669. Disponível para acesso restrito em EEBO.

AN *elegy of that Ilustrious High-Born Prince Rupert, who dyed on Wednesday November the 29th*. Londres: Printed for Langly Curtis, 1682. Disponível para acesso restrito em EEBO.

BEKKER, Balthazar. *The world bewitch'd, or, An examination of the common opinions concerning spirits: their nature, power, administration and operations, as also the effects men are able to produce by their communication*: divided into IV parts. Vol. I. Londres: Printed for R. Baldwin in Warwick-Lane, 1695. Disponível em: <http://ebooks.library.cornell.edu/cgi/t/text/text-idx?c=witch;cc=witch;view=toc;subview=short;idno=wit015>. Acesso em: out. 2013.

BLITZER, Charles (ed.). *The Commonwealth of England, 1641-1660*: documents of the English Civil Wars, the Commonwealth and Protectorate. Nova York: Capricorn Books, 1963.

BODIN, Jean. *De la demonomanie des sorciers*. Paris: Chez Iacqves dv-Pvys, Libraire Iuré, à la Samaritaine, 1587, avec Privilege dv Roy. Disponível em : <http://ebooks.library.cornell.edu/cgi/t/text/text-idx?c=witch;cc=witch;view=toc;subview=short;idno=wit022>. Acesso em: out. 2013.

BOGUET, Henry. *An examen of witches*. Mineola, Nova York: Dover Publications, 2009.

BOYLE, Robert. *Accounts of cures performed by Valentine Greatrakes during his visit to England in 1666, some witnessed by Boyle himself and some recounted to him by those healed*. Disponível em: <http://www.bbk.ac.uk/boyle/workdiaries/WD26Clean.html>. Acesso em: out. 2013.

BROWNING, Andrew (ed.). *English historical documents*: 1660-1714. Londres: Eyre & Spottiswoode, 1953.

CAMFIELD, Benjamin. *An appendix containing some reflections upon Mr. Webster's Displaying of Supposed Witchcraft, wherein he handles the existence and nature of angels and spirits*. Londres: Printed for Hen. Brome, at the Gun, at the Westend of S. Pauls Church, 1678. Disponível em: <http://ebooks.library.cornell.edu/cgi/t/text/text-idx?c=witch;idno=wit144>. Acesso em: out. 2013.

DE LANCRE, Pierre. *Tableau de l'inconstance des mauvais anges et démons Ov il est amplement traicté des Sorciers, et de la Sorcellerie. Livre tres-vtile et necessaire non seulement aux Iuges, mais à tous ceux qui viuent sous les loix Chrestiennes. Auec vn Discours contenant la Procedure faite par les Inquisiteurs d'Espagne et de Nauarre, à 53. Magiciens, Apostats, Iuifs et Sorciers, en la ville de Logrogne en Castille, le 9. Nouembre 1610. En laquelle on voit combien l'exercice de la Iustice en France, est plus iuridiquement traicté, et auec de plus belles formes qu'en tous autres Empires, Royaumes, Republiques et Estats*. Paris: Chez Nicolas Buon, 1613. Disponível em: <http://ebooks.library.cornell.edu/cgi/t/text/text-idx?c=witch;idno=wit063>. Acesso em: out. 2013.

DEL RIO, Martin. *Les Controverses et Recherches Magiqves de Martin Del Rio P. et Doct. de la Compagnie de Iesus Divisees en Six Livres, Ausquels sont exactement et doctement confutees les Sciences Curieuses, les Vanitez, et Superstitions de toute la Magie. Avecqves la Maniere de Proceder en Iustice contre les Magiciens et Sorciers, accommodee à l'instruction des Confesseurs. Oevvre Vtile et Necessaire à tous Theologiens, Iuris consultes, Medecins, et Philosophes. Traduit et abregé du Latin par Andre' dv Chesne, Tourangeau*. Paris: Chez Iean Petit-Pas, ruë sainct Iean de Latran au College de Cambray, avec Priuilege du Roy, 1611. Disponível em: <http://ebooks.library.cornell.edu/cgi/t/text/text-idx?c=witch;idno=wit041>. Acesso em: out. 2013.

EIMERIC, Nicolau. *Manual dos inquisidores*. Tradução de Maria José Lopes da Silva. Rio de Janeiro: Rosa dos Tempos, 1993.

GALILEI, Galileu. *Ciência e fé*: cartas de Galileu sobre a questão religiosa. Tradução de Carlos Arthur R. do Nascimento. São Paulo: Nova Stella Editorial, 1998.

GLANVILL, Joseph. *Philosophia pia, or, A discourse of the religious temper, and tendencies of experimental philosophy, which is profest by the Royal Society. To which is annext A Recommendation, and Defence of Reason in the Affairs of Religion*. Londres: Printed by J. Macock for James Collins at the Kings-Arms, in Ludgate Street near the West end of S. Pauls, and at his Shop at the Kings-Head in Westminster-Hall, 1671. Disponível em: <http://books.google.com.br/books?id=Jdk8AAAAcAAJ&printsec=frontcover&dq=philosophia+pia&hl=pt-BR&ei=-ei2TYOqK8PogQfry6GzCA&sa=X&oi=book_result&ct=result&resnum=1&ved=0CDsQ6AEwAA#v=onepage&q&f=false>. Acesso em: out. 2013.

_____. *Saducismus Triumphatus, OR, Full and Plain Evidence Concerning Witches and Apparitions. In Two Parts. The First treating of their Possibility; The Second of their Real Existence. The Third Edition. The Advantages whereof above the former, the Reader may understand out of Dr H. More's Account prefixed thereunto. With two Authentick, but wonderful Stories of certain Swedish Witches; done into English by Anth, Norneck, D. D*. Londres: Printed for S. Lownds at his Shoppe by the Savoy-Gate, 1688. Disponível em: <http://ebooks.library.cornell.edu/cgi/t/text/text-idx?c=witch;idno=wit053>. Acesso em: out. 2013.

_____. *Scepsis scientifica: or confest ignorance, in an essay of the Vanity of Dogmatizing, and confident opinion*. Londres: Kegan Paul, Trench & Co., 1885. Disponível em: <http://www.archive.org/details/scepsisscientifi00glaniala>. Acesso em: out. 2013.

_____. *Some discourses, sermons and remains of the Reverend Mr. Jos. Glanvil, late rector of Bathe, and chaplain in ordinary of His Majesty*. Reimpressão da edição de 1681. Londres: Printed for Henry Mortlock at the Sign of the Phoenix in St. Pauls Church-yard, and James Collins at his Shop under the Temple Church, 1681 (British philosophers and theologians of the 17th & 18th centuries).

HOMES, Nathanael. *Dæmonologie, and Theologie. The first, The Malady, Demonstrating the Diabolicall Arts, and Devillish hearts of Men. The Second, The*

*Remedy: Demonstrating, God a rich Supply of all Good*. Londres: Printed by Thomas Roycroft, and are to be sold by John Martin, and John Ridley, at the Castle in Fleet-Street, neer Ram-Alley, 1650. Disponível em: <http://ebooks.library.cornell.edu/cgi/t/text/text-idx?c=witch;cc=witch;view=toc;subview=short;idno=wit128>. Acesso em: out. 2013.

HUTCHINSON, Francis. *An historical essay concerning witchcraft: with observations upon matters of fact; tending to clear the texts of the sacred scriptures, and confute the vulgar errors about that point: and also two sermons: one in proof of the Christian religion; the other concerning good and evil angels*. Londres: Printed for R. Knaplock, at the Bishop's Head, and D. Midwinter, at the Three Crowns, in St. Paul's Church-yard, 1720. Disponível em: <http://ebooks.library.cornell.edu/cgi/t/text/text-idx?c=witch;idno=wit057>. Acesso em: out. 2013.

JAIME I. *Daemonologie, in Forme of a Dialogue, Diuided into three Bookes*. Edinburgh [Edimburgo]: Printed by Robert Waldegraue, printer to the Kings Majestie, cum Privilegio Regio, 1597. Disponível em: <http://ebooks.library.cornell.edu/cgi/t/text/text-idx?c=witch;cc=witch;view=toc;subview=short;idno=wit162>. Acesso em: out. 2013.

KORS, Alan C.; PETERS, Edward (ed.). *Witchcraft in Europe 1100-1700*: A documentary history. Philadelphia: University of Pennsylvania Press, 1972.

KRAMER, Heinrich; SPRENGER, James. *O martelo das feiticeiras*. Tradução de Paulo Fróes. São Paulo: Rosa dos Tempos, 2001.

LEA, Henry Charles. *Materials toward a History of Witchcraft*. Londres; Nova York: University of Pennsylvania Press, 1957.

LEVACK, Brian (ed.). *The witchcraft sourcebook*. London: Routledge, 2004.

MORE, Henry. *A collection of several philosophical writings*. Reimpressão da edição de 1662. Londres: Printed by James Flesher for William Morden in Cambridge, 1662 (British philosophers and theologians of the 17th & 18th centuries)

NAUDE, Gabriel. *The History of Magick By way of Apology, For all the Wise Men who have unjustly been reputed Magicians, from the Creation, to the present Age*. [Tradução de J. Davies]. Londres: Printed for John Streater, and are to be sold by the Book-sellers of London, 1657. Disponível em: <http://ebooks.library.cornell.edu/cgi/t/text/text-idx?c=witch;idno=wit072>. Acesso em: out. 2013.

PATRIDES, C. A. (ed.). *The Cambridge Platonists*. Cambridge: Cambridge University Press, 1980.

ROSEN, Barbara (ed.). *Witchcraft in England 1558-1618*. Amherst: The University of Massachusetts Press, 1991.

SCOT, Reginald. *The discoverie of witchcraft, Wherein the lewde dealing of witches and witchmongers is notablie detected, the knaverie of conjurors, the impietie of inchanters, the follie of soothsaiers, the impudent falsehood of cousenors, the infidelitie of atheists, the pestilent practises of Pythonists, the curiositie of figurecasters, the vanitie of dreamers, the begger lie art of Alcumystrie, The abomination of idolatrie, the horrible art of poisoning, the vertue and power of naturall magicke, and all the conveiances of legierdemaine and juggling are deciphered: and many other things opened, which have long been hidden, howbeit verie necessarie to be known*. Londres: William Brome, 1584. Disponível em: <http://ebooks.library.cornell.edu/cgi/t/text/text-idx?c=witch;idno=wit081>. Acesso em: out. 2013.

_____. *The discoverie of witchcraft*. Nova York: Dover, 1972.

SPRAT, Thomas. *The history of the Royal-Society of London, for the improving of natural knowledge*. Londres: Printed by T. R. for J. Martyn at the Bell without Temple-bar, and J. Allestry at the Rose and Crown in Duck-lane, Printers to the Royal Society, 1667. Disponível em: <http://books.google.com.br/books?id=g3OOAAAAQAAJ&printsec=frontcover&dq=sprat,+thomas&hl=pt-BR&ei=Y_O2TebuFYTbgQfvrpxR&sa=X&oi=book_result&ct=result&resnum=3&ved=0CDwQ6AEwAg#v=onepage&q&f=false>. Acesso em: out. 2013.

WEBSTER, John. *Academiarum examen or the examination of academies. Wherein is discussed and examinaded the Matter, Method and Customes of Academick and Scholastick Learning, and the insufficiency thereof discovered and laid open; As also some expedients proposed for the Reforming of Schools, and the perfecting and promoting of all kinds of Science. Offered to the judgement of all those that love the proficiencie of Arts and Science, and the advancement of Learning*. Londres: Printed for Giles Calvert, and are to be sold by the sign of the Black-Spread-Eagle at the West-end of Pauls, 1654. Disponível em: <http://books.google.com.br/books?id=wIBBAAAAcAAJ&printsec=frontcover&dq=webster,+john+examination&hl=pt-BR&ei=2_C2Tab8LNDpgQfHv7By&sa=X&oi=book_result&ct=result&resnum=1&ved=0CCoQ6AEwAA#v=onepage&q&f=false>. Acesso em: out. 2013.

_____. *Metallographia or an history of metals. Wherein is declared the signs of Ores and Minerals both before and after digging, the causes and manner of their generations, their kinds, sorts, and differences; with the description of sundry new Metals, or Semi Metals, and many other things pertaining to Mineral knowledge. As also, The handling and shewing of their Vegetability, and the discussion of the most difficult Questions belonging to Mystical Chymistry, as of the Philosophers Gold, their Mercury, the Liquor Alkaheft, Aurum potabile, and such like. Gathered forth of most approved Authors that have written in Greek, Latine, or High Dutch; With some Observations and Discoveries of the Author himself.* Londres: Printed by A. C. for Walter Kettilby at the Bishop-head in St. Pauls Church-yard, 1671. Disponível em: <http://books.google.com.br/books?id=k7NAAAAAcAAJ&printsec=frontcover&dq=metallographia&hl=pt-BR&ei=_PK2TcavLMXcgQfJ0cBf&sa=X&oi=book_result&ct=result&resnum=1&ved=0CCwQ6AEwAA#v=onepage&q&f=false>. Acesso em: out. 2013.

_____. *The cloud taken off the tabernacle, that the Israel of God might journey*. In two parts. 2ª ed. Londres: Printed and sold by J. Sowle, in Whitehart-Court in Gracious Street, 1708. Disponível para acesso restrito em Eighteenth Century Collections Online: <http://find.galegroup.com/ecco/infomark.do?&source=gale&prodId=ECCO&userGroupName=cruesp&tabID=T001&docId=CW120372724&type=multipage&contentSet=ECCOArticles&version=1.0&docLevel=FASCIMILE>. Acesso em: maio 2012.

_____. *The displaying of supposed witchcraft. Wherein is affirmed that there are many sorts of Deceivers and Impostors, And Divers persons under a passive Delusion of Melancholy and Fancy. But that there is a Corporeal League made betwixt the Devil and the Witch, Or that he sucks on the Witches Body, has Carnal Copulation, or that Witches are turned into Cats, Dogs, raise Tempests, or the like, is utterly denied and disproved. Wherein also is handled, The Existence of Angels and Spirits, the truth of Apparitions, the Nature of Astral and Sydereal Spirits, the force of Charms, and Philters; with other abstruse matters.* Londres: Printed by J. M. and are to be sold by the Booksellers in London, 1677. Disponível em: <http://ebooks.library.cornell.edu/cgi/t/text/text-idx?c=witch;idno=wit127>. Acesso em: out. 2013.

_____. *The saints guide, or, Christ the rule, and ruler of saints. Manifested by way of Positions, Consectaries, and Queries. Wherein is contained: The Efficacy of Acquired Knowledge, The Rule of Christian, The Mission and Maintenance of*

*Ministers, And the Power of Magistrates in Spiritual Things*. Londres: Printed for Giles Calvert, at the Black-spread Eagle, at the West-end of Pauls, 1653. Disponível para acesso restrito em EEBO.

_____. *The vail of the covering spread over all nations. What it is, and how removed. With a discovery of that mountain of fat things full of morrow, and wines on the lees well refined*. 2ª ed. Londres: Printed and sold by the assigns of J. Sowle in the White-Hart Court in Gracious-Street, 1713. Disponível para acesso restrito em Eighteenth Century Collections Online: <http://find.galegroup.com/ecco/infomark.do?&source=gale&prodId=ECCO&userGroupName=cruesp&tabID=T001&docId=CW120128199&type=multipage&contentSet=ECCOArticles&version=1.0&docLevel=FASCIMILE>. Acesso em: maio 2012.

WEYER, Johann. *Cinq Livres de l'Impostvre et Tromperie des Diables: des Enchantements et sorcelleries: Pris du Latin de Iean Vvier, medecin du Duc de Cleues, et faits François, Par Iaques Gréuin de Clermont en Beauuoisis, medecin à Paris*. Paris: Chez Iaques du Puys, demourant en la Rue sainct Iean de Latran, à l'enseigne de la Samaritaine, avec Privilege dv Roy, 1567. Disponível em: <http://ebooks.library.cornell.edu/cgi/t/text/text-idx?c=witch;idno=wit102>. Acesso em: out. 2013.

## BIBLIOGRAFIA GERAL

ALQUIÉ, Ferdinand. *A filosofia de Descartes*. Tradução de M. Rodrigues Martins. Lisboa; São Paulo: Editorial Presença; Livraria Martins Fontes, 1986.

ANKARLOO, Bengt; CLARK, Stuart; MONTER, William. *Witchcraft and magic in Europe*: The Period of Witch Trials. Londres: The Athlone Press, 2002 (Witchcraft and Magic in Europe, v. 4).

ANKARLOO, Bengt; HENNINGSEN, Gustav (ed.). *Early Modern European Witchcraft*: centers and peripheries. Oxford: Clarendon Press, 1993.

ARISTÓTELES. *O homem de gênio e a melancolia*: o problema XXX, 1. Tradução de Alexei Bueno. Rio de Janeiro: Lacerda Editores, 1998.

BACON, Francis. *Novum Organum ou verdadeiras indicações acerca da interpretação da natureza; Nova Atlântida*. Tradução de José Aluysio Reis de Andrade. São Paulo: Nova Cultural, 1999 (Os Pensadores).

_____. *O progresso do conhecimento humano*. Tradução de Raul Fiker. São Paulo: Editora Unesp, 2007.

BARATIN, Marc; JACOB, Christian (dir.). *O poder das bibliotecas:* a memória dos livros no Ocidente. Tradução de Marcela Mortara. Rio de Janeiro: Editora UFRJ, 2008.

BAROJA, Carlo. *Las brujas y su mundo*. Madri: Alianza Editorial, 1986.

BOYD, Richard. "Scientifc realism". In: ZALTA, Edward N. (ed.). *The Stanford Encyclopedia of Philosophy*. Disponível em: <http://plato.stanford.edu/entries/scientific-realism>. Acesso em: maio 2012.

BURKE, Peter. *Cultura popular na Idade Moderna*. Tradução de Denise Bottman. 2ª ed. São Paulo: Companhia das Letras, 1999.

BURTON, Robert. *A anatomia da melancolia*, v. 1. Tradução de Guilherme Gontijo Flores. Curitiba: Editora UFPR, 2011.

CAMPANELLA, Tommaso. *Apologia de Galileu*. Tradução de Emanuela Dias. São Paulo: Hedra, 2007.

CHÂTELET, François (dir.). *A filosofia pagã:* do século VI a.C. ao século III d.C. Rio de Janeiro: Zahar, 1973 (História da Filosofia, Ideias, Doutrinas, v. 1).

CLARENDON. *The History of the Rebellion and Civil Wars in England:* to which is added an historical view of the affairs of Ireland. 8 vols. Oxford: At the Clarendon Press, 1826. Disponível em: <http://onlinebooks.library.upenn.edu/webbin/book/lookupname?key=Clarendon%2C%20Edward%20Hyde%2C%20Earl%20of%2C%201609-1674>. Acesso em: out. 2013.

CLARK, Stuart. *Pensando com demônios:* a ideia de Bruxaria no Princípio da Europa Moderna. Tradução de Celso Mauro Paciornik. São Paulo: Edusp, 2006.

COHN, Norman. *Los demonios familiares de Europa*. Edição e tradução de Oscar Cortés Conde. Madri: Alianza Universidad, 1980.

COWARD, Barry. *The Stuart Age:* England, 1603-1714. Nova York: Longman, 1994.

DEBUS, Allen G. *Chemistry and Medical Debate:* Van Helmont to Boerhaave. Canton, Massachusetts: Science History Publications, 2001

DELUMEAU, Jean. *História do medo no Ocidente*: 1300-1800, uma cidade sitiada. Tradução de Maria Lúcia Machado e Heloísa Jahn. São Paulo: Companhia das Letras, 1989.

_____. *La Reforma*. Tradução de José Termes. Barcelona: Editorial Labor, 1967.

DESCARTES, René. *Discurso do método; Meditações; Objeções e respostas; As paixões da alma; Cartas*. 3ª ed. Tradução de J. Guinsburg e Bento Prado Júnior. São Paulo: Abril Cultural, 1983 (Os Pensadores).

ELMER, Peter. "The life and career of John Webster"; "The library of John Webster". *Medical History Supplement*, Londres, 1986, p. 1-14, 15-43. Disponível em: <http://www.ncbi.nlm.nih.gov/pmc/articles/PMC2557425/?pageindex=1&tool=pmcentrez>; <http://www.ncbi.nlm.nih.gov/pmc/articles/PMC2557422/?pageindex=1&tool=pmcentrez>. Acesso em: out. 2013.

FELLOWS, Nicholas. *Charles II and James II*. Londres: Hodder & Stoughton, 1995.

FORCE, James E. "Hume and the relation of Science to Religion among certain members of the Royal Society". *Journal of the History of Ideas*, Pennsylvania, v. 45, n. 4, out.-dez. 1984, p. 517-536. Disponível em: <http://www.jstor.org/stable/2709371>. Acesso em: out. 2013.

GARIN, Eugenio (dir.). *O homem renascentista*. Lisboa: Editorial Estampa, 1991.

GIJSWIT-HOFSTRA, Marijke; LEVACK, Brian P.; PORTER, Roy. *Witchcraft and magic in Europe*: the eighteenth and nineteenth centuries. Londres: The Athlone Press, 1999 (Witchcraft and Magic in Europe, v. 5).

GINZBURG, Carlo. *História Noturna*: decifrando o sabá. Tradução de Nilson Moulin e Carmem S. Costa. São Paulo: Companhia das Letras, 1991.

GREENSLET, Ferris. *Joseph Glanvill*: a study in English Thought and Letters of the seventeenth century. Nova York: Columbia University Press, 1900. Disponível em: <http://www.archive.org/details/josephglanvillas00greeuoft>. Acesso em: out. 2013.

GRIFFIN, Martin I. J. *Latitudinarianism in the seventeenth-century Church of England*. Leiden; Nova York; Colônia: E. J. Brill, 1992.

HAZARD, Paul. *Crise da consciência europeia*. Tradução de Oscar de Freitas Lopes. Lisboa: Cosmos, 1948.

HENNINGSEN, Gustav. *The witche's advocate*: basque witchcraft and the Spanish Inquisition (1609-1614). Nevada: University of Nevada Press, 1980.

HENRY, John. A *Revolução Científica e as origens da ciência moderna*. Tradução de Maria Luiza X. de A. Borges. Rio de Janeiro: Zahar, 1998.

_____. "Henry More". In: ZALTA, Edward N. (ed.). *The Stanford Encyclopedia of Philosophy*. Disponível em: <http://plato.stanford.edu/entries/henry-more/>. Acesso em: maio 2012.

HILL, Christopher. A *Revolução Inglesa de 1640*. Tradução de Wanda Ramos. Lisboa: Editorial Presença, 1981.

_____. *Change and continuity in 17th-century England*: revised edition. Nova Haven; Londres: Yale University Press, 1991.

_____. *O mundo de ponta-cabeça*: ideias radicais durante a Revolução Inglesa de 1640. Tradução de Renato Janine Ribeiro. São Paulo: Companhia das Letras, 1987.

_____. *Society and Puritanism in Pre-Revolutionary England*. Nova York: St. Martin's Press, 1997.

_____. *The century of revolution – 1603-1714*. Londres: Routledge, 1980.

HOBBES, Thomas. *Leviatã*. Tradução de João Paulo Monteiro e Maria Beatriz Nizza da Silva. São Paulo: Martins Fontes, 2008.

HUME, David. *Investigação acerca do entendimento humano*. São Paulo: Nova Cultural, 1999 (Os Pensadores).

_____. *The history of England*: from the invasion of Julius Caesar to the Revolution in 1688. Indianapolis: Liberty Classics, 1983-1985.

HUTTON, Sarah. "Lady Anne Conway". In: ZALTA, Edward N. (ed.). *The Stanford Encyclopedia of Philosophy*. Disponível em: <http://plato.stanford.edu/entries/conway/>. Acesso em: out. 2013.

JOBE, Thomas Harmon. "The Devil in Restoration Science: The Glanvill-Webster Witchcraft Debate". *Isis*, Chicago, v. 72, n. 03, set. 1981, p. 343-356. Disponível em: <http://www.jstor.org/stable/230254>. Acesso em: out. 2013.

JONES, J. R. *Country and Court*: England, 1658-1714. Cambridge, Massachusetts: Harvard University Press, 1978.

KEIR, David Lindsay. *The constitutional history of Modern Britain*. Londres: Adam and Charles Black, 1955.

KIECKHEFER, Richard. *European Witch Trials*: their foundations in popular and learned culture, 1300-1500. California: University of California Press, 1976.

KOSELLECK, Reinhardt. *Crítica e crise*: uma contribuição à patogênese do mundo burguês. Tradução de Luciana Villas-Boas Castelo Branco. Rio de Janeiro: Eduerj, 1999.

KOYRÉ, Alexandre. *Do mundo fechado ao universo infinito*. Tradução de Donaldson M. Garschagen. Rio de Janeiro: Forense Universitária, 2001.

KUHN, Thomas S. *A estrutura das revoluções científicas*. Tradução de Beatriz Vianna Boeira. São Paulo: Perspectiva, 1994.

LATOUR, Bruno. *Ciência em ação*: como seguir cientistas e engenheiros sociedade afora. Tradução de Ivone C. Benedetti. São Paulo: Editora Unesp, 2000.

LECKY, William Edward Hartpole. *History of the rise and influence of the spirit of rationalism in Europe*. Revised edition. 2 vols. Nova York: D. Appleton and Company, 1870. Disponível em: <https://archive.org/details/historyriseandi00unkngoog>; <https://archive.org/details/historyriseandi13leckgoog>. Acesso em: out. 2013.

LEIBNIZ, Gottfried Wilhelm. *Sistema novo da natureza e da comunicação das substâncias e outros textos*. Tradução e seleção de Edgar Marques. Belo Horizonte: Editora UFMG, 2002.

LEVACK, Brian. *Caça às bruxas na Idade Moderna*. Tradução de Ivo Korytowski. Rio de Janeiro: Campus, 1988.

_____ (ed.). *The literature of witchcraft*. Londres: Garland, 1992 (Articles on witchcraft, magic and demonology: a twelve volume anthology of scholary articles, v. 4).

_____ (ed.). *Witchcraft in England*. Londres: Garland, 1992 (Articles on witchcraft, magic and demonology: a twelve volume anthology of scholary articles, v. 6).

_____ (ed.). *Witch-Hunting in Early Modern Europe*: general studies. Londres: Garland, 1992 (Articles on witchcraft, magic and demonology: a twelve volume anthology of scholary articles, v. 3).

LOCKYER, Roger. *Tudor and Stuart Britain*: 1471-1714. London: Longmans, 1967.

LOVEJOY, Arthur O. *The Great Chain of Being*: a study of the history of an Idea. Massachusetts: Harvard University Press, 1964.

MACAULAY, Thomas Babington. *The History of England*: from the ascension of James II. 3 vols. Londres: J.M. Dent & Sons; Nova York: E. P. Dutton & Co., 1946.

_____. *The History of England*. Harmondsworth: Penguin Books, 1983.

MANDROU, Robert. *Magistrados e feiticeiros na França do século XVII*: uma análise de psicologia histórica. Tradução de J. Ginzburg e Nicolau Sevcenko. São Paulo: Perspectiva, 1976.

MACFARLANE, Alan. *Witchcraft in Tudor and Stuart England*: a regional and comparative study. Londres: Routledge, 1999.

MAXWELL-STUART, P. G. *Witch Hunters*: professional prickers, unwitches & witch finders of the Renaissance. 2ª ed. Londres: Tempus, 2005.

MAZZIO, Carla; TREVOR, Douglas (ed.). *Historicism, psychoanalysis and Early Modern culture*. Nova York; Londres: Routledge, 2000.

MICHEL, P. H.; BEAYEV, J.; BLOCH, R.; HARDT, J. *A ciência antiga e medieval*. Tradução de Ruy Fausto. São Paulo: Difusão Europeia do Livro, 1959 (História Geral das Ciências, tomo 1, v. 2).

MICHELET, Jules. *A feiticeira*. Tradução de Maria Luiza X. de A. Borges. Rio de Janeiro: Nova Fronteira, 1992.

MILLER, John (ed.). *Absolutism in seventeenth century Europe*. Londres: Macmillan, 1993.

MURRAY, Margaret. *O culto das bruxas na Europa ocidental*. Tradução de Getúlio Elias Schanoski Júnior. São Paulo: Santana, 2003.

NADLER, Steven (ed.). *A Companion to Early Modern Philosophy*. Oxford: Blackwell Publishing, 2002.

NEWMAN, William R.; PRINCIPE, Lawrence M. *Alchemy tried in the fire*: Starkley, Boyle, and the fate of Helmontian chymistry. Chicago; Londres: The University of Chicago Press, 2002.

NOGUEIRA, Carlos Roberto Figueiredo. *O Diabo no imaginário cristão*. Bauru: Edusc, 2002.

OGG, David. *England in the reign of Charles II*. Oxford: Oxford University Press, 1963.

POPKIN, Richard H. *A história do ceticismo de Erasmo a Spinoza*. Tradução de Danilo Marcondes. Rio de Janeiro: Francisco Alves, 2000.

_____. "Joseph Glanvill: a precursor of David Hume". *Journal of the History of Ideas*, Pennsylvania, v. 14, n. 2, abr. 1953, p. 292-303. Disponível em: <http://www.jstor.org/stable/2707478>. Acesso em: out. 2013.

_____. "The development of the philosophical reputation of Joseph Glanvill". *Journal of the History of Ideas*, Pennsylvania, v. 15, n. 2, abr. 1954, p. 305-311. Disponível em: <http://www.jstor.org/stable/2707775>. Acesso em: out. 2013.

PRODI, Paolo. *Uma história da justiça*: do pluralismo dos foros ao dualismo moderno entre consciência e direito. Tradução de Karina Jannini. São Paulo: Martins Fontes, 2005.

REVENTLOW, Henning, Graf. *The authority of the Bible and the rise of the modern world*. Londres: SCM, 1984.

REDGROVE, Stanley H.; REDGROVE, I. M. L. *Joseph Glanvill and psychical research in the seventeenth century*. Londres: William Rider & Son, 1921. Disponível em: <http://archive.org/details/josephglanvillan00redguoft>. Acesso em: out. 2013.

ROSSI, Paolo. *A ciência e a filosofia dos modernos*: aspectos da Revolução Científica. Tradução de Álvaro Lorencini. São Paulo: Editora Unesp, 1992.

_____. *Francis Bacon*: da magia à ciência. Tradução de Aurora Fornoni Bernardini. Londrina, Curitiba: Eduel, Editora da UFPR, 2006.

_____. *O nascimento da ciência moderna na Europa*. Tradução de Antônio Angonese. Bauru: Edusc, 2001.

RÜEGG, Walter (editor geral); RIDDER-SYMOENS, H. de (ed.). *A history of the university in Europe*: Universities in Early Modern Europe (1500-1800). Cambridge: Cambridge University Press, 2003 (A history of the university in Europe, v. 2).

RUSSELL, Bertrand. *Religion and Science*. Nova York: Oxford University Press, 1997.

RUSSELL, Jeffrey Burton. *O Diabo*: as percepções do Mal da Antiguidade ao cristianismo primitivo. Tradução de Waltensir Dutra. Rio de Janeiro: Campus, 1991.

SARTORELLI, Elaine Cristine. *Estratégias de construção e de legitimação do ethos na causa veritatis: Miguel Servet e as polêmicas religiosas do século XVI*. Tese (doutorado) – FFLCH-USP, São Paulo, 2005.

SCOTT, Walter. *Letters on demonology and witchcraft*. 2ª ed. Londres: George Routledge and Sons, 1885. Disponível em: <http://etext.lib.virginia.edu/toc/modeng/public/ScoDemo.html>. Acesso em: out. 2013.

SHAPIN, Steven. *The Scientific Revolution*. Chicago, Londres: The University of Chicago Press, 1996.

SKINNER, Quentin. *As fundações do pensamento político moderno*. Tradução de Renato Janine Ribeiro e Laura Teixeira Motta. São Paulo: Companhia das Letras, 2003.

SOUZA, Laura de Mello e. *A feitiçaria na Europa moderna*. São Paulo: Ática, 1995.

STONE, Lawrence. *Causas da Revolução Inglesa 1529-1642*. Tradução de Modesto Florenzano. Bauru: Edusc, 2000.

SUMMERS, Montague. *The history of witchcraft and demonology*. Londres: Kegan Paul, Trench, Trubner, 1926.

THOMAS, Keith. *Religião e o declínio da magia*: crenças populares na Inglaterra, séculos XVI e XVII. Tradução de Denise Bottman e Tomas Rosa Bueno. São Paulo: Companhia das Letras, 1991.

TODD, Margo (ed.). *Reformation to Revolution*: politics and religion in Early Modern England. Londres: Routledge, 1995.

TREVELYAN, George Macaulay. *A shortened history of England*. Hardmondsworth: Penguin, 1963.

_____. *England under the Stuarts*. Londres: Methuen & Co., 1949 (A history of England in eight volumes, v. 5).

TREVOR-ROPER, Hugh. *Catholics, Anglicans and Puritans*. Chicago: University of Chicago Press, 1987.

_____. *The European witch-craze of the sixteenth and seventeenth centuries*. Hamondsworth: Penguin, 1990.

VAN DÜLMEN, Richard. *Theatre of horror*: crime and punishment in Early Modern Germany. Tradução de Elisabeth Neu. Cambridge, Mass.: Polity Press/B. Blackwell, 1990.

VAN FRAASSEN, Bas. *A imagem científica*. Tradução de Luiz Henrique de Araújo. São Paulo: Editora Unesp/Discurso Editorial, 2007.

YATES, Frances A. *Giordano Bruno e a tradição hermética*. Tradução de Yolanda Steidel Toledo. São Paulo: Cultrix, 1964.

ZATERKA, Luciana. *A filosofia experimental na Inglaterra do século XVII*: Francis Bacon e Robert Boyle. São Paulo: Humanitas/Fapesp, 2004.

# Agradecimentos

Agradeço à minha orientadora, Laura de Mello e Souza, pelos conselhos e indicações e pela sua disposição em corrigir e ensinar, que foram fundamentais para o aprimoramento e a concretização deste trabalho. Também sou grato aos professores Adone Agnolin, Jorge Grespan, Modesto Florenzano e Renato Lessa pelas correções, comentários e sugestões.

Também sou grato à Faculdade de Filosofia, Letras e Ciências Humanas da Universidade de São Paulo (FFLCH-USP) não apenas pela estrutura oferecida, mais ainda, e principalmente, pelo ambiente acolhedor e efervescente, tão importante para a elaboração deste trabalho e para a minha formação. Agradeço também à Fundação de Amparo à Pesquisa do Estado de São Paulo (Fapesp) pela bolsa de pesquisa concedida entre 2009 e 2011 e pelo auxílio à publicação outorgado entre 2013 e 2014, cujos subsídios foram da maior importância na realização e divulgação desta pesquisa, tendo provido a estabilidade e o auxílio tão necessários ao fazer e ao debate científico. Devo meus agradecimentos à Cornell University Library pelo excelente trabalho de digitalização de parte da *Witchcraft Collection* e também pela manutenção da gratuidade do acesso ao serviço; tenho esperança de que seja este o modelo de acesso à informação cientí fica: livre e gratuito. Também sou grato à Alameda por acolher este título em sua linha editorial.

Agradeço aos meus pais, Elisabeth e Célio, à minha irmã, Ana Paula, e, como não poderia faltar, à minha gata, Mi, pelo carinho e pela alegria que me proporcionaram. Sou muitíssimo grato a eles e aos meus demais familiares por terem sempre me apoiado nos meus estudos, ainda que não estivessem familiarizados com as exigências da vida acadêmica. Também devo muitos agradecimentos aos meus amigos, Ramon Ordonhes, Márcio Botelho, Larissa de Oliveira, Flora Bonatto, Lucas Freitas, Lais Olivato, Bruna Scarpioni, além de outros, não menos importantes, que contribuíram ao seu modo para a realização deste trabalho e também para o meu próprio amadurecimento.

Esta obra foi impressa em São Paulo
pela Graphium no verão de 2016. No
texto foi utilizada a fonte Goudy em
corpo 10,5 e entrelinha de 15 pontos.